AF272197

Ulrike Auras

»FAUST-THERAPIE«

Selbstcoaching und Persönlichkeitsbildung

mit Goethes Faust und Methoden der Schauspielkunst

INHALTSVERZEICHNIS

VORWORT

Vor einigen Jahren fand in München ein großes Faust-Festival statt. Es bot über siebenhundert Veranstaltungen rund um Goethes weltberühmtes Drama. An zweien davon – beides Produktionen der Tollhaus Theater Compagnie – war ich selbst beteiligt: als Schauspielerin an *Goethes Fäuste – stark gekürzt*, bei *Faust im Ring* als Autorin und Regisseurin.

Was meine Mitstreiter und ich am Anfang bereits ahnten oder vage wussten, bestätigte sich im Lauf unserer Arbeit: Es handelt sich bei diesem Werk nicht um einen verstaubten Klassiker. Im Gegenteil, die hier verhandelten Themen sind äußerst aktuell und die Figur Faust erweist sich als ziemlich moderner Charakter. Auch sein Alter Ego und Gegenspieler Mephisto sowie seine Partnerin Margarete haben uns heute noch viel zu sagen. Goethes *Faust* lädt also förmlich dazu ein, sich mit der Welt, in der wir leben, vor allem aber mit sich selbst auseinanderzusetzen – und so ganz nebenbei die eigene Persönlichkeit unter die Lupe zu nehmen.

Damit es aber nicht beim theoretischen Sinnieren bleibt, sind die Ausführungen in diesem Buch mit zahlreichen praktischen Übungen angereichert. Und was läge näher, als ein Drama mit der Schauspielkunst zu verbinden und deren Methoden für ein Selbstcoaching zu nutzen? Egal ob es um negative Gedanken oder überbordende Gefühle geht, um den bisherigen und künftigen Lebensweg, die Vielfältigkeit unserer Individualität oder die eigenen Schattenseiten – die von Schauspieltechniken abgeleiteten Übungen zeigen Ihnen neue Möglichkeiten, die eigene Persönlichkeit bewusst zu bilden und weiterzuentwickeln.

»Der Worte sind genug gewechselt,

Lasst mich auch endlich Taten sehn.«

(Theaterdirektor im Vorspiel auf dem Theater)

Ich lade Sie herzlich ein, mit mir Goethes weltberühmtes Drama zu durchstreifen und sich an seinen fiktiven Figuren zu messen und zu reiben. Und sich Schritt für Schritt auf die alltagstauglich aufbereiteten künstlerisch-spielerischen Aspekte verschiedener Schauspielmethoden einzulassen. Auf diesem zweifach theatralen Coaching-Weg können Sie reifen und wachsen, innere Stärke und äußere Präsenz gewinnen.

Ich wünsche Ihnen viel Freude beim Lesen und Ausprobieren!

Ulrike Auras

TEIL I

THEATER ALS SCHULE FÜR DAS LEBEN

Schauspielmethoden bauen auf dem engen Zusammenspiel von Körper, Geist und Seele auf. Mit ihnen lassen sich nicht nur lebendige Figuren für die Bühne erschaffen, sie eignen sich auch, unsere Persönlichkeit und unsere Rollen im wirklichen Leben zu gestalten. Bei diesem Selbstcoaching begleitet uns kein geringeres als Goethes weltberühmtes Drama *Faust*. Denn es erweist sich – nicht zuletzt durch seinen Titelhelden – als hochmoderner Klassiker, der es vermag, auch uns Heutigen noch einen Spiegel vorzuhalten.

MIT SCHAUSPIELKUNST ZU MEHR PERSÖNLICHKEIT

Goethe hat sich Zeit seines Lebens intensiv mit sich und der Welt, in der er lebte, auseinandergesetzt. Er war überzeugt davon, dass der Mensch seine persönliche Entwicklung bewusst beeinflussen kann – durch Lernen, Ausprobieren, Nachdenken, Scheitern, aus all dem wieder Lernen ... Wie geeignet das Theater dafür ist, zeigt Goethe in seinen Wilhelm-Meister-Romanen. Hier lässt er den Protagonisten viele Jahre als Schauspieler und Regisseur am Theater verbringen, das zu einer wichtigen Station in dessen Bildungsprozess wird. Denn Wilhelm schult durch die Arbeit am Theater Präsenz und authentisches Auftreten, seinen Geist und sein ästhetisches Empfinden, eine normativ-ethische Einstellung, kurz gesagt: seine Persönlichkeit.

LERNEN DURCH HANDELN

Den Zusammenhang von Theater und Persönlichkeitsbildung machen sich auch Pädagogik und Psychologie zunutze. Die Dramapädagogik etwa arbeitet mit Konzepten, in denen Schauspiel und andere performative Künste – etwa Tanz, Gesang, Geschichtenerzählen – für den Schulunterricht herangezogen werden. Vorteil eines solchen Ansatzes ist, dass der Mensch nicht auf seine Rolle des Lernenden reduziert wird, der Stoff in sich hineinpaukt. Aus der Neuropsychologie weiß man, dass Menschen nachhaltiger lernen, wenn verschiedene Sinne, Emotionen und Bewegung in den Lernprozess einbezogen sind. Dies ist unter anderem möglich durch szenisches Spiel. Neues wird auf dieser Basis der »multiplen neuronalen Vernetzung« zum einen leichter zugänglich, zum anderen besser behalten. Lernen durch Handeln ist also das Prinzip der Dramapädagogik. Und so erklärt sich auch die Bezeichnung: Das griechische Wort »dráma« bedeutet »Handlung«.

Das Kunstlied als Skulptur

Der Lehrplan für die 9. Jahrgangsstufe der Gymnasien in Bayern sieht vor, dass Schüler und Schülerinnen sich den Formen- und Ausdrucksreichtum der Musik des 19. Jahrhunderts erarbeiten, also etwa eines Kunstlieds von Robert Schumann. In den Ohren von Jugendlichen dieses Alters klingen solche Lieder allerdings nicht gerade cool, sondern »opernhaft« und »gekünstelt«, der Sprachstil der Liedtexte ist weit entfernt vom Schülerjargon, und die im Text enthaltenen Gefühle zu erkennen und zu benennen fällt den Pubertierenden schwer. Ablehnung ist angesagt. Das wiederum kann ich, der diese Musik am Herzen liegt, schwer akzeptieren. Methoden aus der Fortbildung »Szenisches Spiel im Musikunterricht« halfen mir hier weiter.

Zunächst »übersetzen« die Schülerinnen und Schüler Textteile in eine jugendliche Whatsapp-Sprache. Aus »Ich grolle nicht ...« wird dann zum Beispiel »Ich bin nicht angepisst ...«. Zwei oder drei der Ergebnisse werden dann vorgetragen, die Klasse gibt Feedback und macht Verbesserungsvorschläge, etwa »Mehr Hass in die Stimme legen« oder »Das sollte monotoner, niedergeschlagen klingen«. Die Schüler diskutieren und probieren verschiedene Möglichkeiten aus.

Nun geht es an die Ausarbeitung eines Standbildes durch jeweils drei Jugendliche. Einer ist beispielsweise das Standbild, eine die Bildhauerin der dritte ist Beobachter. Die Bildhauerin bestimmt aus ihrer Interpretation heraus Körperhaltung, Gestik und Mimik der Statue. Der Beobachter kommentiert das Werk aus seiner Sicht. Eine Klasse von 27 Schülern erstellt so neun verschiedene Skulpturen.

Vorteil für die Jugendlichen ist: Wer die Statue darstellt muss nichts von sich preisgeben, sondern ist das Ergebnis der Baumeisterin. Diese und der Beobachter können sich ebenfalls hinter ihre Rolle – Bildhauerin und Kommentator – zurückziehen. Niemand muss sich als »gefühlsduselig« outen, alle sind aktiv und kreativ. Den eigenen Kunstwerken gegenüber sind Schüler und Schülerinnen offener. Wenn sie dann durch den Skulpturengarten wandeln und der Musik lauschen, achten sie auf die Emotionen, die in ihr schwingen, lassen sie auf sich wirken und vergleichen sie *mit den Statuen. Die Statuenschüler wiederum schildern im Anschluss, ob sie Haltung und Mimik als stimmig empfanden oder ob sie etwas daran ändern würden. Bisher entstand so immer eine tiefe und differenzierte Diskussion über Affekte in der Musik – die Schüler und Schülerinnen wollen nun von sich aus wissen, warum Musik welche emotionale Wirkung erzielt.*

Isabell Schlicht, Musiklehrerin und Tollhausschauspielerin

»Und was hat das Ganze mit mir zu tun?«, mögen Sie jetzt vielleicht denken. Nun, was für die Schule gilt, gilt auch für das Leben, etwa wenn wir etwas verändern und uns weiterentwickeln wollen. Denn Methoden, mit denen man gut lernen kann, eignen sich auch zum Umlernen.

Das könnte notwendig werden, wenn Veränderungen eintreten, denen Sie sich anpassen müssen – etwa wenn die Kinder aus dem Haus gehen. Dann hätte es keinen Sinn, an der alten Elternrolle festzuhalten. Vielleicht erkennen Sie aber auch, dass Sie mit bestimmten Verhaltensweisen immer wieder anecken und/oder sich selbst unnötige Schwierigkeiten bereiten. Vielleicht sind Sie beispielsweise wie Goethes Faust sehr ungeduldig und möchten ab jetzt lieber etwas gelassener durchs Leben gehen. In solchen Fällen kann es sehr hilfreich sein, die neuen Handlungen erst einmal zu proben – wie eine Theaterszene.

SPONTAN UND KREATIV – DAS PSYCHODRAMA

Lange bevor moderne Konzepte der Dramapädagogik ausgearbeitet wurden, hat der Arzt, Psychiater und Soziologe Jacob Levy Moreno (1889–1974) das Psychodrama entwickelt, einen – im Gegensatz zur Psychoanalyse oder Gesprächstherapie – handlungsorientierten Therapieansatz. Dieser hat nicht nur die Dramapädagogik mit beeinflusst, sondern auch viele Psychotherapieformen. Und Elemente des Psychodramas finden sich auch in der Team- und Unternehmensberatung.

Die Methode greift auf die menschlichen Fähigkeiten zurück, szenische Als-ob-Situationen herzustellen und in Rollen zu schlüpfen, in Bildern und Symbolen zu denken sowie sich des eigenen Körpers bewusst zu sein. Sie eignet sich zum Beispiel, um problematische Beziehungen zu bearbeiten, Ursachen von Konflikten aufzudecken, Kränkungen zu überwinden oder neue Verhaltensweisen einzuüben. Auch für die Weiterentwicklung von (Arbeits-)Gruppen leisten psychodramatische Methoden einen wertvollen Beitrag, und durch die Variante Soziodrama werden gesellschaftliche Themen erfahrbar, wodurch neue Perspektiven entwickelt werden können.

SICH IN ALS-OB-HANDLUNGEN AUSPROBIEREN

Zwei Begriffe spielen in der psychodramatischen Theorie und Praxis eine wichtige Rolle: Spontaneität und Kreativität. Moreno ging davon aus, dass alle Menschen – nicht nur Universalgenies wie Goethe – Kreativität besitzen, also die Fähigkeit, Neues hervorzubringen. Eng damit verbunden ist die Spontaneität. Damit sind die Offenheit und die Bereitschaft für das Neue oder für eine Veränderung gemeint. Diesen beiden miteinander verwobenen Qualitäten stellt Moreno den Zustand der »Rollenkonserve« gegenüber. Darunter sind Handlungsmuster, Strukturen und Abläufe zu verstehen, die ein Individuum mit der Zeit erworben und entwickelt hat und die es bewahren (konservieren) will. »Rollenkonserven« helfen dabei, sich in der Welt zurechtzufinden, sich sicher zu fühlen. Wenn diese gewohnte Ordnung nicht mehr passt, wenn sie einengt, über- oder unterfordert oder wenn sich die Lebenswelt ändert – durch technischen Fortschritt, politische und gesellschaftliche Verwerfungen –, dann ist das Zwillingspaar Spontaneität/Kreativität gefragt, um sich selbst weiterzuentwickeln und, wo möglich, die eigene Umgebung neu zu gestalten.

Doch das ist nicht so einfach. Zum einen, weil die alten Muster und Strukturen meist sehr hartnäckig sind und einer Veränderung trotzen. Zum anderen, weil Veränderung – selbst, wenn sie gewünscht ist – immer auch mit Angst verbunden ist, die dem Neuen ebenfalls im Wege steht. Hier könnte eine psychodramatisch ausgerichtete Therapie ansetzen: Beispielsweise können durch Probehandlungen in inszenierten Situationen potenzielle Entwicklungsmöglichkeiten vorweggenommen werden. Eine derartige Beschäftigung mit der eigenen Zukunft kann Ängste vor Veränderung mindern und die Bereitschaft erhöhen, Konserven mit abgelaufenem Verfallsdatum auszusortieren. Umgekehrt ist es möglich, den bisherigen Lebensweg oder Teile davon in szenischen Stationen zu gestalten. Auf diese Weise lassen sich Stärken und Wünsche herausarbeiten, die als Basis für die weitere eigene Entwicklung dienen können.

KLASSIKER DER SCHAUSPIELLEHRE

Nach diesem Ausflug über die Pädagogik in die Psychologie komme ich nun zur Theaterarbeit und zur Schauspielkunst und will der Frage nachgehen, was »spielen« in diesem Zusammenhang eigentlich bedeutet.

DAS PSYCHO-PHYSISCHE ZUSAMMENSPIEL NUTZEN

Ein berühmter Schauspiellehrer, der heute noch maßgeblichen Einfluss auf die Ausbildung an vielen Schauspielschulen hat, war der russische Theaterleiter, Schauspieler und Regisseur Konstantin Sergejewitsch Stanislawski (1863–1938). Er entwickelte eine Schauspieltheorie und -methode, die eine naturalistische und authentische Darstellung auf der Bühne ermöglichen soll. Er geht davon aus, dass Körper und Seele miteinander korrespondieren, dass das, was ein Mensch fühlt, äußerlich in Haltung, Mimik und Gestik sowie im Verhalten sichtbar ist. Schauspielerinnen und Schauspieler müssten nun das Kunststück fertigbringen, als eine fremde Figur (also in ihrer jeweiligen Rolle) innerlich zu empfinden und das psychisch Erlebte nach außen sichtbar werden zu lassen.

Es geht also nicht darum, nur das äußere Erscheinungsbild innerer Regungen nachzuahmen, sondern diese so wahrhaftig zu erleben, als wäre der Schauspieler tatsächlich die gespielte Person. Doch wie soll nun eine Schauspielerin bei der Probe oder auf der Bühne authentisch erleben, was sie in diesem Moment selbst gar nicht fühlt – etwa den Triumph einer Elisabeth über Maria Stuart oder den von ersten sexuellen Regungen verursachten Aufruhr in der Gretchenseele? Wie versetzt ein Schauspieler sich in den Gemütszustand des Muttermörders Orest oder in die psychische Lage eines Faust, der an den Grenzen menschlicher Erkenntnismöglichkeit verzweifelt? Stanislawskis Lösung ist: Schauspieler sollen eigene emotionale Erfahrungen, die sich im Lauf des Lebens angesammelt haben, hervorrufen und für ihre Rolle nutzen. So erleben sie Szenen, als ob sie tatsächlich die jeweilige Dramenfigur wären.

Nun kann man sich als Zuschauer kaum etwas Langweiligeres vorstellen, als Schauspielern beim inneren Erleben zuzusehen. Stanislawski wusste das natürlich auch. Dementsprechend legte er nicht nur großen Wert auf Methoden, mit denen innere Prozesse in Gang gesetzt werden können. Ebenso wichtig war ihm die Ausbildung der sprachlichen und körperlichen Fähigkeiten seiner Schüler und Schülerinnen. Nur mit entsprechend geschulten Mitteln ist es (nicht nur) nach Stanislawski möglich, das innere Erleben auf der Bühne äußerlich sichtbar zu machen. Es gilt also nicht, sich auf das Psychische ODER das Körperliche zu konzentrieren, sondern am psychophysischen ZUSAMMENHANG anzusetzen.

VON INNEN NACH AUSSEN ARBEITEN – UND UMGEKEHRT

Vor etwa 15 Jahren hatte ich eine Frau zu spielen, die im Lauf des Stückes ihren Liebhaber umbringt. Nicht auf der Bühne, sondern im Off. Sie kehrt dann aber wieder in die Szene zurück und gesteht zwei anderen Frauen den Mord. Aber was tun, wenn einem im wirklichen Leben die entsprechende emotionale Erfahrung fehlt? Ich konnte auch keine Situation finden, die der Tötung eines Menschen beziehungsweise irgendwelchen sich danach einstellenden Gefühlen so ähnlich gewesen wäre, dass ich für die Rolle daran hätte anknüpfen können. In diesem Fall half mir die Welt der Träume weiter, denn im Traum hatte ich mehrmals erlebt, wie sich die »Tatsache«, jemanden umgebracht zu haben, anfühlt. Es gelang mir in den folgenden Proben und bei den ersten Vorstellungen mithilfe meines erinnerten Alpdrucks den Zustand meiner Rollenfigur wahrhaftig zu erleben. Und dieses Erleben fand seinen Ausdruck in Stimme, Körperhaltung, Bewegungen ... Im Lauf der weiteren Aufführungen allerdings ließ die Intensität des inneren Erlebens deutlich nach. Vielleicht hat sich meine Psyche durch das wiederholte Erleben des Schreckens von eben diesem Schrecken gereinigt?

In dem Maße, in dem es mir immer weniger gelang, das Traumgefühl tatsächlich zu erleben, ließ ich mich auf den umgekehrten Weg ein: Im Lauf der Zeit hatten sich die Reaktionen auf den psychischen Zustand dem Körpergedächtnis eingeprägt. Indem ich nun nicht mehr das Gefühl reproduzierte, sondern die körperlichen Reaktionen darauf (etwa ein Zittern des Unterkiefers), war es möglich, den schon verloren geglaubten Zustand wieder anzufachen. Auch diese Richtung – das schauspielerische Arbeiten von außen nach innen – ist in Stanislawskis Schauspielmethode angelegt.

DIE VORSTELLUNGSKRAFT ZU HILFE NEHMEN

Allerdings funktioniert das innere Erleben beim Erarbeiten einer Rolle für mich nicht immer oder grundsätzlich. Vielleicht passt die Methode aber auch einfach nicht immer und grundsätzlich. Und mit der Zeit habe ich auch gelernt, dass intensives inneres Erleben nicht zwingend eine Garantie für gutes Schauspiel ist, jedenfalls nicht für Bühnenschauspiel.

Michael Alexandrowitsch Chekhov (1891–1955) – Schauspieler und Schüler von Stanislawski – geht ebenfalls von dem engen Zusammenhang zwischen Körper und Seele aus. Doch empfand er es als Einschränkung, bei der Gestaltung von Theaterfiguren auf persönliche Erfahrung beziehungsweise damit verknüpfte eigene Gefühle angewiesen zu sein. Diese Herangehensweise bringe, so Chekhov, noch keine Kunst hervor. Schauspieler und Schauspielerinnen seien aber Künstler. Ihre Aufgabe ist es, etwas Neues, Originelles zu schaffen, das über die eigene Individualität hinausgeht. Um wirklich kreativ tätig zu sein, bedarf es nach Chekhov der Imagination, also der bildhaften Vorstellungskraft. Künstlerinnen und Künstler im Allgemeinen, egal ob Dichter, Bildhauer oder Bühnenkünstler, lassen ihre Figuren nach und nach aus dem Unbewussten heraus vor ihrem geistigen Auge entstehen. Diese Figuren entwickeln mit der Zeit ein Eigenleben und geben dann selbst weitere Impulse für ihre Ausgestaltung. Schauspieler gestalten – nach Chekhov – eine Gestalt, indem sie diese in sich entstehen lassen und mit ihr in den Austausch treten.

»Ihr naht euch wieder, schwankende Gestalten!

Die früh sich einst dem trüben Blick gezeigt.«

VERS 12 (ZUEIGNUNG)

Nun wäre das allein für das Publikum einer Theateraufführung mäßig spannend und selbstverständlich geht es nach der Imagination um die Verkörperung. Nach Chekhovs Methode geschieht dies unter anderem durch »psychologische Gebärden«. Er versteht darunter Körperhaltungen, die weder individuell noch durch einen Zeitgeist geprägt sind. Sie gehen vielmehr auf allgemeine urmenschliche Erfahrungen zurück. Ausgehend von solchen Gesten – etwa für Schmerz oder Überraschung – kann dann die jeweilige Dramenfigur ihre äußerlich sichtbare Gestalt gewinnen. Meine heutige Erfahrung mit der Chekhov-Ausbildung hat mich gelehrt, dass dieses Repertoire an Urgesten erweitert werden kann und muss, und zwar durch die individuelle Ausprägung, die ich ihnen gebe, und dass ich auch selbst psychologische Gesten für eine Figur, eine Szene oder eine Dramenhandlung in mir finden kann.

Ich möchte Sie an dieser Stelle schon zu ersten kleinen Übungen einladen, mit denen Sie den Zusammenhang von Innen und Außen an sich selbst erkunden und sich so ein Stück weit besser kennenlernen können.

Sich selbst erspüren

- **Schritt 1:** Legen Sie, wenn Sie diesen Abschnitt gelesen haben, das Buch zur Seite und machen Sie sich bewusst, wie Sie sich im Moment gerade fühlen. Neugierig, gelangweilt, ärgerlich, überrascht? Wenden Sie nun Ihre Aufmerksamkeit Ihrem Körper zu: Erkunden Sie, wie sich Ihr Zustand körperlich äußert. Sind sie an einer Stelle besonders angespannt oder kribbelt es? Empfinden Sie eine große Schwere auf den Schultern oder eine Leichtigkeit im Bauch? Sie können dabei systematisch vorgehen und Ihren Körper von den Zehen bis zum Kopf »durchscannen«. Oder Sie richten Ihre Aufmerksamkeit zuerst dorthin, wo Sie am deutlichsten etwas spüren, und wenden sich dann den weniger klaren Empfindungen zu. Wenn Sie nun einen guten Eindruck davon haben, wie sich Ihr Zustand körperlich äußert, können Sie versuchen, das Ganze zu vergrößern. Stellen Sie sich vor, wie die Last auf Ihren Schultern noch schwerer wird oder die Leichtigkeit im Bauch mehr Platz einnimmt. Beobachten Sie, was sich körperlich dadurch verändert und welchen Einfluss es auf Ihren psychischen Zustand hat.

- **Schritt 2:** Diesmal gehen Sie nicht von Ihrer momentanen Gefühlslage aus, sondern suchen sich Gefühle oder Zustände, die Sie kennen. Erinnern Sie sich an einen Moment großer Freude oder tiefer Enttäuschung. Sie werden vermutlich durch diese Erinnerung auch das entsprechende Gefühl in sich hervorrufen. Beobachten Sie nun wieder, was genau Sie dabei empfinden, und vergrößern Sie Ihre körperliche Reaktion. Bei Freude spüren Sie vielleicht den Impuls, in die Hände zu klatschen, bei Vorfreude wollen Sie womöglich unwillkürlich die Arme nach vorne strecken. Bei Enttäuschung verschließen Sie sie eng vor Ihrer Brust. Bei Traurigkeit lassen Sie vermutlich Kopf und Schultern hängen, vielleicht spüren Sie auch einen Kloß im Hals. Nehmen Sie sich immer wieder neue Zustände und Gefühle vor. Ich stelle Ihnen eine Liste zusammen. Manches werden Sie leicht und schnell erkunden, anderes wird Ihnen schwerer fallen. Das gehört zur Selbsterkenntnis dazu. Hier meine Vorschläge: Überraschung, gespanntes Erwarten, Trauer, Ekel, Euphorie, Angst, Ekstase, Verliebtheit, Schwäche, Freude, Gereiztheit, Ungeduld, Zufriedenheit, starkes Verlangen, Depressivität, Tatendrang, Eifersucht, Glücksempfinden, Rastlosigkeit, Überheblichkeit, Dankbarkeit … Selbstverständlich können Sie die Liste nach Belieben fortsetzen. Nehmen Sie sich täglich oder alle zwei Tage ein Gefühl vor und arbeiten Sie in der beschriebenen Weise damit.

Variante: Wenn es Ihnen schwerfällt, ein Gefühl nachzuempfinden, dann können Sie einen passenden Satz mehrmals wiederholen, etwa »Ich will das« für Verlangen oder »Ich fühle mich geborgen« für Zufriedenheit. Beobachten Sie, was sich zuerst einstellt – das Gefühl oder eine körperliche Reaktion. Oder beides gleichzeitig? Und beeinflusst das eine das andere und umgekehrt? Beobachten Sie auch, ob Ihre Stimme und Ihre Art zu sprechen sich verändern.

- **Schritt 3:** Überlegen Sie, wie ein Mensch aussieht, der sich gerade riesig freut oder todtraurig ist. Greifen Sie auch auf eigene Erfahrungen zurück: »Wenn ich traurig bin, schnürt sich der Hals zu.« Oder »Vor Freude hüpft mir das Herz.« Versuchen Sie nun, die entsprechende Haltung, Mimik und Körperempfindung herzustellen, und schauen Sie, ob sich das entsprechende Gefühl einstellt. Auch hier können Sie Sätze zu Hilfe nehmen.

Die Übung aus Schritt 1 können Sie problemlos im Alltag anwenden (in der U-Bahn, beim Spülen ...). Die Schritte 2 und 3 machen Sie abwechselnd als Übungsprogramm zu Hause. So vergrößern Sie Ihr Bewusstsein über sich selbst – ein wichtiger Schritt, wenn es um Persönlichkeitsentwicklung und Selbstcoaching geht, und in jedem Fall spannend.

EIGENE WEGE FINDEN

Die Methoden von Stanislawski und Chekhov (die natürlich wesentlich komplexer sind, als hier in Kürze dargestellt) sind darauf ausgerichtet, an eine Rolle nicht rein verstandesmäßig heranzugehen. Natürlich kann man eine Figur auch rational analysieren: »Aha, sie hat dies und jenes erlebt, deshalb ist sie wahrscheinlich sehr enttäuscht.« Oder: »Wenn alle anderen im Stück so schlimme Dinge über ihn sagen, dann ist er wohl ein ziemliches Ekelpaket.« Auf diese Weise würde ich vermutlich ein passendes Charakterprofil erstellen, die Vorgehensweise trägt aber wenig dazu bei, eine lebendige Figur für die Bühne zu gestalten.

DIE FIGUR BEIM ERZÄHLEN AUFSPÜREN

Vor einigen Jahren hatte ich eine verschrobene ältere Dame mit politisch unkorrekten Ansichten zu spielen, die dennoch liebenswerte Seiten an den Tag legte. Sie tauchte zwar relativ schnell bildhaft vor mir auf, aber es fiel mir schwer, mit ihr in einen Dialog zu treten und sie mehr und mehr auszuformen.

Schließlich stellte ihr mein Regisseur ein, zwei Fragen, die ich als die alte Dame aufgriff. Ich begann zu erzählen, genauer gesagt, sie erzählte. Immer mehr wurde ich im Lauf der Zeit zu der Figur – meine Stimme änderte sich, auch die Körperhaltung, und es kamen Dinge aus mir heraus, die niemals durch reines Nachdenken aufgetaucht wären. So entstand in einer Probe die wichtigste Grundlage für alles Weitere. Man könnte die Methode »Die Verfertigung einer Figur beim Sprechen« nennen.

MIT BILDERN UND SYMBOLEN ARBEITEN

Eine andere Gestalt wollte sich zunächst gar nicht aus meinem Unterbewusstsein herausbemühen – eine meiner literarischen Lieblingsfiguren aus der Mythologie, mit der ich mich schon während des Germanistikstudiums (textanalytisch) beschäftigt hatte und über die jede Menge (männlich geprägte) Klischeevorstellungen im Umlauf waren. Beides zusammen ergab wohl eine ziemlich hohe Barriere. Um mir doch noch einen kreativen Zugang zu meiner Figur zu verschaffen, zog ich einige Tarotkarten. Natürlich nicht, um in die Zukunft zu sehen. Die Bilder regten aber mein Vorstellungsvermögen an und setzten so den Gestaltungsprozess in Gang. Zwei der hilfreichen Karten waren der Wagen – er steht unter anderem für widersprüchliche Zugkräfte – und der Turm. Der wird vom Blitz getroffen, eine Krone wird abgeworfen, Menschen stürzen herab und letztlich bricht alles zusammen. Diese Bilder führten mich zu meiner Figur.

Während ich mich also im ersten Fall in die Figur hineinerzähle, nehme ich im zweiten Fall Bilder und Symbole zu Hilfe, die als Initialzündung oder auch als Katalysator wirken können.

VIELFÄLTIGE THEATERLANDSCHAFT

Es ist mittlerweile viel Zeit vergangen, seit Stanislawski und Chekhov als Theaterkünstler und Schauspiellehrer tätig waren. Ihre Methoden wurden weiterentwickelt, und es sind andere Theaterformen entstanden, die auch eine andere Art Schauspielerei erfordern. Für sein episches Theater etwa konnte Bertolt Brecht (1898–1956) kein inneres Erleben gebrauchen. Zwar gab es nach wie vor Rollen, ihnen gegenüber sollten Schauspieler und Schauspielerinnen aber eine kritische Distanz wahren. Sie treten immer wieder aus den Figuren heraus, um die Handlung zu unterbrechen und das Geschehen zu kommentieren. Dennoch bleiben sie Schauspieler – die allerdings auf unterschiedlichen Ebenen agieren. Das Publikum sollte so auf gesellschaftliche Widersprüche und Missstände aufmerksam gemacht und zum Mitdenken aufgefordert werden. Gefühle haben nach Brecht im Theater nichts zu suchen. Ihm war es wichtig, vermeintlich Selbstverständliches infrage zu stellen und Veränderungspotenzial aufzuzeigen.

SICH EINBRINGEN UND SICH ZURÜCKNEHMEN

Seit Brechts Zeiten haben sich die Anforderungen an Schauspielerinnen und Schauspieler immer wieder gewandelt. Die in Israel geborene, seit einigen Jahren im deutschsprachigen Raum arbeitende Autorin und Regisseurin Yael Ronen etwa erarbeitet Stücke zusammen mit einem Ensemble. Die Schauspieler bringen ihre Gedanken zu einem – häufig politischen – Thema und/oder ihre Lebensgeschichte in den Entstehungsprozess ein. Ein Text entsteht so erst im Lauf der Probenarbeit. Die Schauspieler und -spielerinnen geben viel von sich preis und sind bei Proben und Aufführungen immer ein Stück weit mit sich selbst konfrontiert, schlüpfen nicht oder nicht permanent in eine fremde Figur.

Die österreichische Schriftstellerin und Nobelpreisträgerin Elfriede Jelinek dagegen schreibt – ganz klassisch als Autorin – Texte für das Theater, doch liefern diese nicht die von Stücken gewohnte Dialogform oder nachvollziehbare Handlungen und psychologisch begründete Figuren. Ihre umfangreichen Textflächen werden von Dramaturgie und Regie für das Theater aufbereitet. Ein Vorgehen, das von Jelinek so gewollt ist. Es sollen dabei aber keine realistischen Menschen herausgearbeitet werden. Schauspieler und Schauspielerinnen sollen sich weder mit sich selbst noch mit einer fiktiven Person identifizieren. Sie schreibt dazu: »Figuren treten auf, ich habe sie mir nicht ausgedacht, bei mir muß immer ein andrer sie erschaffen, ein Regisseur, eine Regisseurin, ich gebe nur mein Chaos her [...] Es klafft auf, das Chaos, und spuckt etwas aus, aber Menschen sind es nie. Es ist Sprechen und aus.«

SPRECHER, FIGUREN
UND ECHTE MENSCHEN

Ronen und Jelinek markieren nur zwei Eckpunkte des zeitge-
nössischen Bühnenschaffens, die auch Einfluss auf die Schau-
spielerei nehmen: Einmal werden individuelle Erfahrungen der
Schauspieler Teil des Stückinhaltes, das andere Mal verschwinden
Schauspielerinnen und Figuren hinter der Sprache. Tatsächlich ist
die Theaterlandschaft im deutschsprachigen Raum noch wesentlich vielfältiger. Eine Strömung möchte ich noch kurz noch anreißen:
Immer wieder finden sich in neuerer Zeit auch echte Obdachlose,
Geflüchtete oder Polizisten und Polizistinnen et cetera auf der
Bühne ein – oft auch in anderen, alternativen Räumlichkeiten beziehungsweise Spielstätten. Professionelle Schauspielerinnen und
Schauspieler kommen zusätzlich oder auch gar nicht zum Einsatz. So
wird die Grenze zwischen Theater und Alltagsleben weitgehend ver-
schoben, was als zeitgemäße, demokratische Art, Theater zu machen,
verstanden werden kann. Ganz aufgehoben wird die Grenze allerdings nicht, denn es gibt als zentrales theatrales Element ja immer
noch – in der Regel zahlendes – Publikum.

»Ihr wisst, auf unsern deutschen Bühnen

Probiert ein jeder, was er mag; ...«

VERS 231–232 (THEATERDIREKTOR)

Und hier noch ein Beispiel aus der unterhaltsamen Theaterecke:
Beim Improtheater werden Handlung, Text und Figuren während
des Spielens erfunden, oft auf der Basis von Vorschlägen aus dem
Zuschauerraum. Während die Erarbeitung einer Rolle nach den
Methoden von Stanislawski und Chekhov viel Zeit in Anspruch
nimmt, muss hier alles sehr schnell gehen. Und – es kann auch schief-
gehen. Perfektion kann, muss aber nicht erreicht werden. Das Risiko
des Scheiterns auf offener Bühne wird bewusst in Kauf genommen.

DER KREIS SCHLIESST SICH

Es sind natürlich nach wie vor auch klassische Dramen zu sehen, bei denen ein Stücktext von der Regie in den Bühnenraum umgesetzt wird, sprich: die konventionell erarbeitet werden. Ich persönlich finde die Grabenkämpfe zwischen traditionell und innovativ arbeitenden Theaterleuten interessant und bereichernd. Letztlich freue ich mich aber, wenn niemand gewinnt und die Theaterlandschaft im deutschsprachigen Raum so vielfältig bleibt, wie sie derzeit ist. Wenn aber das Theater und die Schauspielkunst so mannigfaltig und abwechslungsreich sind, warum greifen wir hier auf die Schauspielklassiker Stanislawski und Chekhov zurück? Zum einen sind sie in der Ausbildung nach wie vor von Bedeutung. Und zum anderen: Neben ihren interessanten Ausführungen zum psycho-physischen Zusammenhang ist es vor allem ihre Kunst der Selbstbeobachtung, die man sich auch als Nichtschauspieler zunutze machen kann.

KÖRPER-GEIST-SEELE-SPRACHE: DIE KGSS-FORMEL

Es war bei den Schauspielmethoden fast ausschließlich vom Körper-Seele-Zusammenhang die Rede. Doch sowohl Stanislawski als auch Chekhov haben für ihre Arbeit und ihre Methode immer auch noch einen Dritten im Bunde: den Geist. Beide haben nämlich eine intensive Selbstanalyse betrieben, um die Prinzipien dessen, was sie als Schauspieler tun, herauszuarbeiten. Auf diese Weise verbanden sie Praxis und Theorie und ergründeten den Ablauf und die Prinzipien des schöpferischen Prozesses. Sie haben sich also sehr genau selbst beobachtet, was ohne ihren Geist beziehungsweise ihr Bewusstsein nicht möglich wäre. Es geht also um den Köper-Geist-Seele-Zusammenhang. Mit der – kurz gesagt – »KGS-Formel« kann ich an meinen Bühnenfiguren arbeiten, aber auch an mir selbst.

In den Dreiklang von KGS lässt sich aber auch noch die Sprache beziehungsweise das Sprechen einbeziehen. Wie ein Mensch spricht und was er oder sie sagt, ist ebenfalls Ausdruck psychischer Regungen, und umgekehrt ist es möglich, mit Ausdrucksweise und Aussagen das Befinden zu beeinflussen. Auf diesem Prinzip beruhen verschiedene Meditationen, insbesondere die Herz- oder Mettameditation zur Schulung des Mitgefühls (siehe Seite 74–79). Für die »Faust-Therapie« habe ich die KGS-Formel deshalb um die sprachliche Dimension zur KGSS-Formel erweitert. Das Selbstcoaching setzt also an vier Punkten an, die sich miteinander verbinden lassen:

- **Körper:** Bewegung, Haltung, Mimik, Gestik
- **Geist:** Vorstellungskraft, Erinnerungsvermögen, Selbstbeobachtung, Bewusstsein, Denken
- **Seele:** Gefühle/Emotionen, psychische Zustände, Stimmungen, Unbewusstes
- **Sprache:** Sprechweise, Aussagen, Stimme

EIN NETZ VON VERBINDUNGEN

Die verschiedenen Aspekte von KGSS einzeln zu betrachten ist sinnvoll, um deren Zusammenhänge darstellen zu können. Die Aufzählung oben lässt aber auch auf einen Blick erkennen, dass eine hundertprozentige Trennung schwer möglich ist. Die Stimme zum Beispiel habe ich der Kategorie Sprache zugewiesen, da Menschen ohne Stimme nicht lautlich artikulieren könnten. Sie könnte aber ebenso beim ersten Punkt, bei Körper, stehen, da Stimme mit dem Körper erzeugt wird. Denn sie ist der Schall, den die Stimmlippen hervorbringen. Wir verwenden diesen Schall aber nicht allein zum Sprechen, auch Gefühlsäußerungen wie Weinen, Lachen oder Schreien benötigen die Stimme. Sie hängt also auch mit der psychischen Verfassung zusammen – was sich nicht zuletzt an der gemeinsamen Wurzel der Wörter Stimme und Stimmung zeigt.

Noch schwieriger als das Auseinanderklamüsern körperlicher, seelischer, geistiger und sprachlicher Prozesse wäre es, alle Verbindungen und Wechselwirkungen, die bereits erforscht wurden, in einem KGSS-Netzwerk nachzuzeichnen. Auf einen einzelnen Zusammenhang möchte ich aber noch eingehen, durch den die KGSS-Formel meines Erachtens noch runder wird.

Bei der Aufzählung oben hat sich unmerklich der Begriff »Denken« eingeschlichen, auf den ich bisher noch nicht eingegangen bin. Auch das Denken und unsere Gedanken hängen mit unseren Gefühlen und Stimmungen zusammen. Wenn ich beispielsweise in meiner Stadt zum XY-Platz fahren muss – sei es aus beruflichen Gründen oder weil ich einen Arzt aufsuchen sollte oder eine Freundin besuchen möchte – werde ich im Stadtplan nach der besten Verbindung suchen, werde verschiedene Optionen abgleichen und entscheiden, ob ich lieber den kürzeren oder den schöneren Weg nehme und ob ich, je nach Wetter, öffentliche Verkehrsmittel oder das Fahrrad benutze. Und je nachdem, ob ich gerne dorthin fahre oder nicht, werde ich all diese geistigen Leistungen sehr zügig vollbringen oder mich eher davon ablenken lassen. Positive Gefühle motivieren, negative bremsen mich. Letzteres kann so weit gehen, dass ich logische Argumente dafür suche und finde, das Treffen oder den Termin abzusagen.

Eingehend mit den komplexen wechselseitigen Zusammenhängen von Denken, Fühlen und Verhalten hat sich unter anderen der Schweizer Psychiater Luc Ciompi befasst. Er spricht von »Fühl-Denk-Verhaltensprogrammen«, die der Mensch im Lauf der Evolution und jeder Einzelne durch Erfahrung im Lauf seines Lebens entwickelt hat. Der Aspekt »Denken« ist in der KGSS-Formel beim G, dem Geist, aufgehoben. Das Verhalten hingegen sehe ich außerhalb der Formel, es stellt unsere Verbindung zur Außenwelt dar und es gehört zur Persönlichkeit, mit der sich die »Faust-Therapie« beziehungsweise das Selbstcoaching anhand der KGSS-Formel beschäftigt.

SICH EINLASSEN UND DURCHHALTEN

Damit es gelingt, mithilfe von KGSS eine überzeugende Figur auf die Bühne zu bringen, ist – nach Michael Chekhov – eine weitere wichtige Eigenschaft nötig, nämlich Konzentrationsfähigkeit. Konzentration im Sinn von Sich-Einlassen erfordern auch die Übungen in diesem Buch. Sie werden das beim »Sich-selbst-Erspüren« (Seite 16–18) vielleicht bemerkt haben. Gleichzeitig können Sie Ihre Konzentrationsfähigkeit mit den Übungen auch schulen – indem Sie dranbleiben, auch wenn es schwierig ist, indem Sie, wenn Sie von der eigentlichen Aufgabe abschweifen, immer wieder zu ihr zurückkehren und sich nicht tadeln, weil sie unaufmerksam waren. Seien Sie nachsichtig mit sich selbst und nehmen Sie geduldig den Faden immer wieder auf.

Und noch ein Tipp: Wenn Sie sich weniger über Ihre eigene Unkonzentriertheit, sondern vielleicht über eine Übung ärgern und die total doof finden – dann lohnt es sich besonders, dranzubleiben. Denn wenn Sie hier über Ihren Schatten springen und sich aus Ihrer Komfortzone rausbewegen, können Sie unter Umständen besonders interessante Dinge über sich erfahren – und dann die gewonnene Erkenntnis für sich nutzen.

COACHING UND SELBSTCOACHING

Wie die Ausführungen zu Dramapädagogik, Psychodrama und KGSS-Formel gezeigt haben, können wir also mit Methoden, die sich am Schauspiel orientieren, an uns selbst arbeiten. Es kommt deshalb auch nicht von ungefähr, dass Schauspieler und Schauspielerinnen teilweise als Coaches außerhalb von Theater- und Filmbetrieb tätig sind und Teams, Führungskräfte oder auch Privatpersonen trainieren – etwa hinsichtlich ihres Auftretens, ihrer Präsenz oder ihres Umgangs mit anderen. Schauspielmethoden können also nicht nur das Selbstcoaching bereichern, sondern werden auch im Coaching eingesetzt. Lesen Sie dazu den folgenden interessanten Beitrag, bevor es anschließend um Goethes *Faust* geht und um die Frage, was er uns heute noch zu sagen hat.

Schauspiel im Business

Seit vielen Jahren arbeite ich nicht nur als Schauspielerin und Schauspiel-lehrerin, sondern auch als Business Coach, wobei diese Tätigkeit auf den schauspielerischen Fähigkeiten und Fertigkeiten aufbaut.

Manche meiner Klientinnen und Klienten kommen zu einem Einzel-Coaching. Darüber hinaus bin ich immer wieder auch als Teil eines Consulting Teams tätig, das Führungsseminare und Teambuilding-Maßnahmen anbietet und von Firmen engagiert wird, insbesondere um die Kommunikation nach oben, unten oder auf gleicher Ebene der Hierarchie zu verbessern. Hier trete ich als Sparringspartnerin auf und mache meinem jeweiligen Gegenüber die Hölle heiß, indem ich schwierige Mitarbeiterinnen oder Kollegen mime. Das führt im Übrigen viel leichter zum gewünschten Ziel als Rollenspiele der Mitarbeiter selbst. Denn als professionelle Schauspielerin habe ich gelernt, penetrant die frechsten oder ignorantesten Zeitgenossen zu verkörpern, ohne mich zu genieren. Die Coachees selbst können in der Regel nur schwer zwischen sich und der Rolle im Spiel trennen, haben Bedenken, zu viel von sich preiszugeben oder einen falschen Eindruck zu hinterlassen.

Während des circa fünf- bis fünfzehnminütigen Gesprächs merke ich mir zwei oder drei Besonderheiten meines Gegenübers, die ich ihm in der Feedbackrunde darlege – das kann Mimik und Gestik, Körperhaltung oder auch eine bestimmte Wirkung auf mich betreffen. In einer weiteren Runde probiert die betreffende Person sich erneut im Gespräch aus. Dadurch dass sie sich auf diesem Weg ihrer selbst – also darüber, wodurch sie wie auf andere wirkt – bewusst wird, kann sie auch bewusst etwas an sich ändern. Das Coaching mit Schauspielern bietet die Möglichkeit, sich erschwerten Situationen (im Sparring) zu stellen und sich im Spiel sowie später in Realsituationen auszuprobieren.

Bei meiner Arbeit als Coach fällt mir immer wieder auf, dass sehr viele Menschen, mit denen ich zu tun habe, über wenig Körperbewusstsein verfügen. Insofern können Schauspieler und Schauspielerinnen – wenn sie das möchten – gute Coaches werden, denn das Instrument des Schauspielers ist sein Körper.

Eine Klientin – einzige weibliche Führungskraft unter zahlreichen Männern – kam nur schwer damit klar, dass ihre Kollegen ein starkes Dominanzgebaren an den Tag legten. Dieses drückte sich vor allem über Körperhaltung aus. Ich gab ihr die Aufgaben, selbst die Körperhaltungen der Männer auszuprobieren – etwa breitbeiniges Sitzen, mit Armen und Ellenbogen Raum einnehmen. Über das körperliche Erspüren von Dominanz und das Bewusstsein, wie Dominanz sich körperlich ausdrückt, konnte sie gut selbst Gegenstrategien entwickeln, indem sie ihre eigene Körperlichkeit bewusster einsetzte. Beispielsweise probierte sie aus, mit einem Fuß an den Fuß ihres Gegenübers zu stoßen und so zu signalisieren, dass der andere zu viel Platz beansprucht. Ein zweiter Effekt war, dass sie durch ihr erweitertes (Körper-)Bewusstsein, vom Verhalten der Kollegen immer weniger genervt war – Wissen ist Macht! Sie konnte sich stärker auf ihre eigentlichen Anliegen und Ziele konzentrieren und lief vor allem nicht Gefahr, zur Jammersuse oder Zimtzicke zu werden – was ihr nicht genützt hätte und Wasser auf die Mühlen der anderen gewesen wäre.

Manche Männer und Frauen besuchen auch Schauspielkurse und spielen Theater, um auf diesem Weg ihre Stimme auszubilden, ihre Präsenz zu verstärken oder ihre Nervosität, die sich bei Präsentationen oder Vorträgen einstellt, zu reduzieren. All das lässt sich auf dem Weg des Amateurschauspiels erzielen. Darüber hinaus konnte ich beobachten, dass viele dabei sich persönlich weiterentwickeln, zum Beispiel selbstsicherer und offener werden.

Marlene Beck, Schauspielerin, Schauspiellehrerin
(ARTEMiS Studio) und Business Coach

Prolog im Himmel: Mephisto und der Herr schließen eine Wette darüber ab, wer von beiden Faust am Ende bekommt.

FAUST I

> Da steh ich nun, ich armer Tor!
> Und bin so klug als wie zuvor.

Faust verzweifelt an sich selbst und der Welt. Er wendet sich der schwarzen Magie zu und gerät in einen Horrortrip.

Schließlich will er sich sogar das Leben nehmen.

Doch der Klang der Osterglocken hält ihn von diesem Schritt zurück. Faust unternimmt einen Osterspaziergang, ...

... da läuft ihm ein kleiner Pudel zu, dem schließlich Mephisto entschlüpft. »Das also war des Pudels Kern.«

Mephisto verspricht Faust das Blaue vom Himmel ...

... und die beiden schließen einen Pakt, der sie aneinanderbindet, so lange Faust lebt.

Dann machen sie sich auf in die Welt.

Ich hätte Lust, nun abzufahren.

Als erstes führt der Weg in eine wüste Studentenkneipe, wo es dem feinen Herrn Faust gar nicht behagt.

Nächste Station ist die Hexenküche, in der es brodelt und zischt, ...

... Faust die schöne Helena in einem Zauberspiegel erblickt und ...

29

... sich einer Verjüngungskur unterzieht

Faust sieht Margarete und ist blitzverliebt.

(Mephisto bekommt in unserem Fall auch etwas ab von dieser Hexerei).

Mithilfe von kostbarem Schmuck und Margaretes Nachbarin Marthe kriegen Mephisto und Faust die junge Frau schließlich rum ...

... Margarete und Faust werden ein Paar.

Faust besorgt ein Schlafmittel für Margaretes Mutter, damit die nichts mitbekommt vom Liebesleben.

Die Mutter stirbt daran, Margarete wird schwanger und ...

... leidet unter entsetzlichen Gewissensbissen und Wahnvorstellungen.

Unter dem Druck von Gesellschaft und Kirche tötet sie ihr Kind und soll dafür hingerichtet werden. Während sie, verrückt geworden, im Kerker schmachtet ...

... treiben sich Faust und Mephisto in der Walpurgisnacht mit den Hexen auf dem Blocksberg herum.

Nun hat Faust doch ein schlechtes Gewissen und will Margarete retten.

Sie will aber nichts mehr mit Faust und Mephisto zu tun haben und zieht es vor zu sterben.

»Du sollst leben!«
Aber das bleibt
ein frommer Wunsch.

Nach einer kurzen Erholungspause geht es für Faust weiter in der Tragödie zweitem Teil.

Anmutige Gegend: Faust erholt sich, auf blumigen Rasen gebettet, von den Strapazen im ersten Teil, um sich »frisch lebendig« in weitere Abenteuer zu stürzen.

FAUST II

Faust und Mephisto schleichen sich am Kaiserhof ein. Mit einem Finanztrick – sie erfinden das durch nichts gedeckte Papiergeld – füllen sie die leere Staatskasse. Damit lösen sie zunächst Feierlaune aus, schließlich aber Aufruhr und Krieg.

Mephisto kann es nicht fassen: Als Faust durch einen optischen Trick die schöne Helena wieder erblickt, fällt er liebeskrank in Ohnmacht.

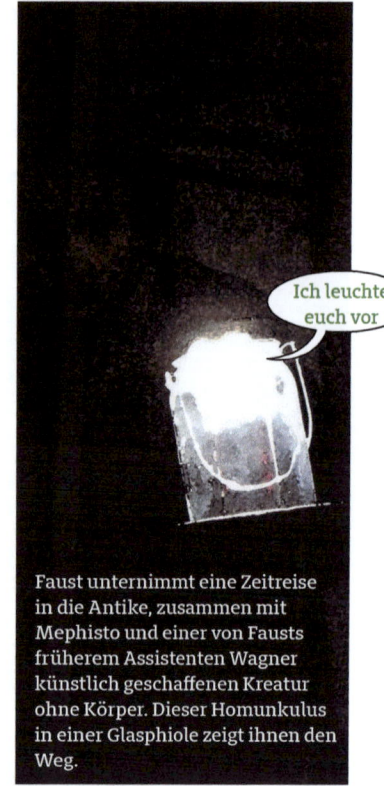

Ich leuchte euch vor

Faust unternimmt eine Zeitreise in die Antike, zusammen mit Mephisto und einer von Fausts früherem Assistenten Wagner künstlich geschaffenen Kreatur ohne Körper. Dieser Homunkulus in einer Glasphiole zeigt ihnen den Weg.

Faust gründet mit Helena eine Familie, ...

... während Mephisto auf erotische
Abenteuer mit den thessalischen Hexen hofft ...

... und Homunkulus versucht, durch einen Liebesakt mit der schönen Nymphe Galatee einen Körper zu erlangen –
leider vergeblich; in einer orgiastischen Vereinigung von Feuer und Wasser verschwindet er im Meer.

Fausts Sohn Euphorion kommt ganz nach dem Herrn Papa:
Er überschätzt sich selbst – will fliegen und stürzt ab.
Damit ist Fausts Antikenphase beendet.

Zurück in der Wirklichkeit, muss Faust dem Kaiser helfen, den Krieg gegen einen Gegenkaiser zu gewinnen. Als Lohn für die erfolgreiche Niederschlagung des Aufstandes erhält er einen Streifen Land am Meer.

Während Faust sein Landgewinnungsprojekt verfolgt, rauben Mephisto und seine Helfer Raufebold, Habebald und Haltefest Handelsschiffe aus, die geraubte Schätze aus den Überseekolonien abtransportieren.

Faust ist inzwischen uralt, kann sich aber nicht damit abfinden, dass das Leben endlich ist. In Gestalt der Sorge suchen ihn depressive Gedanken heim, die er aber altersstarrsinnig mit Verweis auf seine Leistungen abwehrt.

Ein letztes Aufbäumen gegen den nahen Tod: Faust gibt Befehl einen Sumpf trocken zu legen, während schon sein Grab ausgehoben wird; das eindringliche Klirren der Schaufeln schreibt er irrtümlich den Bauarbeiten zu.

Während er von seinem großen Sumpfprojekt träumt, das ihn unsterblich machen soll, bricht Faust tot zusammen.

Trotz der vielen Kollateralschäden, die er hinterlässt, und seines fragwürdigen Charakters darf Faust in die Ewigkeit eingehen. Die Himmelskönigin hat es erlaubt und Margarete wird seine Seelenführerin.

35

GOETHES *FAUST*, EIN DRAMA FÜR HEUTE

Goethes vielschichtige Tragödie in einem kurzen Überblick darzustellen ist eigentlich ein unmögliches Unterfangen. Konzentrieren wir uns aber auf die Frage, was uns heutige Menschen am *Faust* ansprechen kann – diese Frage leitete die Tollhaus Theater Compagnie auch bei ihren Inszenierungen – wird die Sache ein wenig einfacher.

Faust »entpuppt« sich – im wahrsten Sinn des Wortes – als moderner, selbstbestimmter Mensch, der sich am Anfang des Dramas von der Vorherrschaft der Religion emanzipiert. Nach einer Verjüngungskur und einer kurzen, ihn nicht befriedigenden Beziehung steigt er zusammen mit Mephisto in die Politik ein und erfindet ein krisenanfälliges Finanzwesen. Danach gründet Faust eine Familie, die aber keinen Bestand hat. Aus seiner früheren Politik-Connection zieht er unternehmerischen Vorteil, indem er einem unfähigen Kaiser im Krieg die Macht sichert und als Gegenleistung Land und Baurechte erhält. Schließlich stirbt er reich und mächtig, aber vereinsamt. Und weil er immer so schön fleißig war, kommt er in den Himmel, wo er endlich die wahre Liebe erfährt.

Der zeitlich-räumliche Bogen reicht von der noch mittelalterlich anmutenden Studierstube und Fausts alchemistischen Zauberversuchen bis zur Großbaustelle, an der über Nacht ganze Kanäle ausgehoben werden, und der Grundbesitzer und Bauherr Faust nimmt Züge eines kapitalistischen Ausbeuters und Immobilienhais an.

Dieser rasante Wandel schlägt sich auch in der Form des Stückes nieder. Im ersten Teil ist ein roter, psychologisch motivierter Handlungsfaden deutlich zu erkennen, der sich nachvollziehbar in Raum und Zeit abspielt. Der zweite Teil hingegen ist geprägt von Zeitreisen, Ortssprüngen und unverbunden aufeinanderfolgenden Szenen. Das Stück zeigt sich also auch darin ganz modern.

So erzählt, könnte *Faust* den Hollywood-Filmstudios entspringen, als Netflixserie oder Soap-Opera über den Bildschirm flimmern oder in einzelnen Videoclips aufpoppen. Das wirklich Moderne aber zeigt sich in dieser sehr kurzen (zugegeben etwas flapsigen) Zusammenfassung an den Wörtern »Wandel« und »rasant«. Es geht im *Faust* um epochale Veränderungen, die ein gesteigertes Lebenstempo nach sich ziehen.

ZEITEN DES UMBRUCHS

Die Fachwelt ist sich heute weitgehend einig darüber, dass die Modernität der Fausttragödie geschichtlich begründet ist. Goethe hat im Lauf seiner langen Lebenszeit (1749–1832) technologische Neuerungen und gesellschaftliche Umbrüche erlebt, die das Industriezeitalter einläuteten und deren Auswirkungen bis heute zu spüren sind.

Das wohl einschneidendste politische Ereignis, das in Goethes Lebenszeit fällt, ist die Französische Revolution 1789 mit all ihren mittelbaren und unmittelbaren Folgen: demokratische Prinzipien (wie Verfassung, Gewaltenteilung, Menschen und Bürgerrechte), Krieg zwischen Frankreich und den anderen europäischen Staaten, staatliche Neuordnung Europas, liberale Reformen wie zum Beispiel Gewerbefreiheit, öffentliche Gerichtsverfahren oder Abschaffung der Sonderrechte für Adelige und dann – die weitgehende Wiederherstellung der alten, vorrevolutionären Ordnung in Europa sowie der Widerstand dagegen.

Auf dem Gebiet der Technik war es die Verbesserung der Dampfmaschine durch James Watt 1769, die zu folgenreichen Umwälzungen führte: Die Produktion in Textilfabriken und im Bergbau wurde dadurch wesentlich gesteigert, das Transportwesen durch dampfbetriebene Lokomotiven und Schiffe ebenfalls effektiver. Es entstanden mehr und mehr große Fabriken sowie neue Bevölkerungsschichten – die Arbeiterschaft und die modernen Unternehmer. Der Handel nahm einen ungeheuren Aufschwung, ebenso die Kolonisierung und Ausbeutung fremder Länder. Und noch zu Goethes Lebzeiten konnten durch optische Telegrafie

Nachrichten in wenigen Minuten über Entfernungen vermittelt werden, für die ein Reiter mit einem Brief in der Satteltasche zwei bis drei Tage gebraucht hätte. Die industrielle Revolution und der technische Fortschritt begleiteten und beeinflussten den politischen Wandel sowie das Denken der Menschen – alles schien jetzt machbar, der Mensch war der Schöpfer einer neuen, zweiten Welt, ein kleiner Gott, geworden.

Mephistos Zauberkünste, die Faust sich zunutze macht, sowie Fausts ureigener Tatendrang stehen für dieses »Machertum« – und seine zerstörerische Seite, die auch Goethe schon sah und die hier und heute ein bedrohliches Ausmaß angenommen hat (als Beispiel sei nur der sich zur Katastrophe auswachsende Klimawandel genannt). Hier liegt das Grundthema, das die Modernität des Dramas, insbesondere des zweiten Teils, ausmacht. Und das ist auch der Punkt, an dem viele Theaterleute, Literaturwissenschaftlerinnen, aber auch Soziologinnen und sogar Ökonomen ansetzen, wenn sie sich mit dem Fauststoff beschäftigen. Was damals begann und bei den Menschen einerseits Begeisterung und andererseits Verunsicherung auslöste, scheint heute seinen Höhepunkt und auch seinen Wendepunkt erreicht zu haben. Viele Menschen spüren, so wie bisher sollte es nicht weitergehen. Auch wir befinden uns in einer Zeit der großen Transformation. Digitalisierung und Cyberkrieg, Globalisierung und Abhängigkeit, Wachstum und Energiekrise sind die Entwicklungen und Herausforderungen des Hier und Jetzt, mit denen die heutigen Menschen sich auseinanderzusetzen und die sie zu bewältigen haben.

> *»Denn es ging das ganze Wesen*
> *Nicht mit rechten Dingen zu.«*
>
> VERS 1114–1115 (BAUCIS)

Goethe verarbeitete im *Faust* also umwälzende Veränderungen seiner Zeit. Wobei »verarbeiten« nicht nur den kreativen Prozess meint, Erlebtes oder Erfahrenes in Dichtung zu verwandeln, sondern auch einen psychologischen Vorgang. Kreativ und produktiv zu sein ermöglichte ihm, sich über sich selbst und die Welt Klarheit zu verschaffen und gleichzeitig innerlich zur Ruhe zu kommen.

Zur Ruhe zu kommen ist nun aber genau das, was Faust verweigert, und darin zeigt sich neben dem Thema Wandel ein weiterer Punkt, der das Moderne und Heutige des Dramas und des Titelhelden ausmacht.

IMMER SCHNELLER, IMMER MEHR

Die technischen Innovationen der Goethezeit brachten unweigerlich eine ungeheure Beschleunigung aller Lebensbereiche mit sich: Eisenbahn statt Postkutsche, Telegrafie statt Kurier, Dampfmaschine statt Pferd. Reisen, Transportieren, Kommunizieren, Produzieren – alles ging nun wesentlich rasanter. James Watt führte als Maßeinheit für die Leistung die »Pferdestärke« ein. Sie sollte angeben, wie viele Pferde durch eine einzige Maschine ersetzt werden. Und da mit den dampfbetriebenen Fertigungsanlagen wesentlich schneller produziert werden konnte, wurde auch wesentlich mehr produziert und verkauft und so immer mehr Reichtum angehäuft. Statt unhandlicher Münzen wurde Papiergeld nötig, Banken und das Kreditwesen nahmen einen enormen Aufschwung, damit Fabrikbauten und Maschinen finanziert und Lohnarbeiter – wenn auch extrem schlecht – bezahlt werden konnten. Geschwindigkeit, Produktion und Geld waren von nun an untrennbar miteinander verbunden.

Wenn ich sechs Hengste zahlen kann,

Sind ihre Kräfte nicht die meine?

Ich renne zu und bin ein rechter Mann,

Als hätt´ ich vierundzwanzig Beine.«

VERS 1824–1825 (MEPHISTO)

Der Prozess der Beschleunigung hat sich bei Fortbewegungs-, Kommunikations-, Produktions- und Finanzmitteln seit der Goethezeit fortgesetzt: Expresszug und Flugzeug statt Eisenbahn, Internet statt Telegrafie, Computerprogramm und Algorithmus statt Dampfmaschine, Kreditkarte und Finanztransaktion statt Papiergeld. Wirtschaftliches Wachstum, Leistungs- und Reichtumssteigerung sind die herrschenden Glaubensbekenntnisse, die Einfluss nehmen auf unsere Art zu leben und zu denken. Geschwindigkeit und Beschleunigung prägen die Gesellschaft der westlichen Welt von der Goethezeit bis ins 21. Jahrhundert und mittlerweile auch das Leben im globalen Osten und Süden. Dies wird besonders deutlich am Thema künstliche Intelligenz: Maschinen lernen von sich selbst und programmieren selbstständig Software, die wesentlich schneller ist als ein von Menschen geschriebenes Programm und die wiederum zu noch schnellerem Lernen und Programmieren sowie Verbreiten durch das World Wide Web führt ... Beschleunigung erhält durch Globalisierung und Digitalisierung eine neue Dimension, die unsere heutige Umbruchsituation kennzeichnet.

Im Faustdrama wird die Schnelligkeit vordergründig durch Mephisto repräsentiert. Er ist mit einem fliegenden Zaubermantel oder mit Siebenmeilenstiefeln unterwegs und für schnelle Lösungen zuständig – zum Beispiel bei der Beseitigung von Philemon und Baucis. Faust und Mephisto sind jedoch als zwei Seiten einer Medaille zu sehen (ich komme darauf im folgenden Kapitel zurück). Und so gehört die teuflische Eile auch zum Titelhelden des Goethedramas. Ihr hat Faust sich per Vertrag freiwillig verschrieben, denn sie kommt seinen Begierden, seinem Erlebnishunger und seinem Tatendrang – kurz: seinem ungeduldigen Wollen – entgegen.

Die Anhäufung von Geld und Gütern wohnt – neben der Schnelligkeit – dem Doppelpack Faust-Mephisto ebenfalls inne. Am Anfang des zweiten Teils der Tragödie führen sie das Papiergeld ein, drucken und verteilen grenzenlos viel davon und erfinden so die Konsum und Spaßgesellschaft sowie die Inflation gleich mit. Und als Wohnstätte dient Faust am Ende nichts Geringeres als ein Palast, den Mephisto und seine Helfer mit Kostbarkeiten aus aller Welt anfüllen.

Apropos Helfer: Im vierten Akt des zweiten Teils treten »die drei gewaltigen Gesellen« erstmals auf, die das Faust-Mephisto-Duo erweitern und vergrößern. Sie tragen die sprechenden Namen Raufebold, Habebald und Haltefest und stehen somit für Gewalt, Gier und Geiz. Ein deutlicher Hinweis darauf, dass Goethe die Schattenseiten der wirtschaftlichen und gesellschaftlichen Entwicklung durchaus bewusst waren. Diese Entwicklung fordert ihre Opfer, und man geht auch über Leichen, wenn ihr etwas im Wege steht. Zeitweise erhalten die drei auch noch weibliche Unterstützung. Beim Plündern steht Habebald seine Freundin Eilebeute zur Seite. »Bald« und »Eile«, »Haben« und »Beute« – das sind weitere Fingerzeige auf das Immer-Schneller und Immer-Mehr in Goethes Faust.

ACHTUNG!
RISIKEN UND NEBENWIRKUNGEN

Zweifellos hat die Moderne viel Gutes hervorgebracht – Arbeitserleichterung durch neuartige Techniken, medizinischen Fortschritt, aber auch Demokratie, Wohlstand und Rechtssicherheit. Einige Segnungen dieser Entwicklung mussten allerdings für breite Bevölkerungsschichten wie zum Beispiel die Industriearbeiter erst erkämpft werden. Krankenversicherung, Rente, Arbeitsschutzgesetze und vieles mehr waren ja beileibe keine Selbstverständlichkeiten, ebenso wenig die Vorstellung, dass der Slogan der Französischen Revolution »Freiheit, Gleichheit, Brüderlichkeit« auch für Frauen oder Menschen in den unterworfenen Kolonien gelten könnte. Allerdings: Die technischen und sozialen Errungenschaften kamen und kommen nach wie vor nur einem kleinen Teil der Menschheit zugute und wurden und werden auf Kosten des anderen großen Teils und durch einen Raubbau an der Umwelt erreicht. Dass Kinder ihre Gesundheit und ihr Leben riskieren, um die zur Neige gehenden Rohstoffe für schicke Handys gegen lächerlich geringe Bezahlung aus gefährlichen Minen herauszubuddeln, zeigt diesen Zusammenhang überdeutlich.

ERRUNGENSCHAFTEN IN GEFAHR

Darüber hinaus hat die Konzentration auf Gewinnmaximierung, also auf das »Immer-schneller-immer-mehr-Prinzip«, mittlerweile auch in den westlichen Gesellschaften zu wieder wachsender sozialer Ungleichheit und Verunsicherung geführt – Kinderarmut, Langzeitarbeitslosigkeit und Niedriglohnsektor beispielsweise stehen ungeheuren Profiten gegenüber, die an der Börse oder durch Immobilienspekulation erzielt werden. Das lange herrschende Glaubensbekenntnis, dass ein freier Markt – der unbehelligt von politischer Regulierung seinen eigenen Gesetzen folgt – Wohlstand für alle brächte, gehört auf den Müllhaufen der Ideologien.

Das Faust-Prinzip oder der ungezügelte Turbokapitalismus zeichnet sich also durch augenfällige soziale Ungleichheit aus, Tendenz steigend. Dies sowohl innerhalb einzelner Länder und Gesellschaften als auch zwischen diesen. Das wiederum gefährdet die Errungenschaften des Fortschritts – etwa die Demokratie, die sich ja nicht allein durch freie Wahlen auszeichnet, sondern auch von Chancengleichheit und sozialer Gerechtigkeit getragen wird. Sind sie nicht gegeben, schwindet das Vertrauen in die Demokratie, und der Ruf nach autoritären Regierungen wird laut. Doch sozialer Unfrieden wird sich durch solche Regierungen nicht vermeiden lassen. Im Gegenteil, die Vertreter entsprechender Parteien stacheln soziale Rivalitäten ja gerade an. Und so befördert das Faust-Prinzip Gier, Geiz und Gewalt – Habebald samt Eilebeute, Haltefest und Raufebold lassen grüßen. In meiner *Faust*-Bearbeitung *Faust im Ring* heißt es zusammenfassend:»Es herrschen dann auf der Erde großer Überfluss und große Knappheit gleichzeitig: Die einen bekommen nicht, was sie brauchen, weil sie es nicht bezahlen können, die anderen, die genug Geld haben, sollen kaufen, was sie nicht benötigen.«

KONSUMIEREN UND WEGWERFEN

Im letzten Teil des oben zitierten Satzes wird eine weitere Logik des Faust-Prinzips deutlich: Wenn immer schneller immer mehr produziert wird, müssen wir auch viel kaufen. Und damit das Konsumieren nur ja nicht aufhört, wurde die Werbung erfunden, die mit immer neuen Verlockungen aufwartet. Das Alte ist schnell nicht mehr gut genug, was Neues muss her. In seinem Buch *Weltbeziehungen im Zeitalter der Beschleunigung* führt der Soziologe Hartmut Rosa, auch unter Berufung auf andere Wissenschaftler, aus, dass mindestens so viel unternehmerische Tatkraft dafür aufgewendet wird, Bedürfnisse zu erschaffen, wie für deren Befriedigung. Und damit sich die Konsumspirale nur ja immer weiterdreht, müssen die eben noch als allerletzter Schrei angebotenen Produkte und Ideen möglichst schnell als überholt gelten. Was uns gerade noch scheinbar glücklich gemacht hat, enttäuscht uns im nächsten Moment schon wieder – die jeweils nächste Version von was auch immer erscheint uns erstrebenswert, das, was wir haben, als wertlos. Es geht uns ganz wie Heinrich Faust, den kein Genuss befriedigen kann.

> *»So sind am härt'sten wir gequält*
> *Im Reichtum fühlend, was uns fehlt.«*
> VERS 11251–11252 (FAUST)

Alles, was hergestellt wird, ist also eher früher als später schlicht Müll. Der wird noch angereichert durch Versand- und Verpackungsmaterial aller Art und durch Dinge, die von vornherein nur zum einmaligen Gebrauch gedacht sind wie Pappteller und Plastikbesteck. Und die Herstellung all dessen verbraucht ungeheure Mengen an Rohstoffen und Energie. Sieht man sich die wachsende Abfallmenge an, die der westliche Mensch durch Verbrennung in die Luft jagt oder in den Meeren versenkt, wird klar, dass heutiger Überfluss der Faust-Regel von Beschleunigung und Vermehrung unterworfen ist. Es liegt eigentlich auf der Hand, dass uns das Faust-Prinzip mit allen möglichen Glücksverheißungen vor sich hertreibt und uns dabei gleichzeitig unsere Lebensgrundlagen entzieht.

Interview: Ist Goethes Faust noch aktuell?

Um die Aktualität von Goethes Faustdrama zu beleuchten, habe ich mit dem Autor und dem Regisseur von Goethes Fäuste – stark gekürzt, Hans Schlicht und Christian Auras, ein Interview geführt.

Beide Teile der Fausttragödie für das Faustfestival München 2018 zu inszenieren und dann auch noch in zwei verschiedenen Varianten – wie seid ihr auf diese Wahnsinnsidee gekommen?
Hans Schlicht: *Als kleine Truppe mit wenig Budget Faust I und Faust II auf die Bühne bringen zu wollen, war tatsächlich ein gewisses Wagnis. Da sehe ich gleich eine Parallele zur Titelfigur. Faust will ja auch immer hoch hinaus und scheitert. Scheitern haben wir einkalkuliert.*
Christian Auras: *Ja, es ist mir sehr wichtig, immer wieder Projekte mit ungewissem Ausgang zu verfolgen. Die Bereitschaft zu scheitern gehört zum kreativen Prozess dazu. Und auch, immer wieder über Grenzen zu gehen. Ansonsten würden wir uns nicht weiterentwickeln.*

Wirklich gescheitert seid ihr dann letztlich doch nicht. Wie waren die Reaktionen des Publikums?
HS: *Sehr positiv, vor allem auf Faust II, der ja weniger bekannt ist. »Jetzt habe ich endlich was davon verstanden«, war ein häufiges Feedback. Hat wahrscheinlich mit unserer Vorgehensweise zu tun.*

Gutes Stichwort. Der Titel verrät, dass ihr nicht alle 12111 Verse des Dramas verwendet habt. Wie seid ihr beim Kürzen vorgegangen?
CA: *Wir haben zuerst gesammelt, welche Teile uns persönlich wichtig und welche heute inhaltlich interessant sind. Nicht nur wir beide. Auch die Gedanken vieler anderer Projektbeteiligter sind in den Auswahlprozess eingeflossen.*
HS: *Passagen, die von überholten Naturtheorien handeln, zum Beispiel Vulkanismus, oder sehr nah an Goethes Lebensrealität, dem Weimarer Hofleben, angesiedelt sind, haben wir guten Gewissens weggelassen.*
CA: *Von Anfang an verfolgten wir die Idee, eine Meta-Ebene einzuführen. Das heißt, die Schauspieler und Schauspielerinnen verkörpern nicht nur Figuren aus Goethes Drama, sondern diskutieren über den Inhalt, fassen*

auch gestrichene Passagen zusammen. So entstanden zwei rote Fäden – einmal auf der Handlungsebene des Dramas und einmal auf einer Ebene der Reflexion über das Drama.

HS: Die Schauspieler sind auf dieser Meta-Ebene aber nie privat, sondern eigene Charaktere. Zum Beispiel gibt es einen, der sich gut mit Goethes Faust auskennt und im Stück dann auch die Regie übernimmt. Eine ist vor allem an erotischen Szenen interessiert, eine andere findet Faust sexistisch und reaktionär. Eine Figur dieser Zwischenebene ist besonders wichtig: ein junger Typ, der gerne Theater spielt. Er kennt sich aus mit Soaps und Fernsehkommissaren, hat aber keine Ahnung von Faust, Goethe und anderen Klassikern. Seine Unwissenheit erlaubt es ihm, kluge Fragen zu stellen. So überraschte er Faust-Kenner im Publikum mit einer unkonventionellen, frischen Sicht auf den Stoff, andere, die das Stück nicht oder nicht gut kennen, fühlten sich an der Hand genommen.

Und was ist nun das Interessante am Fauststoff?

CA: Zum Beispiel die Szene »Auerbachs Keller«. Diese Typen dort singen sexistische Lieder und schlagen ziemlich nationalistische Töne an. Sie schauen nicht über ihren Leipziger Tellerrand hinaus und reagieren reflexartig feindlich auf Fremde. Für diese Szene haben wir nur ganz wenige Zeilen Goethetext verwendet, ansonsten Äußerungen aus entsprechenden Blogs im Netz geklaut.

HS: Oder die Szene »Walpurgisnacht«. Faust sucht hier so etwas wie den ultimativen Kick und merkt schließlich, dass das Ganze doch nicht ist, was er sich gewünscht hat. Das scheint mir auch recht aktuell zu sein. Der heutige Mensch in der westlichen Welt will immer mehr – schnellere Autos, tollere Klamotten und den besten Sex. Und wenn er oder sie es hat, dann stellt sich schon nach kurzer Zeit Frust ein – und alles fängt wieder von vorne an.

Und ein Beispiel aus dem zweiten Teil des Faust?

CA: Da gibt es fast noch mehr Anknüpfungspunkte als in Faust I. Ein Beispiel wäre die Erfindung des Papiergeldes. Was da passiert, erinnert sehr an den heutigen Banken- und Börsenkapitalismus, der Reichtum aus dem Nichts schafft – allein aufgrund von schnellen Rechenleistungen durch einen Knopfdruck auf der Computertastatur. Bei Goethe geht das übrigens nicht gut aus, es kommt zu Aufstand und Krieg.

HS: *Faust II ist auch unter psychologischen Aspekten interessant. Etwa wenn Goethe am Ende die Sorge als Figur auftreten lässt und mit ihr die literarisch einmalige Beschreibung einer depressiven Entwicklung in Versform liefert. Depression als Preis für ein durchhetztes Leben voller Selbstüberschätzung und Tatendrang, Kollateralschäden inklusive. Faust akzeptiert weder die Begrenztheit menschlicher Möglichkeiten noch die Endlichkeit seines Lebens. Der Glaube, alles beherrschen zu können, die Tabuisierung des Todes, Depression – alles sehr »heutig«.*

Die weibliche Hauptfigur in Faust I, Margarete, wird ungewollt schwanger, tötet ihr Kind und wird hingerichtet. Was kann eine moderne, aufgeklärte junge Frau mit dieser Figur anfangen?

HS: *Als Lehrer bekomme ich häufig mit, dass die Erfahrung, sitzen gelassen zu werden, eine sehr prägende weibliche Erfahrung ist. Wenn die jungen Frauen eine tiefere Bindung wollen, sind die Typen oft ganz schnell weg. Zurück bleibt das Gefühl, nur ein nettes Spielzeug zu sein, im schlimmsten Fall ein Wegwerfartikel.*

CA: *Und wer hört, mit welcher Selbstgerechtigkeit Margaretes Freundin über andere herzieht, kann sich leicht vorstellen, wie das heute aussehen würde – Shitstorm der schlimmsten Art.*

Was ist mit den anderen Frauenfiguren im Faust – Marthe Schwerdtlein, Hexen, Mütter, die schöne Helena und ganz zum Schluss die Himmelskönigin?

HS: *Goethe hat sich im Leben ja gerne mit gebildeten Frauen umgeben und in anderen Werken sehr viel differenziertere weibliche Figuren gezeichnet. Der Faust dagegen ist eine reine Männerwelt, in der es auch nur Männerfantasien gibt – Heilige, Hexe, Jungfrau, Hure. Frauen werden idealisiert oder verteufelt, als Sexualobjekte und Reproduktionsmaschinen gesehen, aber am Ende dürfen sie Faust retten.*

Es gibt neben Faust noch einen zweiten Protagonisten, Mephisto, den Teufel. Welche Rolle spielt er in dem Ganzen?

CA: *Die beiden haben etwas gemeinsam: Es wurmt beide sehr, dass sie* nicht allmächtig oder gottgleich sind. Außerdem sind sie durch ihren Pakt auf Gedeih und Verderb aneinander gekettet. Mephisto kennt Fausts Bedürfnisse und muss ihm helfen, sie zu erfüllen – in der Hoffnung, ihn dabei zu Fall zu bringen. Er ist Teil von Faust und gleichzeitig sein Gegenspieler. Faust will Dinge erleben und erreichen, die er alleine nicht auf die Reihe kriegt. Mit Mephistos Hilfe will er am Schluss etwas ganz Tolles aufbauen. Mephisto ist aber eine destruktive Kraft und steht für die zerstörerische Seite des neu Geschaffenen.

HS: Mephisto ist die Inkarnation des technischen Fortschritts und der Machbarkeit. Alles, was Faust durch Mephistos Tricks erreicht, ist heute menschenmöglich – fliegen, riesige Dämme bauen, Landgewinnung ...

CA: ... und hat – Beispiel Klimawandel – katastrophale Folgen.

HS: Für mich ist Mephisto die heimliche Hauptfigur des Stückes und Publikums-Darling, weil er Komik, Schlagfertigkeit und das Unheimliche ins Stück bringt. Er ist auch nicht nur Realisator von Fausts Wünschen, sondern auch Zuhörer und Motivator. Als Geist des Widerspruchs ist er aber ohne Gegenspieler ein Nichts, weil er dann keine Funktion mehr hat. Er muss immer das Gegenteil dessen verkörpern, was ideologisch gerade angesagt ist – im Christentum das Unmoralische, in der Antike das Hässliche. Bei unserer Inszenierung ist die Rolle dreimal weiblich besetzt und wird dabei immer jünger, während Faust immer älter wird ...

Der Teufel letztlich also jung und weiblich – Männerfantasie?
HS: Nein, der logische Gegenpart zur männlichen Dreifaltigkeit.
CA: Und die Chance für drei Darstellerinnen, eine der begehrtesten Männerrollen des deutschsprachigen Theaters zu spielen.

Wow! Vielen Dank für das Gespräch.

LEBENSSTIL À LA FAUST

Die Grundsätze von Beschleunigung, Produktion und Konsum haben natürlich auch Auswirkungen auf die Menschen, ihre Beziehungen und das herrschende Menschenbild. Ein wesentlicher Aspekt dabei ist das Leistungsdenken. Wobei Leistung recht einseitig gesehen wird, nämlich im Licht von Nutzen, Gewinn und Erfolg – was dem wirtschaftlichen Wachstum dient, lässt sich am Profit (und hohen Gehältern) messen und bringt zudem große Anerkennung ein. Im Hinblick auf ihren gesellschaftlichen Wert wird Leistung dagegen wenig betrachtet. Für einen Erzieher oder eine Altenpflegerin lohnt sich Leistung in Bezug auf Gehalt und Ansehen deutlich weniger als beispielsweise für einen Manager der Automobilbranche.

ERGEBNIS STATT ERLEBNIS

In einem Leben nach dem Leistungsprinzip nehmen Stress und Angst immer mehr überhand: Stress, um mithalten zu können, und Angst, abgehängt zu werden. Die einen hechten den immer höheren Anforderungen und Zielvorgaben im Beruf hinterher. Begleitet wird dieses erfolgsorientierte Streben von der Befürchtung, das Erreichte wieder zu verlieren. Erschöpfungssyndrome sind fast an der Tagesordnung. In einer psychiatrischen Praxis, in der ich mehrere Jahre stundenweise arbeitete, um das spärliche Einkommen einer Lektorin aufzubessern, war die jüngste Burn-out-Patientin gerade mal 27 Jahre alt.

Andere, etwa Menschen, die ihre Arbeit verloren haben, machen sich Vorwürfe, fühlen sich unzulänglich und wertlos, werden nicht mehr gebraucht. Depressive Entwicklungen sind dann keine Seltenheit. Wieder andere schuften in mehreren Jobs, weil einer zum Leben nicht reicht, und können sich trotz ihres Einsatzes nur wenig oder gar nichts von dem leisten, was bei den Erfolgreichen als cool und angesagt gilt. Sie sind die doppelten Verlierer. Und schließlich landen oder verbleiben viele aus Angst vor Erwerbslosigkeit in Berufen, die nicht zu ihnen passen. Stress durch Über- oder Unterforderung und, damit verbunden, psychische und körperliche Probleme können die Folge sein. Das eigentlich schöne Erlebnis, etwas zu leisten, etwas zustande zu bringen oder zu verwirklichen, wird durch hohen Leistungs-, Erfolgs- und Existenzdruck zunichtegemacht, es zählt nur das messbare Ergebnis.

Und wie sieht es mit den Regenerationsphasen und der Erholung aus? Leider findet man sich auch im Freizeitbereich oft recht schnell in der Leistungs- und Konsumspirale wieder: Es muss schon das kostspielige Wellnesshotel sein statt eines einfachen und ausgiebigen Waldspaziergangs. Und das ursprünglich als Ausgleichssport gedachte Jogging weitet sich aus zum harten Trainingsprogramm, das selbstverständlich nur mit dem von der Sportindustrie dafür empfohlenen Outfit richtig ausgeführt werden kann und das ohne die ausgeklügelten Nahrungsergänzungsmittel nicht zum gewünschten Ergebnis führt. Und auf dem Weg dahin wird kontrolliert und gemessen – Pulsfrequenz, Anzahl der Schritte, Menge an Kalorien …. So bleiben wir fit fürs Faust-Prinzip.

LIFESTYLE UND ANTI-AGING

Verkauft wird der Lebensstil, der auf Konsum beruht und auf permanente Selbstoptimierung hinausläuft, mit bestimmten Bildern. Meist sind darauf junge, sehr schlanke, oft sonnengebräunte Menschen mit makellosem Gebiss zu sehen, die vor Vitalität und guter Laune nur so strotzen. Uns suggeriert diese Werbung: Auch du kannst so schön und glücklich sein! Voraussetzung dafür ist natürlich, dass du die entsprechenden Produkte erwirbst – egal, ob es sich dabei um ein Fahrrad, eine App, eine Augencreme für Mann oder Frau oder um ein Urlaubsziel handelt.

In wenigen Fällen wird mit älteren Menschen geworben, beispielsweise für eine Gelenksalbe oder eine Lebensversicherung. Meistens sind sie silberhaarig, haben aber ebenfalls ein gebräuntes Hautkolorit und zeigen beim Lächeln ebenmäßige, weiße Zähne. Das

Faust-Prinzip hält sich selbst am Laufen, indem es uns zahlreiche Angebote schmackhaft macht, die uns zeigen, wie wir leben und aussehen sollen: stylisch und jung oder wenigstens jung geblieben.

»Und schafft die Sudelköcherei
Wohl dreißig Jahre mir vom Leibe?«

VERS 2341–2342 (FAUST)

Nachdem Faust mit Mephisto seinen engen Gelehrtendunstkreis verlassen hat, findet er sich bald in einer Hexenküche wieder, wo er einem einzigartigen Anti-Aging-Programm unterzogen wird. Faust wirkt danach um 30 Jahre verjüngt, ist unglaublich potent, überaktiv und leistungsstark, als hätte man ihm einen Botox-Viagra-Kokain-Cocktail verabreicht. Eine Mischung, die als Symbol auch für das Menschenbild unserer Zeit stehen kann – jung, vital, aktiv und erfolgreich. Und durch die passgenaue Werbung, die auf der Beobachtung unseres Suchverhaltens im Internet basiert und ständig aufpoppt, sobald wir via Tastatur das digitale Universum betreten, können wir uns dem Einfluss auch immer weniger entziehen.

MANGEL AN MITMENSCHLICHKEIT

Gewinn- und Erfolgsorientierung samt dazugehörigem Menschenbild sind heute so maßgebend, dass sie auch den Wert von Menschen bestimmen. Wer viel Geld hat und sich viel leisten kann, wird bewundert und hochgejubelt, nach unten wird eher getreten. Wer am unteren Ende der sozialen Leiter steht, etwa als Obdachloser oder als Geflüchteter, der zudem eine hierzulande ungewöhnliche Hautfarbe oder Augenform hat, läuft mehr und mehr Gefahr, körperlich misshandelt oder gar getötet zu werden. Auf den anderen Leitersprossen herrscht – vor allem in gewinnträchtigen Branchen – ein ausgeprägtes Konkurrenzdenken, das im Wettlauf um immer mehr Geld, Gut und Status zu einem Hauen und Stechen führt und den Erfolg auf Kosten anderer zur Normalität werden lässt, nach dem Motto: Jeder ist sich selbst der Nächste. Eine grundsätzlich wertschätzende Haltung allen Menschen gegenüber und Solidarität auf der Grundlage von für alle geltenden Normen und Gesetzen stehen nicht mehr hoch im Kurs. Shitstorms und Hassmails legen ein beredtes Zeugnis davon ab, dass Geringschätzung, Verachtung und Entwürdigung gesellschaftsfähig sind. Und diese Haltung kann sich durch die große Reichweite des Internets immer mehr etablieren.

FAUST, EIN NARZISST

Der Psychiater Reinhard Haller stellt im Zusammenhang mit dieser verbreiteten Haltung die Gesellschaftsdiagnose »Narzissmus«. Dieser zeichne sich aus durch die fünf großen »E«: Egozentrik, Eigensucht, Empathiemangel, Empfindlichkeit und Entwertung anderer. Konkret bedeutet das: Ein Narzisst oder eine Narzisstin empfindet sich als Nabel der Welt, kreist ständig um sich selbst, schmachtet nach Bewunderung, kann sich nicht in die Lage oder Gedankenwelt anderer versetzen, ist darüber hinaus extrem schnell gekränkt und verträgt keine Kritik, teilt umgekehrt jedoch heftig aus und setzt andere herab, um sich selbst großartiger zu fühlen. Aufregungskultur, Beschämungslust und die Sucht nach fotografischer Selbstdarstellung im Netz seien als Beispiele für narzisstische Symptome unserer Zeit genannt.

Der beschriebene Mangel an Mitmenschlichkeit und ein zunehmend raues Klima im Umgang miteinander – von rüpelhaftem Verhalten im Straßenverkehr bis zum Mobbing – gehören ebenfalls zur Symptomatik. Der selbstüberzeugte Übermensch, der andere überragt, über sie hinauswachsen will und von seinem hohen Ross auf sie runterschaut – das erinnert doch sehr an Faust. Offensichtlich haben wir es bei ihm mit einem rechten Narzissten zu tun – und auch insofern ist er sehr modern.

ES GIBT AUCH GEGENWIND

Der hier auf wenigen Seiten kurz skizzierte Zeitgeist provoziert Widerspruch. Zunächst in jedem und jeder einzelnen, denn man kann auf Anhieb Beispiele nennen, die sich nicht in das beschriebene Faust-Prinzip einordnen lassen: ehrenamtliche Arbeit als soziales Engagement, vegane Ernährung und Fahrradfahren als persönlicher Beitrag gegen Klimaänderung und Umweltverschmutzung, Fairtrade-Produkte für ein wenig mehr Gerechtigkeit auf der Welt und anderes mehr. Dennoch lassen sich die beschriebenen Tendenzen nicht leugnen und werden auch von zahlreichen Fachleuten aus Soziologie und Psychologie, aber auch von Künstlerinnen und Künstlern so oder ganz ähnlich beurteilt. Die Gegenbeispiele sehe ich daher nicht als einen Beweis, der das vorherrschende Faust-Prinzip widerlegt, sondern eher als Zeichen für Widerstand, weil viele Menschen nicht so leben wollen, wie sie sollen, weil sie sich dem Leistungs- und Konsumzwang entziehen oder sogar in den Weg stellen möchten.

Gegenwind zeigt sich aber nicht nur auf der privaten Ebene, sondern immer mehr auch im öffentlichen Protest. Als etwas älteres Beispiel seien hier die großen Demonstrationen gegen das Freihandelsabkommen TTIP genannt, an denen Menschen aus fast allen Gesellschaftsschichten teilnahmen. Der Protest richtete sich vor allem gegen den geplanten Investitionsschutz und private Schiedsgerichte, durch die rechtstaatliche und demokratische Prinzipien untergraben würden – zugunsten von Wachstum und Gewinn. Oder denken wir an die Fridays-for-Future-Bewegung (FFF), die beharrlich eine zielführende Klimapolitik anmahnt, sowie an ihre radikaleren Geschwister Extinction Rebellion oder Letzte Generation. Beide weisen mit spektakulären Aktionen darauf hin, dass es in Sachen Klimaschutz eher fünf nach als fünf vor zwölf ist. Und darauf, dass wir mit unserer Konsum- und Wegwerfgesellschaft, mit Wirtschaftswachstum und Gewinnoptimierung nicht so weitermachen können wie bisher. Jedenfalls nicht, wenn uns an Menschenleben und am Fortbestehen der Menschheit etwas liegt.

Allerdings: Die internationale Bewegung FFF hat sich im Zusammenhang mit den brutalen Morden an israelischen Bürgern und Bürgerinnen am 7. Oktober 2023 durch die Terrororganisation HAMAS selbst als »faustisch« erwiesen und der Empathielosigkeit schuldig gemacht. Die einseitige Parteinahme für die Sache der Palästinenser (insbesondere durch die Gallionsfigur Greta Thunberg), ohne das Verbrechen zu verurteilen, ist absolut verstörend und stellt die Organisation moralisch infrage. Und schaut man sich die Wahlergebnisse der letzten Zeit in Europa an – egal ob auf kommunaler, nationaler oder europäischer Ebene –, die einen massiven Trend nach rechts bestätigen, dann mag man zweifeln am Gegenwind. Aber es gibt ihn: In riesigen Demonstrationen (an deren Zustandekommen wiederum FFF maßgeblich beteiligt war) sprechen sich Menschen gegen Hass und Menschenverachtung aus, gegen rechtsextreme Parteien, welche die Verunsicherungen der heutigen Zeit schüren und ausnützen, um an die Macht zu kommen.

DAS FAUST-PRINZIP INFRAGE STELLEN

Zweifellos wird unser Befinden von der Weltsituation beeinflusst und beeinträchtigt. Stress, Verunsicherung und Ängste, verursacht durch Leistungsdruck und einen technischen Fortschritt, dem wir teilweise kaum noch folgen können, sind weiter verbreitet denn je. Nicht zuletzt sind es die Kriege in der Ukraine und im Nahen Osten, welche die Menschen (nicht nur) in Europa massiv verstören. Auch im Zusammenhang mit dem russischen Angriff auf den Nachbarstaat lässt sich das Faust-Prinzip wiedererkennen: Deutschland und andere Länder haben sich abhängig gemacht von preiswertem russischen Gas, um auf bequeme Weise die Wirtschaftsleistung und die Außenhandelsbilanz zu steigern.

Sofern man sich nicht schon ausgeklinkt und weitgehend in den privaten Bereich zurückgezogen und das Zeitunglesen aufgegeben hat, empfindet man angesichts der aktuellen Lage schnell Überforderung. Um dem Gefühl der Machtlosigkeit und Überflutung entgegenzuwirken, kann ich hier drei Tipps geben, die mir persönlich das Dasein in der Welt etwas erleichtern:

- **Sich auf wenige Themen konzentrieren,** die einem besonders wichtig erscheinen. Für mich war eines davon Wirtschaft, weil in diesem Bereich immer mehr Entscheidungen getroffen werden, welche die gesamte Gesellschaft betreffen – oft ohne demokratische Legitimation. Das ist aber nur ein Beispiel. Jeder und jede soll für sich selbst die relevanten Bereiche finden. Interessant dabei war für mich die Erfahrung, dass sich durch die intensivere Beschäftigung mit *einem* Thema andere Gebiete ebenfalls besser oder leichter erschließen und ich nicht mehr so stark das Gefühl habe, in der Fülle wichtiger gesellschaftlicher Themen unterzugehen.
- **Sich aktiv informieren,** statt sich informieren zu lassen. Irgendwann stellte ich fest, dass über die gängigen Medien allein – Tageszeitung, Fernsehnachrichten – nur sehr begrenzt Informationen zu bekommen sind, wenn man ein Thema einmal als wichtig erkannt hat. Aber wer hat schon Zeit, ständig nach verlässlichen Studien und verschiedenen Zeitungsartikeln zu suchen, die das Thema von vielen Seiten beleuchten? Das Internet hat sich hier für mich als Segen erwiesen: nämlich durch piqd, ein Magazin für guten Journalismus (www.piqd.de).
- **Sich selbst herausfordern,** um Zuversicht zu trainieren. Mir hilft es sehr, wenn ich mir Aufgaben suche, die mich sehr stark fordern, aber nicht total überfordern, am besten aus Bereichen, die mir »eigentlich« nicht so liegen, zum Beispiel Sport. Seit einiger Zeit gehe ich zum Boxtraining und lerne dabei viel über mich selbst – nicht zuletzt, dass ich eigene Fähigkeiten entdecke, von denen ich keine Ahnung hatte.

Alles zusammen – **Reduktion (Themen), Tiefe (Information), Zuversicht** – kann dazu beitragen, sich gegenüber den Herausforderungen der Zeit und für die Diskussionen darüber besser zu wappnen, sich weniger ohnmächtig, sondern sicherer zu fühlen und auf dieser Basis vielleicht auch Konsequenzen für das eigene Handeln auf gesellschaftlicher Ebene zu ziehen.

PRO ODER KONTRA?

Die bisherigen Ausführungen haben gezeigt, wie aktuell der Fauststoff ist, wie viele Anknüpfungspunkte zu unserer heutigen Gesellschaft er bietet. Nun kann es in einem Buch, das sich unter anderem mit den Möglichkeiten des Selbstcoachings und der aktiven Persönlichkeitsentwicklung beschäftigt, aber nicht in erster Linie darum gehen, wie sich Gesellschaft und Wirtschaft zum Besseren ändern lassen. Thema ist vielmehr, wie wir persönlich mit dem Faust-Prinzip umgehen, damit es uns nicht mürbe macht oder verschlingt. Hier lassen sich zwei Aspekte unterscheiden: Selbstoptimierung und Entschleunigung. Hinsichtlich des Faust-Prinzips erscheinen sie auf den ersten Blick als gegenläufig. Selbstoptimierung wäre das Pro und Entschleunigung das Kontra. Im ersten Fall geht es darum, sich selbst in einen körperlichen und mentalen Zustand zu bringen, der das Optimum an Leistungsfähigkeit aus einem herausholt. Mithilfe dieses Wegs kann man im Faust-Prinzip nicht nur gut bestehen, sondern man stützt es auch. Der Entschleunigungsansatz geht dagegen davon aus, dass dem Menschen das Immer-schneller-immer-Mehr nicht guttut, und es besser wäre, bewusst langsamer zu treten im Hamsterrad von Zielvorgaben, Gewinn- und Einkommenssteigerung und der Anhäufung von Statussymbolen – statt immer noch schneller daran zu drehen. Rückzug, digitales Fasten, innehalten und sich auf das Wesentliche besinnen, das sind die entsprechenden Empfehlungen. Allerdings vermischt sich hier zuweilen das Kontra mit dem Pro, denn vieles, was im Sinne der Entschleunigung förderlich ist, stärkt uns auch. Insofern kann Letztere dann auch wieder zur Selbstoptimierung beitragen. Schließlich und endlich wird es um beides gehen, um ein Austarieren von Mithalten und Dagegenhalten.

WENIGER DISZIPLIN, BITTE

Entschleunigung wider das Faust-Prinzip – dafür lassen sich in Literatur und Theater einige Beispiele finden, etwa die Hauptfigur des gleichnamigen Romans *Oblomow* von Ivan Alexandrowitsch Gontscharow, der Müllersohn in der Novelle *Aus dem Leben eines Taugenichts* von Joseph von Eichendorff, der Prinz und der Narr in Georg Büchners Lustspiel *Leonce und Lena* oder das zeitgenössische Stück *Girl from the Fog Machine Factory* von Thom Luz.

> *»Was soll uns denn das ew'ge Schaffen,*
>
> *Geschaffenes zu nichts hinwegzuraffen?«*
>
> VERS 11598–11600 (MEPHISTO)

Nach dem Dramaturgen, Theater- und Filmregisseur Julian Pörksen, könnte man diese Art des Umgangs mit dem Faust-Prinzip »Selbstdisziplinlosigkeit« nennen. In seinem Essay *Verschwende deine Zeit* setzt Pörksen sich mit subversiven oder anarchistischen Charakteren auseinander, die sich jedem Nutzen und jedem Gewinn verweigern. Dass der Autor selbst diesem Weg nur bedingt folgt, zeigt seine große Produktivität (siehe www.julianpoerksen.de). Und auf Dauer wären das Dösen, das Herumtrödeln und der Müßiggang auch etwas langweilig. Doch dem Faustischen in uns immer wieder mit Selbstdisziplinlosigkeit zu begegnen, scheint mir sehr heilsam zu sein – einfach in den Himmel schauen, ein Bild malen, obwohl es nie verkauft werden wird ... Suchen Sie sich selbst Nutzlosigkeiten, die Ihnen Freude bereiten und die dazu taugen, das Faust-Prinzip für einige Zeit auszutricksen.

Oder folgen Sie der Empfehlung von Julian Pörksen: »Kommen Sie ins Theater! Verschwenden Sie Ihre Zeit.« Denn: »Eine Zeitwahrnehmung [...], die ausschließlich ökonomisch determiniert ist, verengt nicht nur das Zeit-, sondern das Selbstbewusstsein, es reduziert jede Form von Erfahrung auf die Frage nach ihrer Funktion.

Vielleicht ist es das, wozu Theater als Anstalt zur Verschwendung von Zeit in der Lage ist: Erfahrungen zu ermöglichen, die sich nicht verwerten lassen, und damit eine Kluft zur sonstigen produktiven Daseinsweise schaffen.«

Arbeit und Geist

Forscher der Universität Melbourne, Australien, fanden 2016 in einer Studie heraus, dass die Anzahl der wöchentlichen Arbeitsstunden Einfluss auf die geistigen Fähigkeiten hat, also etwa auf Konzentration und Aufmerksamkeit, Kreativität und Problemlösungsfähigkeit. Während sich zunehmende Arbeitszeit bis zu 25 Stunden pro Woche positiv auf kognitive Funktionen auswirkt, nehmen bei Zunahme der wöchentlichen Arbeitszeit über 25 Stunden hinaus die geistigen Leistungen ab. Dieses Ergebnis gilt für über 40-Jährige und für Männer wie Frauen gleichermaßen.

Laut Statistischem Bundesamt arbeiteten 2022 Vollzeiterwerbstätige in Deutschland 40,4 Stunden pro Woche.

BEWUSST ENTSCHEIDEN

Für welchen Weg Sie sich letztlich entscheiden, bleibt natürlich Ihnen überlassen. Die Übungen in diesem Buch sind in dieser Frage ziemlich neutral. Wollen Sie zum Beispiel selbstsicherer werden, können Sie diese Fähigkeit für Ihre Karriere einsetzen (Selbstoptimierung), für Verhandlungen um unbezahlten Urlaub oder ein Sabbatical (Entschleunigung) oder auch, um sich selbst ohne schlechtes Gewissen Müßiggang zu erlauben (Selbstdisziplinlosigkeit). Am besten ist es aber, gar nicht nach der Funktion oder Verwertbarkeit zu fragen, sondern sich einfach dem Vergnügen ungewohnter Erfahrungen hinzugeben. Ganz nach dem Motto: Der Weg ist das Ziel unserer eigenen Weiterentwicklung. Oder: Erlebnis statt Ergebnis.

Auf diesem Weg kommen dann immer wieder die psychophysischen Zusammenhänge (siehe Seite 12–16) ins Spiel, die nicht nur in der darstellenden Kunst eine Rolle spielen, sondern auch in Bewegungslehren wie Yoga, Tai-Chi oder Qigong. Der international bekannte Schauspiellehrer Lenard Petit, der nach der Chekhov-Methode arbeitet und diese auch weiterentwickelt, schreibt: »Michael Cechov war seiner Zeit weit voraus. Er muss das gewusst haben, da er vom ›Theater der Zukunft‹ und dem ›Schauspieler der Zukunft‹ gesprochen hat. Rund 60 Jahre nach seinem Tod leben wir in einer Zeit, die dieser Zukunft entsprechen könnte; [...] Heutzutage betrachten Künstler ihre Arbeit so, wie auch Cechov sie gesehen hat. Durch die Ausbreitung und das Interesse an der östlichen Philosophie im Westen sind wir heute in der Lage, uns unbefangen mit unterschiedlichen Methoden zu beschäftigen. Wir akzeptieren die spirituellen und energetischen Einflüsse auf das Leben, und es hat sich gezeigt, dass rein intellektuelle Ansätze ihre Grenzen haben.« – Ups! Wie kommt jetzt plötzlich östliche Philosophie ins Spiel? Und was hat sie mit Goethes Faust zu tun? Damit beschäftigt sich das folgende Kapitel.

HEINRICH FAUST,
EIN ANTIBUDDHIST

Bevor ich wegen der Tollhaus-Inszenierung intensiv mit Goethes Drama befasst war, hatte ich mich mit buddhistischer Lehre und Lebensweise beschäftigt. Wohl deshalb ist mir während der Arbeit am *Faust* immer wieder aufgefallen, dass der Protagonist allen buddhistischen Idealen, soweit ich sie kenne, widerspricht. Diesen Punkt möchte ich in diesem Kapitel aufgreifen, in dem es um Fausts Charakter gehen soll und darum, inwiefern er zum Selbstcoaching geeignet ist.

TEUFELSPAKT WIDER
DIE ACHTSAMKEIT

Die buddhistische Lehre geht davon aus, dass das Leben der Menschen von Leid geprägt ist, sie nimmt dies aber nicht als gegeben und unveränderlich hin. Buddha benannte auch die Ursachen für das Leid und entwickelte Wege, es zu überwinden. Die wesentlichen Ursachen sieht die buddhistische Lehre in zwei innerpsychischen Vorgängen:

- **Anhaftung** (auch Gier, Begehren, Wollen)
- **Ablehnung** (auch Aversion, Hass, Widerwillen)

Sie beschreiben zum einen die menschliche Neigung, stets das Angenehme zu suchen und es unbedingt behalten zu wollen. Wir haften jedoch oft so stark an unseren Wünschen, dass wir uns nicht mehr frei dafür oder dagegen entscheiden können. Zum anderen lehnen wir alles Unangenehme ab, wir versuchen, es zu vermeiden, uns mit Händen und Füßen dagegen zu wehren. Die Folgen sind ständiger Stress, der aus dem Kampf um oder gegen etwas resultiert, und Angst, dass wir etwas, das uns wichtig ist, verlieren könnten oder dass uns etwas widerfährt, was wir nicht wollen. Im Buddhismus spricht man in diesem Zusammenhang auch von »Geistesgiften«.

Ein drittes Geistesgift sah Buddha in der

- **Verblendung** (oder Unwissenheit).

Damit ist gemeint, dass Menschen dazu neigen, die ersten beiden Gifte nicht als Ursachen von Leid zu erkennen und zwei wesentliche (nicht nur) buddhistische Grundgedanken zu ignorieren, nämlich dass alles sich verändert und alles vergänglich ist.

Doch wie lässt sich das Leid aus buddhistischer Sicht überwinden? Wie kann man sich ein wenig befreien von dem Stress und der Angst, die man selbst durch Anhaftung, Ablehnung und Verblendung produziert? Einer der Wege dahin ist, Achtsamkeit zu praktizieren.

GANZ IM HIER UND JETZT SEIN

Achtsam sein bedeutet, in jedem Augenblick ganz und gar mental präsent zu sein – also nicht gedanklich in der Zukunft oder der Vergangenheit umherzuschweifen, sondern die ganze Aufmerksamkeit und Konzentration auf das Hier und Jetzt zu richten. Diese bewusste innere Abwendung von dem, was war oder was sein wird, ist eine gute Strategie gegen die unheilsamen Geistesgifte. Denn nur allzu häufig sind unsere Gedanken von diesen erfüllt: Wir beschäftigen uns damit, was wir nicht hätten tun sollen oder was uns Unangenehmes widerfahren ist, und damit, was wir uns wünschen oder worauf wir hoffen. Umgekehrt schwelgen wir in angenehmen Erinnerungen und bedauern, dass die schöne Zeit vorbei ist, oder wir schauen voller Befürchtungen in die Zukunft, weil dieses oder jenes Unglück eintreten könnte.

Durch Achtsamkeitsübungen lernt man, sich selbst – also die eigenen Körperempfindungen, Gefühle und Gedanken – »nur« zu beobachten und bewusst wahrzunehmen. Wobei die Betonung auf »nur« liegt, denn wesentlich dabei ist es, auf Bewertungen zu verzichten und damit auch auf die Zuschreibung von angenehm/unangenehm. Auf diese Weise können Anhaften und Ablehnen reduziert werden, und schließlich wird auch die Fähigkeit gefördert, das Leben

so zu sehen und anzunehmen, wie es nun einmal ist, nämlich verän-
derlich und vergänglich. Fausts geradezu antibuddhistische Art und
Weise, in der Welt unterwegs zu sein, lässt sich zu allererst an seiner
nichtachtsamen Haltung festmachen. Er ist ein Paradebeispiel für
jemanden, der nicht im Hier und Jetzt verweilt, ein Innehalten sogar
ganz bewusst ablehnt.

FAUST UND MEPHISTO –
ZWEI SEITEN EINER MEDAILLE

Faust ist zunächst ein Mann des Geistes, studiert alles zu seiner Zeit
Mögliche, versucht aber auch mithilfe von Zauberei, die Welt voll und
ganz zu begreifen. Er hält sich für genialer, als alle anderen es sind,
und wäre am liebsten wie Gott. Aber er wird doch immer wieder auf
sein Menschsein zurückgeworfen, denn der Mensch ist nun einmal
nicht allwissend und allmächtig. Eine solche Existenz empfindet
Faust allerdings als höchst armselig, ja, als Zumutung. So verzweifelt er schließlich an der Begrenztheit seines Erkenntnisvermögens
und beschließt nach einer tiefen Krise, seiner anderen – bisher zu
kurz gekommenen – Natur eine Chance zu geben, das heißt seiner
Sinnlichkeit und seinem Tatendrang. Raus aus dem Studierzimmer,
die Welt und alles, was das Leben an seelischen Genüssen und Leiden
zu bieten hat, am eigenen Leib erfahren und (später dann) eine Welt
nach den eigenen Vorstellungen gestalten – das ist die Devise.

»Dem Taumel weih ich mich, dem schmerzlichsten Genuß,

Verliebtem Hass, erquickendem Verdruß.«

VERS 1766–1767 (FAUST)

In dieser Stimmung verbindet sich Faust mit Mephistopheles, dem
Teufel: Der will ihm zu Lebzeiten dienen, allen seinen Wünschen und
Forderungen nachkommen. Dabei ist Faust überzeugt davon, dass es

MEPHISTO, DER SCHALK

Auch wenn wir im Großen und Ganzen Faust und Mephisto als die zwei Pole einer Einheit betrachten, durch die ein psychologisch moderner Charakter entsteht, dürfen wir nicht vergessen, dass wir es bei der Fausttragödie mit einem Theaterstück zu tun haben. Die zwei Seiten der Medaille sind daher aus gutem Grund in zwei Charaktere aufgeteilt – die gegensätzlicher kaum sein könnten. Gleich am Anfang wird Mephisto von dem Herrn als »Schalk« bezeichnet. Damit ist er – so die alte Wortbedeutung – als Knecht, gleichzeitig aber auch als derjenige eingeführt, der für den komischen und ironischen Anteil im Drama zuständig ist. Seine trockenen Kommentare bringen Faust immer wieder mal auf den Boden der Tatsachen zurück. Allerdings nicht nachhaltig. Starrköpfig richtet der sein ganzes Streben darauf aus, sich als Ausnahmeerscheinung und Übermensch zu beweisen. Der Teufel dagegen ist sich sehr wohl bewusst, dass er nur Teil des Ganzen oder der Schöpfung ist und keineswegs allmächtig oder allwissend. Weil er immer wieder an Grenzen stößt, ist Faust meist schlecht gelaunt, selbstmitleidig und despotisch, Mephisto dagegen witzig, geistreich und schlagfertig. Aus diesem Gegensatz entsteht der unterhaltsame Anteil des Faustdramas, der Goethe ebenso wichtig war wie dessen Tiefsinnigkeit.

nicht gelingen wird, dadurch Erfüllung oder gar Glück zu erlangen. Er scheint geradezu beweisen zu wollen, dass ihn kein Genuss befriedigen und ihm kein Schmerz etwas anhaben kann, dass er also nicht (wie wir alle) das Angenehme sucht und behalten will und das Unangenehme möglichst vermeiden möchte. Auch jetzt erhebt er sich also wieder über andere. Auf der Basis dieser Vermessenheit bietet er Mephisto eine Wette an: Sofern er, Faust, jemals sich mit einem normalen Leben zufriedengeben würde, wolle er umgehend zugrunde gehen.

Mephisto, der seinerseits eine Wette mit Gott laufen hat – nämlich dass er Faust vom rechten Weg abbringen kann – lässt sich auf den Handel ein. Er glaubt, zwei Fliegen mit einer Klappe schlagen zu können: Faust mit seinen Verführungskünsten in die Verdammnis zu ziehen (insbesondere in *Faust I*) und ihm gleichzeitig zu beweisen, dass auch der große Gelehrte nur ein Mensch unter Menschen ist. Faust sagt (verkürzt ausgedrückt): »Ich werde niemals Ruhe und Zufriedenheit wollen, falls doch, dann will ich auf der Stelle tot sein, was danach kommt, kümmert mich nicht.« Mephisto denkt: »Ich zeige dir Dinge, die du nicht für möglich hältst, dann wirst du dich erschöpft nach Ruhe und Zufriedenheit sehnen – und dann gehörst du mir.« Auf diese Weise sind die beiden wie die zwei Seiten einer Medaille untrennbar miteinander verbunden.

INNEHALTEN GILT NICHT

Auch wenn Sie die Fausttragödie nicht kennen, die Konsequenzen dieser Konstellation können Sie trotzdem leicht nachvollziehen: Faust wird von nun an rast- und ruhelos durch die Welt ziehen. Immer hetzt er dem hinterher, was er gerade nicht hat oder was nicht existiert, und es ist nie genug. Nur das, was in der Zukunft liegt, zählt für ihn. Er begibt sich auf die Jagd nach einer Erfüllung, an die er nicht glaubt. Lebenshunger und Lebensverdruss vermischen sich in Faust. Anhaftung und Ablehnung brauen sich zu einem ganz besonderen Gift zusammen. Und auch dieses verursacht, wie seine beiden Komponenten, Leiden. Zum einen bei Faust selbst, der ja

Glück und Freude für sich kategorisch ablehnt. Zum anderen aber bei seinen Mitmenschen, zum Beispiel bei Margarete und ihrer Familie oder später im Kaiserreich, wenn er als Banker, Befehlshaber oder Unternehmer agiert.

Potenziert werden Rastlosigkeit und Tatendrang durch Mephistos Zauberkünste, denn sie ermöglichen noch viel mehr, als Faust alleine schaffen könnte. Und in seinem Interesse, Faust zu Fall zu bringen, treibt der Teufel den Ruhelosen zusätzlich an. Mephisto ist also nicht nur Gegenspieler des Protagonisten, sondern auch notwendiger Teil von ihm. Er liefert die Möglichkeiten, ohne die Faust vieles von dem, was er will, gar nicht erreichen könnte. Und er ist immer zur Stelle, wenn Reste von ethischem Denken Fausts Handeln infrage stellen.

ACHTSAMKEIT LÄSST SICH TRAINIEREN

Ob dem Faustgift mit Achtsamkeitsübungen beizukommen wäre, sei dahingestellt. Und da es sich bei Faust um eine fiktive Figur handelt, wären solche Übungen weder möglich noch sinnvoll. Am Ende hätten sie gewirkt, und uns wäre eines der berühmtesten Dramen der Weltliteratur entgangen. Wichtig in diesem Zusammenhang ist mir aber – und damit komme ich zurück auf meine Idee vom »antibuddhistischen« Faust –, dass er es programmatisch ablehnt, innezuhalten und den Blick auf das Hier und Jetzt zu richten. Nichtachtsamkeit ist ein roter Faden, der sich bis zum Schluss durch die Tragödie zieht.

Anders als für Theaterfiguren sieht es mit der Achtsamkeit bei denen aus, die diese Figuren verkörpern, bei den Schauspielerinnen und Schauspielern. Ganz im Hier und Jetzt zu sein ist ein wesentlicher Aspekt der darstellenden Kunst, denn jedes Abschweifen der Gedanken könnte zu einem verspäteten Szenenauftritt oder zu einem Texthänger führen. Immer muss ich sowohl als Schauspielerin wie auch als die Figur, die ich spiele, vollkommen präsent sein.

FAUSTS TRÜBER BLICK

Die oben beschriebenen Geistesgifte Ablehnung und Anhaftung sind nach buddhistischer Auffassung nicht nur die Ursache von Leid, sondern auch Hindernisse auf dem Weg, es zu überwinden. Zu den beiden gesellen sich aber noch drei weitere Hürden, die uns daran hindern, Leid zu reduzieren und die Verblendung durch Einsicht und Erkenntnis zu ersetzen. Auch sie lassen sich mit Faust in Verbindung bringen.

- Da wäre zunächst die **Unruhe.** Dass sie symptomatisch ist für Faust, wurde inzwischen schon deutlich und muss hier nicht noch weiter ausgeführt werden. Sein ständiges Verlangen und Drängen nach immer neuer Lust und neuem Schmerz sprechen ebenso für sich wie seine Weigerung, sich auch einmal mit etwas zufriedenzugeben.

- Wie sieht es mit dem nächsten Punkt aus, dem **Zweifel?** Bevor Faust den Pakt mit Mephisto schließt, plagen ihn starke Zweifel an dem, was er bisher gemacht hat. Sie treiben ihn an den Rand der Selbsttötung, er ist verzweifelt. Er zweifelt und verzweifelt an seinem Leben und am Leben überhaupt. Und er ist hin und her gerissen zwischen zwei (!) Polen, seinem Intellekt und seiner Triebhaftigkeit, die er nicht unter einen Hut bringen kann. Es sind nicht zuletzt Fausts Zweifel und Zwiespalte, die ihn in Mephistos Arme treiben und die Tragödie in Gang setzen und halten.

- Letztes Hindernis auf dem Weg zu einem zufriedeneren Leben ist die **Trägheit.** Die kann man Faust nun nicht vorwerfen – dachte ich. Die Lektüre des Buches *Buddhas Anleitung zum Glücklichsein* von Marie Mannschatz belehrte mich eines Besseren. Trägheit besteht nach buddhistischer Lehre nicht allein in Faulheit oder Bequemlichkeit. Der Begriff meint auch, in einem Zustand zu verharren. Und das gilt auch für Rastlosigkeit und Tatendurst. Sie sind zwar mit Aktivität verbunden, wird diese aber zum Credo erhoben, wie Faust es tut, dann bestimmt dieser Zustand das Leben – man ändert und entwickelt sich nicht. Es entsteht nur blinder

Aktionismus. Und damit wären wir wieder bei der Verblendung angelangt – die sich in Fausts Fall ganz zum Schluss in tatsächlicher Blindheit äußert.

Achtsam unter der Dusche

Ich möchte Sie an dieser Stelle zu einer Übung einladen. Sie war für mich ein guter Einstieg zu mehr Achtsamkeit und Klarheit. Sie eignet sich, wenn man Stress reduzieren, Zufriedenheit fördern oder einfach bewusster und präsenter durchs Leben gehen will. Oder wenn man mal wieder recht »faustisch« unterwegs ist und durch den Alltag hetzt, als wäre der Teufel hinter einem her. Ein großer Vorteil dieser Übung ist, dass Sie sich nicht extra Zeit dafür nehmen müssen, sondern Achtsamkeit in einer Alltagssituation üben können:

• **Schritt 1:** Achten Sie eine Woche lang beim Duschen darauf, woran Sie während der ganzen Prozedur denken – dass Sie zu spät dran sind und vielleicht den Bus verpassen? Was Sie noch alles für das Abendessen einkaufen müssen? Was die Kinder wohl im Ferienlager machen oder dass Ihre Präsentation gestern toll gelaufen ist? ... Schauen Sie, was während des Duschens alles in Ihrem Kopf vor sich geht. Damit machen Sie den ersten Schritt in Richtung Selbstbeobachtung, die so wichtig ist, wenn wir uns selbst besser kennenlernen wollen.

• **Schritt 2:** Versuchen Sie nun in der zweiten Woche, jeden Gedanken, der auftaucht, wahrzunehmen, ihn aber nicht weiter zu verfolgen. Lenken Sie vielmehr Ihre Aufmerksamkeit auf das, was Sie gerade tun – das Wasser aufdrehen oder das Duschgel aus der Tube drücken, die Haare schamponieren oder aus der Wanne steigen ... Üben Sie auch diesen Schritt eine Woche lang.

• **Schritt 3:** Ab nun versuchen Sie, sobald Sie in die Wanne steigen, sich ganz auf das Duschen zu fokussieren – wie sich der

Wannenboden an den Füßen anfühlt, wie Sie die Seife in die Hand nehmen, wie sich die Temperatur des Wassers und der Schaum auf Ihrer Haut anfühlen ... Es wird unmöglich sein, dass Ihr Geist sich voll und ganz auf das Duschen lenken lässt. Ständig werden sich irgendwelche Gedanken aufdrängen. Wichtig ist, dass Sie es irgendwann bemerken und in diesem Moment den jeweiligen Gedanken ziehen lassen und sich wieder ganz auf das konzentrieren, was Sie gerade tun – bis der nächste Gedanke aufblitzt – und wieder verschwindet ... Machen Sie diese Übung so oft wie möglich.

Nicht das Ziel ist entscheidend, sondern der Weg. Denn das Ziel liegt in der Zukunft, es unbedingt erreichen zu wollen, wäre schon wieder Anhaftung. Und der Ärger darüber, dass wir schon wieder abschweifen, wäre Ablehnung, und bald würden sich Zweifel melden, ob das alles denn sinnvoll ist, und die Trägheit macht sich bemerkbar – wir geben auf. Seien Sie geduldig und gnädig mit sich und üben Sie, auch wenn es kaum klappt, eine ganze Duschsession hindurch achtsam zu sein. Und hören Sie auch nicht auf, weil es einmal schon recht gut funktioniert hat. Vervollkommnung ist ein Prozess, kein Ergebnis!

Variante 1: Wenn Sie Achtsamkeit eine Weile beim Duschen praktiziert haben, dann können Sie auch in anderen Situationen üben. Sie werden sehen, es macht Spaß, sich immer wieder neu auszuprobieren und selbst neue Übungsfelder zu finden – Geschirrspülen, Joggen, Schreibtisch aufräumen ...

Variante 2: Sie können Ihre Aufmerksamkeit auch darauf richten, was Sie gerade sehen, riechen oder hören, etwa wenn Sie im Bus zur Arbeit fahren oder in einem Geschäft an der Kasse warten ... Wenn sich Gedanken in Ihre Übung einmischen oder durch diese ausgelöst werden, gilt auch hier: Einfach wieder zur Übung zurückkehren und »nur« wahrnehmen, ohne die Gedanken oder sich selbst zu bewerten.

Die fünf Hindernisse – **Anhaftung, Ablehnung, Unruhe, Zweifel, Trägheit** – sind im Grunde genommen nichts anderes als typisch menschliche Eigenschaften oder Gewohnheiten. Sie wirken in unterschiedlichen Zusammensetzungen und Intensitäten und machen einem dabei nicht selten das Leben schwer. Da sie aber nun einmal in der menschlichen Natur liegen, muss man sie auch in gewisser Weise akzeptieren – ansonsten wären wir ja schon gleich wieder in die Ablehnungsfalle getappt. Zur Persönlichkeitsentwicklung gehört es, sich dieser Gewohnheiten bewusst zu werden und zu erkennen, inwieweit sie das Denken, die Gefühle und schließlich auch das Handeln beherrschen. Und es geht darum, sich – zumindest ein Stück weit – von dieser Herrschaft zu befreien, einen weiteren oder klareren Blick auf die Dinge zu entwickeln. Das heißt, mehr und mehr Entscheidungsgewalt über das eigene Verhalten zu erlangen und dadurch auch mehr Verantwortung für das, was wir tun, zu übernehmen.

Es gibt in der Fausttragödie einige Stellen, in denen der Titelheld durchaus sich selbst reflektiert, etwa in der Szene »Wald und Höhle«, doch kann man nicht behaupten, dass sich dadurch bei ihm etwas ändern würde. Er bleibt bis zum Schluss ein Getriebener, ein Wollender, der auch am Ende seines Lebens noch versucht, dessen Vergänglichkeit zu leugnen und sich durch die neue Welt, die er zu erschaffen glaubt, zu verewigen.

»Es kann die Spur von meinen Erdentagen

Nicht in Äonen untergehen.«

VERS 11583–11584 (FAUST)

DER GROSSE ICHLING

Mit zwei wesentlichen sogenannten Daseinsmerkmalen der buddhistischen Lehre haben wir uns bereits beschäftigt: Leid und
Unbeständigkeit. Zu diesen beiden kommt noch ein drittes wichtiges Prinzip, nämlich das Nicht-Ich. Buddha geht davon aus, dass
es keinen unveränderlichen Bestandteil des menschlichen Daseins
gibt, keine unveränderliche Identität oder unsterbliche Seele.

Schauen wir die drei Daseinsmerkmale, wie sie in den ältesten
buddhistischen Überlieferungen zu finden sind, im Überblick an:

• **Dukkha (Leid):** Das Leben ist von Leid geprägt.
• **Anicca (Unbeständigkeit):** Alles verändert sich ständig, ist im
Fluss und damit auch vergänglich
• **Anatta (Nicht-Ich):** Was wir als Ich oder Selbst bezeichnen, ist
eine Ansammlung von ständig sich verändernden Bestandteilen –
Körper, Gefühle, Wahrnehmungen, Beweggründe und Einstellungen,
Gedanken und Vorstellungen – und enthält nichts Bleibendes oder
Ewiges. Ein Ich oder Ego ist nach buddhistischer Lehre also eine
Illusion. Die Vorstellung von einem Ich bedeute nichts weiter als ein
Anhaften am Vergänglichen – ist also eine Ursache von Leid.

GRUNDBEDÜRFNISSE
AUSBALANCIEREN

Für uns von westlichem Denken geprägten Menschen ist es extrem
schwierig, sich auf die Vorstellung vom Nicht-Ich einzulassen.
Das hängt zum einen damit zusammen, dass das Ich-Denken ein
wesentliches Grundbedürfnis stützt, nämlich das Bedürfnis nach
Eigenständigkeit oder Autonomie. Zum anderen aber auch damit,
dass in unserer heutigen Zeit das Ego extrem hochgehängt wird, und
Egozentrik und Egoismus die Gesellschaft in weiten Teilen prägen.
Ich persönlich mag mich aus dem erst genannten Grund nicht darauf
einlassen, das Ich oder ein Selbst völlig aufzugeben. Ganz egal, ob es

sich dabei um etwas handelt, das tatsächlich existiert, oder um eine Vorstellung oder Illusion. Sich als eigenständige Person erleben zu können, ist wesentlich für eine gesunde Psyche. Denn es ist in uns Menschen angelegt, uns von Kindesbeinen an fortzuentwickeln. Wir wollen selbstständig werden und bleiben, selbst etwas schaffen, Dinge vorantreiben und verwirklichen – auch uns selbst. Wird dieses Bedürfnis nicht genügend beachtet, dann fühlen wir uns abhängig von anderen, trauen uns nichts zu, haben keine Haltung und keinen Standpunkt. Wir würden im schlimmsten Fall das Gefühl entwickeln, gar nicht zu existieren.

Umgekehrt kann ein Zuviel an Autonomie ebenfalls zu einer ungesunden Existenz führen, zum Beispiel dann, wenn man die einmal von uns geschaffene eigene Identität als absolut betrachtet und keinen Veränderungen mehr zugänglich ist. Man bleibt dann sozusagen an dem Bild, das man sich einmal von sich selbst gemacht hat, haften und ist träge geworden. Und hier kann wieder eine heilsame Seite buddhistischen Denkens ins Spiel kommen, nämlich die Einsicht, dass alles sich verändert – auch wir selbst. Wenn man diesen Gedanken verinnerlicht hat, fällt es leichter, sich an neue Bedingungen anzupassen und/oder aktiv einen Wandel herbeizuführen. Dies gilt auf persönlicher wie auch auf zwischenmenschlicher Ebene. Denn man ist dann erstens offener für die eigene Weiterentwicklung, kann sich neuen Herausforderungen leichter stellen und sich immer wieder von neuen Seiten kennenlernen – wodurch man letztlich auch wieder neue Selbstbestätigung und Selbstsicherheit findet. Zweitens kann ein eher lockeres Verhältnis zum eigenen Ich auch zu einem wohlwollenden und menschlichen Umgang mit anderen führen. Nur allzu oft ist ein übersteigertes Ego ja verbunden mit der Auffassung, dass die eigene Sicht der Dinge die einzig richtige und unfehlbar sei. Das wiederum führt nicht selten zu destruktiver Kritik an anderen, zu ihrer Abwertung und Ausgrenzung. Damit isoliert man sich allerdings selbst und unterläuft ein anderes wesentliches Grundbedürfnis, nämlich das nach Zugehörigkeit und Verbundenheit. Der Wunsch, nicht allein zu sein und sich aufgeho-

Gibt es doch ein buddhistisches Ego?

Der Vollständigkeit halber sei hier noch erwähnt, dass die Philosophie des Nicht-Ich zum Theravada-Buddhismus gehört, der sich auf die ältesten in der Schrift Pali verfassten Aufzeichnungen zur buddhistischen Lehre bezieht. Andere Traditionen oder Schulen etwa des Mahayana-Buddhismus halten spätere, in Sanskrit überlieferte Schriften für wichtiger und gehen davon aus, dass es neben allen veränderlichen und vergänglichen Aspekten der Existenz auch ein »Kernselbst« oder einen »Wesenskern« gibt, der allen Menschen innewohnt. Dieser Kern wird als Buddha-Natur oder Buddha-Essenz bezeichnet, die als beständig, fest und ewig angesehen wird, also keinem Wandel unterworfen ist. Die Buddha-Natur meint das Potenzial, den Buddha-Zustand zu erreichen, in dem keine Geistesgifte mehr wirken und alles Leiden überwunden ist. Auch wenn einerseits ein großer Unterschied zwischen der Vorstellung vom Nicht-Ich und der Buddha-Natur besteht, so ist andererseits doch klar, dass auch Letztere keine individuelle Identität oder ein Ego meint.

ben zu fühlen – in Partnerschaft, Familie, Dorf- oder Stadtgesellschaft, Glaubensgemeinschaft, einer Institution oder Organisation ... –, ist ebenfalls im Menschen angelegt. Der Mensch ist ein soziales Wesen und auf Anerkennung und Zuwendung vonseiten anderer angewiesen. Schaut man sich den in weiten Teilen rüden Umgangston in den »sozial« genannten Netzwerken an oder den Egoismus beziehungsweise den Mangel an gesellschaftlicher Solidarität, der sich zum Beispiel in Steuerflucht und Steuerhinterziehungen verbirgt, dann wird schnell deutlich, dass ein Austarieren der auf den ersten Blick gegenläufigen Bedürfnisse Autonomie und Verbundenheit absolut wünschenswert wäre – und zwar auf persönlicher, zwischenmenschlicher und auch gesellschaftlicher Ebene.

EGOTRIP OHNE MITGEFÜHL

Dass für Faust – sowohl für die Figur als auch für den Inhalt des Dramas – das weitgehend unregulierte, fast völlig entfesselte Ego eine große Rolle spielt, wird bereits am Anfang der Tragödie deutlich, wenn Faust sich in seinem Studierzimmer mit Mephisto verbündet. Der bietet seine uneingeschränkten Dienste an und will zunächst mit der Gegenleistung, die er dafür erwartet, nicht rausrücken. Faust besteht aber darauf, denn er weiß, dass der Teufel nur egoistisch handelt und nichts uneigennützig verspricht oder tut. Und so erfährt Faust, dass – umgekehrt – er im Jenseits Mephistos Knecht werden soll, falls sie sich dort wiedertreffen. Unter welcher Voraussetzung dieser Fall eintritt, bleibt für Faust unklar, denn der weiß nichts von Mephistos Wette mit Gott. Interessant für die Ego-Frage ist, dass wenige Verse später Faust seinerseits eine Wette anbietet: Sollte er – mit sich und einem guten Essen zufrieden – jemals zur Ruhe kommen, dann soll es sofort um ihn geschehen sein. Ob er damit »sterben« meint oder eher »zur Hölle fahren«, bleibt offen und ist aus Fausts Sicht auch unerheblich, denn was im Jenseits sein wird, kümmert ihn nicht. Interessant ist aber auch hier wieder die Medaille mit ihren zwei Seiten (siehe Seite 61–64).

»Nein, nein! Der Teufel ist ein Egoist

Und tut nicht leicht um Gottes Willen

Was einem Andern nützlich ist.«

VERSE 1651–1653 (FAUST)

Indem Mephisto das Ganze schriftlich in einem Vertrag festhält, den Faust mit seinem Blut unterschreibt, verinnerlicht dieser das egoistische Prinzip, Mephisto wird ein Teil seiner selbst oder zumindest eine Art zweites Ich. Aber auch das Ego im Sinne einer starren Identität, die keinen Wandel zulassen möchte, kommt im Vertrag zum Ausdruck: In dem Moment, in dem Faust seine zum Dogma erhobene Rast- und Ruhelosigkeit aufgeben würde, wäre die durch dieses Dogma definierte Identität erloschen, er wäre – aus seiner Sicht – tot.

Faust ist also ein Egomane, der in erster Linie um sich selbst kreist, um seine Probleme, sein Begehren, seine Sehnsüchte, seine Taten. Und er ist Egoist, der sich gar nicht oder nur vordergründig und wenn es zu spät ist, um das Leid anderer schert.

WIE AM ANFANG, SO AM ENDE

Die Rücksichtslosigkeit anderen gegenüber zeigt sich in der Tragödie erster Teil vor allem im Umgang mit Margarete, die Faust um jeden Preis zur seiner Genussbefriedigung haben will, ohne an die Konsequenzen zu denken, die ein Liebesabenteuer für die junge Frau haben kann. Es zeigt sich auch zum Schluss, wenn er, um seinen Besitz abzurunden, das alte Paar Philemon und Baucis gegen deren Willen umsiedeln will und ausgerechnet Mephisto damit beauftragt – von dem Faust wissen muss, dass er keine halben Sachen macht. Schließlich hat er ihm auch das Betäubungsmittel für Margaretes Mutter besorgt, die daran stirbt, während sein erotisches Begehren endlich zum Zug kommt. Kurzerhand fackelt Mephisto die Hütte von Philemon und Baucis ab, und die zwei kommen im Feuer um. Beide Male lässt Faust seine brutale Seite in Gestalt Mephistos gewinnen und bedauert hinterher, was passiert ist. Am Anfang seiner Reise durch die Zeiten und Welten, wenn Sex und Gefühlsüberschwang im Mittelpunkt seines Interesses stehen, und an deren Ende, wenn er zu Reichtum und Macht gelangt ist, zeigen sich in ihm Egoismus und ein Mangel an Mitgefühl. Beides bekommen übrigens nicht nur Philemon und Baucis zu spüren, sondern auch die Arbeiter, die in seinen Diensten Gräben ausheben und Land trockenlegen und für seine Zukunftsvision bluten.

WOHLWOLLEN FÜR SICH UND ANDERE

Mitgefühl spielt im Buddhismus eine ebenso zentrale Rolle wie Achtsamkeit. Letztere ist eine erhöhte Aufmerksamkeit auf das, was gerade im Moment ist. Insbesondere dient sie der Selbstbeobachtung, die sich auf unseren Körper, unsere Gedanken und Gefühle und unsere Handlungen richtet. Eine achtsame Selbstbeobachtung erlaubt es uns, automatische Reaktionsmuster zu erkennen, zu hinterfragen und schließlich bewusst zu entscheiden, ob wir dabeibleiben oder etwas verändern wollen. Während die Achtsamkeit in der Praxis also stark auf uns selbst gerichtet ist, zielt das Praktizieren von Mitgefühl auf unsere Außenwelt. Es geht dabei um eine Haltung, die häufig als »Wohlwollen« oder »liebende Güte« bezeichnet und wie die Achtsamkeit durch Meditation erreicht wird, nämlich durch die Mettameditation. Diese Meditationspraxis hat das Wohl aller lebenden Wesen im Blick und dient dazu – wie die Achtsamkeitsmeditation – das Leid in der Welt zu verringern. Wie schon die Wirkung der Achtsamkeit konnte auch die der Mettameditation durch neuropsychologische und empirische Forschung belegt werden: Man hat herausgefunden, dass buddhistische Mönche, welche Mitgefühl und liebende Güte durch Meditation sowie im täglichen Handeln üben, zu den glücklichsten Menschen zählen.

Ein wohlwollendes Verhalten dient übrigens nicht nur anderen Lebewesen, sondern fällt in positiver Weise auf einen selbst zurück, ganz nach dem Motto: »Wie man in den Wald hineinruft, so schallt es heraus.« Darüber hinaus schließt ja das buddhistische Ziel,

Was ist Neuroplastizität?

Der Begriff bezieht sich auf eine zentrale Eigenschaft unseres Gehirns, nämlich dass es veränderbar ist. Lernen wäre ohne diese Eigenschaft nicht möglich. Neue Informationen, Erfahrungen und Eindrücke verändern dabei die Struktur des Gehirns: Es entstehen neue Verbindungen zwischen den Nervenzellen, oder bestehende werden gefestigt. Umgekehrt können auch Verbindungen abgeschwächt werden, etwa wenn vorhandenes Wissen lange nicht benutzt wird. Es gilt dabei die Regel, je stärker und häufiger die Signale, die unser Gehirn erhält, auftreten, desto nachhaltiger stellt es sich auf neue Lerninhalte oder veränderte Lebenssituationen ein. Solche Signale sind etwa unsere Gedanken. Je positiver sie sind, desto glücklicher und zufriedener können wir leben. Unser Geist ist also über das ihm zugehörige Organ beeinflussbar. Allerdings geht das nicht von heute auf morgen, sondern ist nur in einem längeren Prozess zu erreichen; und der Effekt könnte wieder verloren gehen, wenn unser Geist keine positive Nahrung mehr erhält. Buddhistische Mönche meditieren daher täglich, und zwar ein Leben lang – egal, ob sie Achtsamkeit oder Mitgefühl anstreben.

Wohlwollen für alle zu erreichen, auch uns selbst ein. Selbstliebe im gesunden Maß ist sogar die Voraussetzung dafür, dass wir anderen mit liebender Güte begegnen können. Die schon erwähnte Mettameditation beginnt daher mit positiven Wünschen für uns selbst, nach und nach richten wir diese dann auf andere Menschen. Die Mitgefühlspraxis ist also altruistisch, enthält aber gleichzeitig eine verträgliche Form des Egoismus, die nicht auf Kosten anderer geht und vielleicht mit dem Begriff Selbstwertschätzung gut umschrieben ist.

Wie man für sich selbst und anderen gegenüber mehr Wohlwollen und Mitgefühl erreichen kann, zeigen Ihnen die folgenden Anleitungen. Regelmäßig praktiziert, führen die Übungen schon nach kurzer Zeit zu Veränderungen: Negative Gedanken über sich und andere nehmen ab, die Bereitschaft zu einer konstruktiven Auseinandersetzung steigt und Sie werden mehr Freude und Zufriedenheit in Ihrem Leben spüren.

Das Herz aktivieren

George Shdanoff, ein langjähriger Weggefährte Michael Chekhovs, hat die Schauspielmethode seines Kollegen und Freundes systematisiert und speziell für die Arbeit vor der Kamera weiterentwickelt. Zu den psycho-physischen Übungen, die Shdanoff Schauspielern empfiehlt, gehört unter anderem die Arbeit mit »imaginären Zentren« oder »Körperzentren«. Müsste ich zum Beispiel die böse Königin in Schneewittchen spielen, könnte ich mich auf die imaginären Zentren »Krone auf dem Kopf« und »Herz aus Stein« konzentrieren und dieses innere Bild auf mich wirken lassen. Im Rahmen eines Chekhov-Shdanoff-Kurses war immer wieder auffällig, dass Bilder, die das Herz ins Zentrum stellen, bei allen Teilnehmenden besonders starke Wirkung auf Körper und Seele ausüben. Insofern verwundert es mich auch nicht, dass die buddhistische Mettameditation auch Herzmeditation genannt wird. Hier eine wunderschöne und meiner

Erfahrung nach äußerst wirkungsvolle Einstiegsübung zur eigentlichen Mettameditation:

Die Herzblütenmeditation

- Nehmen Sie sich circa zehn Minuten Zeit an einem ruhigen Ort, wo Sie nicht gestört werden.
- Setzen Sie sich bequem hin, schließen Sie die Augen und richten Sie Ihre Aufmerksamkeit auf Ihren Körper. Am besten fangen Sie bei den Füßen an und »scannen« sich bis nach oben zum Kopf. Sehen Sie die jeweilige Körperregion vor Ihrem inneren Auge und spüren Sie, was Sie dort jeweils empfinden.
- Sollten Sie gedanklich abschweifen, was höchstwahrscheinlich ist, machen Sie es wie bei der »Duschmeditation« auf Seite 66/67: Kehren Sie immer wieder geduldig zum »Scanvorgang« zurück.
- Richten Sie dann Ihre Aufmerksamkeit auf den Herzraum und stellen Sie sich vor, dass er die Knospe einer schönen Blüte enthält. (Bei mir war und ist es eine Magnolienblüte; lassen Sie sich überraschen, welches Ihre Herzblüte ist.)
- Lassen Sie die Knospe langsam aufgehen, bis sie zu ihrer vollen Blüte gelangt ist, und versuchen Sie, deren Schönheit nicht nur vor Ihrem inneren Auge zu sehen, sondern auch, sie zu erspüren. Sie ist ein Geschenk!
- Beenden Sie die Übung, indem Sie aufstehen und sich schütteln und dabei das Bild der Blüte in sich aufrechterhalten.

Einmal erblüht, kann ich meine Magnolie zu jeder Zeit immer wieder hervorrufen, zum Beispiel in Situationen, in denen mir andere schrecklich auf die Nerven gehen – in überfüllten Fußgängerzonen, vor Theaterpremieren, bei der Besprechung mit offenbar cholerischen Kollegen oder wichtigtuerischen Kolleginnen. Die Herzblüte verhindert dann, dass Groll und Unzufriedenheit im Herzen überhandnehmen. Ich werde innerlich ruhiger, und trotz des Stresses kann ich mehr Wohlwollen und Wertschätzung mir selbst und auch anderen gegenüber empfinden – eine wichtige Voraussetzung für einen konstruktiven Umgang miteinander, egal ob im Büroteam oder bei einer Theaterprobe.

Die Mettameditation

Während die Herzblütenmeditation durch unsere Vorstellungskraft und das von uns selbst geschaffene innere Bild positiv auf unsere Psyche wirkt und auch körperliches Wohlbefinden hervorruft, arbeitet die eigentliche Mettameditation mit innerlich gesprochenen Sätzen. Diese richten wir zunächst

• an uns selbst, dann
• an ein Lebewesen, das uns nahesteht und das wir mögen, schließlich
• an eine Person, zu der wir ein neutrales Verhältnis haben, und zu guter Letzt
• an einen Menschen, der uns in irgendeiner Form Schwierigkeiten bereitet, den wir vielleicht überhaupt nicht ausstehen können.

Es handelt sich bei diesen Sätzen um Wünsche, die – obwohl vor langer Zeit formuliert – auf universelle menschliche Grundbedürfnisse abzielen, wie sie auch von modernen Psychologen herausgearbeitet wurden, nämlich das Bedürfnis nach

• Glück und Zufriedenheit
• Schutz und Geborgenheit
• Unversehrtheit und Wohlbefinden
• Eigenständigkeit und Unabhängigkeit

Sprechen Sie ein paar Tage hintereinander jeweils fünf Minuten lang die ersten beiden der folgenden Wünsche für sich und ein geliebtes Wesen. Nehmen Sie dann den dritten und schließlich den vierten Wunsch dazu:

• Möge ich (er, sie, es) glücklich und zufrieden sein.
• Möge ich (er, sie, es) sicher und geborgen sein.
• Möge ich (er, sie, es) gesund und fit sein.
• Möge ich (er, sie, es) vertrauensvoll und unabhängig sein.

Sie können die Formulierungen auch abwandeln, wenn Ihnen eine nicht ganz passend für Sie erscheint. Ich verwende für den vierten Satz lieber die Formulierung »Möge ich mich leicht und frei fühlen« und für den ersten »Möge ich in Ruhe und Zufriedenheit leben«, da der Begriff »Glück« etwas überstrapaziert ist und »Leichtigkeit« eher ein Gefühl anspricht, während mir »Unabhängigkeit« hier zu politisch klingt. Wenn Sie Ihre Formulierungen gefunden und die gesamte Meditation mit allen vier Sätzen und für verschiedene Menschen verinnerlicht haben, sollten Sie immer wieder und möglichst regelmäßig üben.

Sie können einzelne ausgewählte Sätze aber auch situationsbedingt einsetzen, etwa wenn Sie sich gerade in einer belastenden Situation befinden oder schwierige Gefühle wie etwa Neid und Eifersucht von Ihnen Besitz ergreifen.

FAUST IN THAILAND

Ich gehe davon aus, dass sich alle Menschen mit den Geistesgiften und Hindernissen, der Wichtigkeit des eigenen Egos sowie mit der eigenen Vergänglichkeit herumschlagen und dass all das vermutlich nicht nur im *Faust,* sondern bei vielen fiktiven Figuren der Literatur, auf Theaterbühnen und im Film zu finden ist. Allerdings sind diese Dinge bei Faust auffällig stark ausgeprägt und mir hier geradezu ins Auge gesprungen. Insofern schien es mir nicht verkehrt, Goethes berühmte Tragödie und seinen Titelhelden einmal unter diesem Blickwinkel zu betrachten. Allerdings ging ich dabei ja nicht von den in den alten Sprachen Pali und Sanskrit verfassten buddhistischen Schriften aus, sondern von bereits für moderne westliche Menschen aufbereiteten Ausführungen.

Entspringt also die bei Faust so auffällige un- oder antibuddhistische Art, in der Welt zu sein, dieser Buddhismus-West-Version? Oder lässt sich meine Antibuddhismus-Behauptung auch im Ost-West-Vergleich stützen? Bei meiner Suche nach einer Antwort bin ich auf das Buch *Orient und Okzident* gestoßen, dessen Beiträge sich damit beschäftigen, wie Faust in nichtchristlichen Kulturen aufgenommen wird.

Ampha Otrakul, ehemalige Professorin für deutsche Sprache und Literatur, hat Goethes *Faust* ins Thailändische übersetzt und führt folgende Eigenschaften ins Feld, die für buddhistisch geprägte Menschen nur schwer nachvollziehbar sind: Fausts Hadern mit der menschlichen Begrenztheit und sein Drängen nach Allwissenheit sowie seine ausgeprägte Selbstbezogenheit und seine Zornes- und Temperamentsausbrüche. Sie stehen im Gegensatz zum Ideal heiterer Gelassenheit, von Harmonie und Zufriedenheit im Alltag und der Akzeptanz, in das ständige Werden und Vergehen der Welt eingebunden zu sein.

Ähnlich äußert sich Otrakuls Kollegin Pornsan Watananguhn: »Aus buddhistischer Sicht muss jedoch nicht nur Fausts ständige Begierde zu neuer Tat und neuem Genuß, sondern schon dieses Beharren auf seiner besonderen Individualität als Abkehr vom ›rechten Weg‹ aufgefaßt werden.« Und: »Ein Buddhist bewahrt seine Selbstständigkeit, indem er sich als Teil der Welt und der Gesellschaft verhält, und nicht wie Faust, der sein Selbst der Welt gegenüberstellt.« Insofern kann man Fausts Wesen wohl tatsächlich als antibuddhistisch bezeichnen.

»O glücklich! wer noch hoffen kann

Aus diesem Meer des Irrtums aufzutauchen.«

VERS 1064–1065 (FAUST)

KLEINER LEITFADEN FÜR DIE »FAUST-THERAPIE«

Die letzten beiden Kapitel haben gezeigt, dass man es bei der Dramenfigur Faust mit einem ziemlich schwierigen Charakter zu tun hat. Ich würde nicht so weit gehen, wie der Titel eines Buches, das zur Premiere einer sehr berühmten Faustinszenierung erschien, und der da lautet: Wie man ein Arschloch wird. Lieber halte ich es mit dem Literaturwissenschaftler Albrecht Schöne, der in seinem Kommentarband zu dem von ihm herausgegebenen Fausttext schreibt: »In das vielschichtige und hochproblematische Charakterbild seines Protagonisten hat Goethe vom Anfang an auch solche Züge eingebracht, die ihn in ein ironisches Licht rücken und auf Distanz bringen; die jedenfalls nicht dazu angetan sind, dass er dem Leser in naiver Bewunderung ›gefalle‹.« Dabei bezieht Schöne sich auf Fausts Egotrip und sein Haben-Wollen, seine notorische Unzufriedenheit und Freudlosigkeit, die Katastrophen, die Faust hervorruft, sowie auf sein aufbrausendes, exzentrisches und pathetisches Wesen.

Diese Einschätzung eines Fachmannes spricht sehr dafür, Faust keinesfalls als Vorbild zu begreifen, wenn es um Persönlichkeitsentwicklung und Selbstcoaching geht. Trotz seines schwierigen Charakters hat Faust aber viel mit uns selbst zu tun, denn – auch das haben die vorigen Ausführungen gezeigt – seine Eigenschaften sind zwar übertrieben ausgeprägt, aber dennoch einfach menschlich und aktuell. Insofern kann er als Spiegel dienen, in dem wir uns teilweise wiedererkennen.

Wie also könnte ein Selbstcoaching mit Dr. Heinrich Faust konkret aussehen? Der Ansatz ist in zweifacher Hinsicht theatral: Zum einen beziehe ich mich inhaltlich auf Goethes Drama und zum anderen leite ich Übungen aus verschiedenen Schauspieltechniken ab.

SELBSTCOACHING MIT DR. FAUST AUF EINEN BLICK

• Wir durchstreifen das Faustdrama und greifen einzelne Szenen und Themen auf, die Ansatzpunkte für ein Selbstcoaching bieten. Solche Themen betreffen zum Beispiel das Denken und Fühlen die Persönlichkeit als Ganzes sowie die eigenen Werte und Normen.

• Nicht nur auf Faust, sondern auch auf andere Dramenfiguren richtet sich der Blick. Wir schauen, inwiefern sie vielleicht einen Gegenentwurf zum Faust-Charakter und zum Faust-Prinzip bieten. Oder sie werfen selbst ein Thema auf, das man für sich bearbeiten und an dem man wachsen kann.

• Beim praktischen Umgang mit dem jeweiligen Thema wird Bezug genommen auf den psycho-physischen Zusammenhang und die KGSS-Formel (siehe Seite 22–25). Die Übungen sind demnach ganzheitlich auf Körper, Geist und Seele ausgerichtet, und sie nehmen Anleihen insbesondere bei den Schauspielklassikern Stanislawski und Chekhov.

Vielleicht kann dieses Buch Sie auch dazu anregen, mal (wieder) einen Blick in Goethes Text zu werfen und so für einige Zeit aus dem Alltag auszusteigen. Oder lesen Sie irgendein anderes Buch. Literatur kann neue Türen öffnen und den Blick auf die Welt und sich selbst erweitern. Und wenn Sie sich neugierig und spielerisch auf die Übungen einlassen, dann steigert das auch Ihre Kreativität. Denn je besser Sie sich kennenlernen, umso offener und einfallsreicher können Sie im Umgang mit bekannten und neuen Situationen werden.

GRENZEN DER »FAUST-THERAPIE«

Was das Selbstcoaching mit Dr. Faust und Schauspielkunst nicht leisten kann und will: Sie werden kein Hollywoodstar werden und auch kein anderer Mensch. Die Reflexionen und Übungen setzen immer bei Ihnen selbst an und enden bei Ihnen selbst. Es geht also darum, sich authentisch weiterzuentwickeln, und nicht darum, irgendwelchen Idealvorstellungen hinterherzuhechten und anderen etwas vorzumachen, was nicht stimmig wäre.

Und noch eine Grenze gilt es zu akzeptieren: Goethe selbst war ja überzeugt davon, dass wir Menschen an uns arbeiten und uns vervollkommnen können. Sie befinden sich also in guter Gesellschaft, wenn Sie es ihm gleichtun wollen. Vervollkommnung ist dabei allerdings als Prozess, nicht als Ergebnis gedacht! Betrachten Sie die »Faust-Therapie« in diesem Sinne. Fragen Sie nicht, wie Sie perfekt werden, sondern, was Sie für sich und auch für andere verbessern können.

TEIL II

VORHANG AUF FÜR DAS FAUST-COACHING

Goethe hat über 60 Jahre lang am *Faust* geschrieben. Die beiden Teile umfassen insgesamt 12111 Verse. Sie alle für die »Faust-Therapie« unter die Lupe zu nehmen wäre vermessen. Ich beschränke mich auf ausgewählte Szenen, Handlungsverläufe und Themen, die für die eigene Persönlichkeit relevant sein können – von negativen Glaubenssätzen und schwierigen Gefühlen über eine Bestandsaufnahme und Entwicklungsmöglichkeiten hin zu den Fragen, wer wir eigentlich sind und was wir zu verantworten haben. Auch wenn es keine 60 Jahre dauert, dieses Buch zu lesen – Persönlichkeitsentwicklung kennt kein Alter und ist letztlich auch eine Lebensaufgabe.

DER HELD, EIN SELBST ERNANNTER TOR
WAS DENKEN BEWIRKEN KANN

Faust I, also der erste Teil von Goethes Faustdrama, wird üblicherweise in die Gelehrten- und die Gretchentragödie eingeteilt. Es liegt damit fast auf der Hand, dass es im Stück zunächst um die Themen Wissen und Denken geht. Fausts Problem in seinem Gelehrtendasein: Er will absolutes Wissen erreichen, sich nicht mit einzelnen Erkenntnissen zufriedengeben, sondern erfassen, wie in der Welt und im Universum alles miteinander zusammenhängt – das Geheimnis oder, nüchterner ausgedrückt, das Prinzip, das in und hinter allem steckt. Diese Art von Wissbegier wird sehr gut deutlich in Abgrenzung zu dem Wissensverständnis, das Fausts Assistent Wagner vertritt: Der möchte gern »alles« wissen, und meint damit die Summe dessen, was der menschliche Geist an Wissen hervorgebracht und angesammelt hat. Faust, der alles Mögliche intensiv studiert hat, verachtet diesen Ansatz und will darüber hinausgehen, die Grenzen des Menschen überschreiten und das große »Ganze« ergründen. Dass ihm das nicht gelingt, frustriert ihn zutiefst. Er ist gekränkt, weil er als Mensch zwar ein »Ebenbild der Gottheit« (Vers 515 und 614) ist, aber doch nicht gottgleich. Das ist das große Trauma, um das seine Gedanken kreisen.

- Gleich in seinem langen Anfangsmonolog bejammert Faust die Sinnlosigkeit seiner umfassenden Gelehrtheit. Seine Studien haben ihn nicht zu irgendeiner aus seiner Sicht wesentlichen Erkenntnis geführt.

- Auch vermisst er Wohlstand und Ansehen, und es fehlt ihm darüber hinaus an Sinnesfreuden. Er lebt schlechter als ein Hund und empfindet sein Studierzimmer als Gefängnis.

- Dann will er mithilfe von spirituellen Praktiken seinem Ziel näherkommen – vergebens. Der beschworene Erdgeist weist ihn in die Schranken, und Faust beschreibt sich selbst als »Wurm« (Vers 653).

- Auf dem Osterspaziergang quälen Faust Erinnerungen an die Vergangenheit, konkret an die medizinischen Fehler seines Vaters und seine eigene Unfähigkeit, als Jugendlicher durch Glauben und Gebet ein Ende der damals herrschenden Pest herbeizuführen.

- Kurz nachdem Faust den Pakt mit Mephisto geschlossen hat, kommt er wieder auf die große Kränkung zu sprechen, dass er die Natur nicht bis ins Letzte zu ergründen vermag. Er beklagt dabei, dass das Denken nicht weiterhilft und dass er Ekel vor dem theoretischen Wissen empfindet.

- Wenige Verse später wiederholt er, dass all sein Streben vergeblich war und er »dem Unendlichen« (Vers 1815) so fern ist wie zuvor.

Auch in späteren Teilen des Dramas äußert Faust immer wieder negative Gedankeninhalte. Doch sollen diese Beispiele aus der Gelehrtentragödie genügen, um auf die Themen Denken und Gedanken näher einzugehen.

DIE GEDANKENFABRIK IM KOPF

Obwohl Goethe Fausts Gedanken dichterisch kunstvoll ausformuliert hat und so der Eindruck von Bewusstheit und Reflexionsfähigkeit entsteht, wirkt Faust gleichzeitig wie ein von seinem negativen Denken beherrschter und getriebener Mensch. Nicht nur wenn er alleine ist. Sogar im Dialog erscheinen seine Ausführungen teilweise wie innere Selbstgespräche, ausgelöst durch die Stichworte seiner Gesprächspartner.

Diese beiden Aspekte – Bewusstheit und Getriebensein – des Fausttextes verweisen auf zwei Denkweisen des menschlichen Geistes:

- **Bewusstes Denken:** Menschen sind in der Lage, gezielt Pläne zu entwerfen und Schritt für Schritt auszuführen, und sie können Ereignisse oder Erscheinungen analysieren und Schlüsse daraus ziehen.

- **Unbewusstes Denken:** Der menschliche Geist ist auch unbewusst aktiv. Wir denken fast ständig, ohne es zu bemerken. Sogar der allergrößte Teil unserer Gedanken – Psychologen und Hirnforscher sprechen von etwa 90 Prozent – läuft unbewusst ab.

Dieses unbewusste Denken hat viele Vorteile, denn es erlaubt uns, Gelerntes automatisch anzuwenden. Man muss zum Beispiel nicht jedes Mal wieder herausfinden, welcher Weg ins Büro führt, man findet ihn weitgehend automatisch und unbewusst. Im Lauf des Lebens haben sich aber auch viele ungeprüfte Meinungen und Glaubenssätze sowie Vorurteile in unserem Geist festgesetzt. Und diese machen einem nicht selten das Leben schwer oder verursachen – aus buddhistischer Sicht betrachtet – Leid. Charakteristisch für diese Art von unbewussten Gedanken sind folgende zwei Punkte:

- Die Gedanken haben häufig negative Inhalte, das heißt, sie sind von Sorgen und Befürchtungen, oft auch von Selbstvorwürfen geprägt.

- Sie enthalten selten etwas Neues, sondern wiederholen sich ständig, wodurch sie sich immer wieder selbst bestätigen und verfestigen.

>*»Und fragst du noch, warum dein Herz*
>*Sich bang´ in deinem Busen klemmt?*
>*Warum ein unerklärter Schmerz*
>*Dir alle Lebensregung hemmt?«*
>VERS 410–413 (FAUST)

Es gibt im Grunde zwei Möglichkeiten, mit solch kreisenden Gedanken, die sich häufig nachteilig auf Stimmung und Konzentration auswirken, umzugehen. Man kann …

• ... die Gedankenflut eindämmen und/oder

• ... die Gedankeninhalte verändern.

Voraussetzung für beides ist eine bewusste Wahrnehmung von Denken und Gedanken.

ERKENNEN, DASS MAN STÄNDIG DENKT

Um Denkvorgänge bewusster wahrzunehmen, ist ein wichtiger Unterschied entscheidend: Einen Gedanken zu denken heißt nicht, zu wissen, dass man diesen Gedanken denkt. Und hier kommt als Bindeglied die Selbstbeobachtung ins Spiel, die einerseits für das Schauspieltraining so wichtig ist und die ebenso Selbstbildung und Persönlichkeitsentwicklung ermöglicht.

Falls Sie die Duschmeditation (siehe Seite 66/67) schon einige Male gemacht haben, dann wissen Sie bereits, wie sehr Ihr Geist ganz automatisch immer wieder abdriftet und Ihre Gedanken Sie vom Hundertsten zum Tausendsten tragen. Die Gedankenfabrik im Kopf produziert unermüdlich, ohne dass man aktiv werden muss. Man könnte natürlich sagen: »Ja, und? Ist eben so.« Will man aber etwas bewusster durch das Leben gehen und den eigenen Geist nicht einfach nur der Gedankenflut überlassen, dann lohnt es sich, das Denken und die Gedanken immer wieder bewusst wahrzunehmen und zu beeinflussen.

Eine Übung wie die Duschmeditation macht einem zunächst einmal klar, dass wir tatsächlich ständig denken. Sie und mehr noch die klassische Achtsamkeitsübung mit ihren buddhistischen Wurzeln sind aber gleichzeitig dazu geeignet, den unruhigen – oder man könnte sagen: faustischen – Geist zur Ruhe zu bringen.

Achtsamkeits-Atemübung

Machen Sie die Übung am Anfang jeweils fünf Minuten lang und steigern Sie dann langsam über 10 zu 15 Minuten. Natürlich können Sie dann noch weiter gehen und die Achtsamkeits-Atemmeditation auch länger ausführen.

- Setzen Sie sich bequem hin, die Füße stehen flach auf dem Boden. Sie sollten aufrecht sitzen, also nicht zusammensacken, und trotzdem nicht angespannt sein. Sie können die Übung auch in Rückenlage ausführen. Die Beine sind dann leicht gespreizt, und die Arme liegen leicht angewinkelt neben dem Oberkörper.

- Spüren Sie zunächst nach und nach in Ihren Körper hinein: Wie fühlen sich die Fußsohlen auf dem Boden an? Ist die Sitzfläche hart oder weich? An welchen Stellen liegt der Körper auf der Unterlage, wo berührt er diese nicht?

- Dann lenken Sie Ihre Aufmerksamkeit auf Ihre Atmung, genauer darauf, was Sie körperlich von Ihrer Atmung wahrnehmen: wie Bauch und Brustkorb sich heben und senken, wie sich die Luft anfühlt, die beim Ein- und Ausatmen durch die Nase strömt. Schauen Sie auch, ob Sie Ihren Atemfluss auch noch auf andere Weise spüren.

- Früher oder später werden irgendwelche Gedanken Sie ablenken und Ihre Aufmerksamkeit weg von der Atmung ziehen. Sobald Ihnen das auffällt, haben Sie eine erste wichtige Wirkung der Übung erzielt: Sie haben erkannt, dass Sie denken – was in der Regel unbewusst abläuft, wurde Ihnen bewusst.

- Egal wie wichtig oder unwichtig Ihnen der momentane Gedanke erscheint, verfolgen Sie ihn nicht. Lassen Sie ihn ziehen, indem Sie wieder Ihre Atmung fokussieren. Damit ist der zweite wichtige Schritt getan: Sie üben, einen Gedanken loszulassen.

Mit der Zeit werden Sie feststellen, dass das achtsame Fokussieren auf den Atem sowie das Wahrnehmen und Loslassen der Gedanken mal besser, mal schlechter gelingt und dass mal mehr, mal weniger

Gedanken Ihre Aufmerksamkeit stören. Machen Sie sich nichts daraus. Es geht nicht darum, perfekt zu sein. Wichtig ist, dass Sie die Übung immer wieder machen. Denn auf längere Sicht versetzen Sie sich dadurch in die Lage, den Gedankenstrom, der den Geist so oft zerstreut, zu unterbrechen und zu reduzieren. Sie werden ruhiger und konzentrierter.

Ihr für das Denken und Ihre Gedanken geschärftes Bewusstsein führt darüber hinaus auch dazu, dass Sie im Alltag immer klarer entscheiden können, ob Sie einen Gedanken verfolgen wollen oder nicht – statt sich von ihm unwillentlich mitreißen zu lassen. Sie erkennen mit der Zeit deutlicher, was Ihnen wirklich wichtig ist.

ERKENNEN, WAS MAN DENKT

Wenn Sie das aufmerksame Erkennen von Denken und Gedanken ein wenig geübt haben, können Sie Ihre Fähigkeit zur Selbstbeobachtung auch leicht im Alltag anwenden und verfestigen. Und Sie können sich von negativen Gedanken distanzieren.

- Fragen Sie sich zum Beispiel bewusst dreimal am Tag: »Was denkt mein Geist gerade?« Geht es um eine unrealistische Befürchtung, um ein ärgerliches Erlebnis oder um eine Idee, die Sie umsetzen wollen? In letzterem Fall lohnt es sich vermutlich, an dem Gedanken dranzubleiben oder ihn später wieder aufzugreifen, etwa um zu prüfen, ob eine Verwirklichung realistisch ist und wie die ersten Schritte dahin aussehen könnten. Die anderen beiden Typen von Gedanken können Sie dagegen wahrscheinlich verwerfen. Denn es ist nicht bewiesen, dass Ihre Befürchtungen eintreten werden, und Ihr Ärger kann die Vergangenheit nicht ändern. Solchen Gedanken das Feld zu überlassen, kostet unnötig Zeit und Energie.

- Drehen sich die negativen Gedanken aber um etwas wirklich Wichtiges, dann können Sie entscheiden, wie Sie damit umgehen – zum Beispiel überprüfen, ob die Befürchtung realistischerweise tatsächlich eintreten könnte, und entsprechende Vorkehrungen treffen oder den Ärger an der richtigen Stelle offen ansprechen.

Sprich: Sie werden aktiv, wenn es sinnvoll ist. Voraussetzung ist in jedem Fall, dass Sie die Gedankeninhalte kennen. Halten Sie das Fließband in der Fabrik also immer wieder an und schauen Sie, was Sie da eigentlich produzieren.

• Sie können die Atemübung immer auch spontan und gezielt einsetzen, wenn Sie bemerken, dass Ihre Gedanken sich wie in einem Karussell drehen und drehen ... und Sie von diesen Gedanken nicht mehr loskommen. Lenken Sie Ihre Aufmerksamkeit dann bewusst auf Ihre Atmung. So können Sie Abstand von der überschießenden Geistestätigkeit gewinnen und die Gedankenflut eindämmen.

Das Faust-Prinzip oder der Lebensstil à la Faust (siehe Seite 36–53) hat natürlich auch Einfluss auf die Gedanken. Oft kreisen sie um die Frage, wie man mehr erreichen kann – einen höheren Posten, ein schickeres Auto, eine schönere Partnerin. Oder um einen – oft nur vermeintlichen – Mangel, so wie es Faust umtreibt, dass er als Mensch eben nicht Gott ist, an den er zwar nicht glaubt, aber an dessen Stelle er sich gerne setzen würde. Der ganz zu Beginn darüber klagt, was er alles nicht hat, und am Schluss, als er quasi alles erreicht hat, immer noch nicht zufrieden ist.

> *»Auch hab´ ich weder Gut noch Geld,*
> *Noch Ehr´ und Herrlichkeit der Welt,*
> *Es möchte kein Hund so länger leben!«*
>
> VERS 373–374 (FAUST)

Burn-out, Umweltschäden, Klimawandel und damit einhergehende Pandemien wie Corona sowie wirtschaftliche und gesellschaftliche Krisen, also die Kollateralschäden des Faust-Prinzips rütteln immer heftiger an dessen Legitimation. Einen kleinen Beitrag zum Umdenken und zur Veränderung einer faustischen Gesellschaft und

Lebensart kann das Üben von Achtsamkeit leisten, da es zu mehr Bewusstheit darüber führt, was wir eigentlich tun und was wir wirklich wollen.

DER INNERE PROBLEMGEIST

Dass unser Geist, wenn wir ihn einfach lassen, so gern Probleme wälzt und unsere mentale Aktivität sich mit Vorliebe auf Schwierigkeiten stürzt, hat seine Ursache in der frühen Menschheitsgeschichte. Es war für die menschliche Spezies schlicht und einfach überlebensnotwendig, permanent auf Gefahren und Schwierigkeiten eingestellt zu sein, um im Ernstfall schnell darauf reagieren zu können. Dieser Fokus auf Gefahr hat sich bis heute erhalten, obwohl er zum Überleben nicht mehr in dem Maße wichtig ist, wie vor 100 000 Jahren. Zumindest nicht in dem Teil der Welt, in dem Sie und ich leben. Unser Geist ist aufgrund dieser evolutionsbiologisch begründeten Voraussetzung – salopp ausgedrückt – süchtig nach Schwierigkeiten. Und deshalb ist die Neigung zum Problematisieren und Grübeln auch so weit verbreitet.

DAS HIRN VOLLER WERTUNGEN

In den vorigen Abschnitten wurde bereits deutlich, dass es in diesem Kapitel um das G aus der KGSS-Formel, um den Geist und damit um das Denken geht. Konkret um die unbewusste Gedankenflut und um die Gedankeninhalte, die das Leben und Befinden beeinflussen. Diese Inhalte kreisen, wie schon gesagt, häufig um Schwierigkeiten. Wird man sich dieser negativen Gedanken bewusst, kann man sie auf den Prüfstand stellen und sie dann entweder loslassen oder umdeuten.

GEDANKEN BEOBACHTEN

Wichtig in diesem Zusammenhang ist, dass ein Gedanke nicht einfach nur eine Aussage enthält, etwa »Das ist Sauerkraut«. Sehr häufig ist damit auch eine Wertung verbunden, also zum Beispiel »Ich hasse Sauerkraut!« oder »Ich liebe Sauerkraut!«. Wir denken natürlich üblicherweise nicht in ganzen Sätzen, dennoch steckt unser Kopf voller Wertungen und – nicht zuletzt – Abwertungen. Insofern lohnt sich noch einmal ein Blick auf die Achtsamkeits-Atemübung (Seite 90/91), denn dort haben Sie bereits einen ersten Schritt weg vom negativen Denken gemacht. In dem Moment nämlich, in dem Sie bemerken, dass Sie denken, kommen Sie ja wieder zum Beobachten Ihrer Atmung zurück und lassen die Gedanken einfach ziehen. Sie schenken ihnen und damit dem enthaltenen Werturteil keine Beachtung. Ein wesentlicher Zweck der Übung besteht genau darin: die Gedanken kommen und gehen zu lassen, ohne sie zu bewerten. Damit distanzieren Sie sich bereits von Ihren Befürchtungen und Sorgen, gegebenenfalls auch von Ihren Wünschen und Begehrlichkeiten – also von Ablehnung und Anhaftung (siehe Seite 59–60). Und je mehr Sie üben, desto langfristiger wirkt sich dieser Effekt aus.

Was aber, wenn durch das Beobachten des eigenen Denkens bewusst wird, dass man sich selbst in Gedanken schlecht macht und die Welt durch eine gar zu dunkle Brille sieht? Dann will man vermutlich genau daran etwas verändern.

Feedback ohne Wertung

Das Werten wegzulassen ist kein ganz einfaches Unterfangen, aber es ist unerlässlich, wenn ich mich – zum Beispiel – schauspielerisch weiterbilden möchte. Das habe ich kürzlich in einem sehr guten Workshop erfahren, dessen Inhalte ich dann später den Kolleginnen und Kollegen aus meiner Theatergruppe vermittelt habe. In Anlehnung an den Schauspiellehrer Michael Chekhov (siehe Seite 14) arbeiteten wir unter anderem mit »Atmosphären«. Das kann eine persönliche Atmosphäre sein, die mich wie eine unsichtbare Blase als meine Aura umgibt, oder eine Atmosphäre, die den ganzen Raum um mich herum füllt und schließlich auch in meinen Körper dringt. Vorgegeben wird beispielsweise, die Blase mit Gelächter zu füllen oder den Raum mit kindlicher Neugier. Dabei geht es nicht darum, permanent zu lachen, um zu signalisieren, dass ich eine lustige Person bin. Auch nicht darum, so zu tun, als wäre ich ein neugieriges Kind, das in jeder Ecke nachschaut, was sich dort befindet. Sinn der Aufgabe ist, sich die Blase oder den Raum vorzustellen und zu beobachten, was sich in der eigenen Vorstellungskraft dort ausbreitet. Bei kindlicher Neugier zum Beispiel hat sich bei mir der ganze Raum mit vielen kleinen, bunten Punkten, die an Smarties erinnern, gefüllt. Sobald ich diese Atmosphäre dann bildlich auch in meinen Körper aufgesogen habe, beobachte ich, wie sie sich anfühlt, was sich an mir verändert. Ich gehe und spreche in dieser Atmosphäre dann ganz anders, als ich es sonst tun würde.

Ein wichtiger Punkt der Übung ist die anschließende Feedback-Runde, bei der die Teilnehmer ihre eben gemachten Erfahrungen einbringen. Nacheinander berichten alle davon, womit sich der Raum bei ihnen gefüllt hat (Farben, Formen, Muster ...), ob er sich gleichmäßig angefüllt hat oder eine Ecke leer blieb, was die Atmosphäre mit dem Körper oder der Stimme machte ... Was beim Feedback nicht erlaubt ist: Niemand bewertet sich selbst, andere oder die Übung. Sätze wie »Ich schaff das nicht«, »Die Übung ist doof« oder »Das glaub' ich dir nicht« sind tabu. Es wird nur beschrieben, was passiert ist. Und wenn nichts passiert? Dann wird eben erzählt, dass nichts passiert ist. Nur durch den Verzicht auf das Bewerten können wir uns auf das Wesentliche konzentrieren, das heißt, *kreativ und fokussiert mit unserer Vorstellungskraft und unserem Körper an uns arbeiten. Auch bei jeder anderen Arbeit oder im Sport kann das nichtwertende Feedback sehr hilfreich sein. Und Sie brauchen dazu nicht unbedingt ein Gegenüber, Sie können Ihre Erfahrung genauso gut an sich selbst rückmelden. Es geht einfach darum, sich etwas bewusst zu machen.*

Eigener Erfahrungsbericht

WAS SIND NEGATIVE GLAUBENSSÄTZE?

Im Lauf unseres Lebens haben wir alle zahlreiche Erfahrungen gemacht. Insbesondere diejenigen aus der Kindheit und Jugendzeit prägen uns in besonderer Weise. Dabei sind nicht nur konkrete Erlebnisse von Bedeutung, sondern auch Aussagen von anderen über uns und die Welt. Hört ein Kind, das aus Erwachsenensicht (!) etwas falsch macht, von seinen Eltern immer wieder: »Bist du nicht noch blöder?«, dann wird es mit der Zeit die Ansicht »Ich bin blöd« ver-innerlichen. Die Zuschreibung durch andere wird zur unbewussten eigenen Überzeugung – zu einem negativen Glaubenssatz. Dieser kann dann beispielsweise zu schlechten Noten führen und in Berufe, die wenig von dem nun erwachsenen Menschen fordern. Damit wiederum bestätigt sich der Glaubenssatz und verfestigt sich.

Das ist natürlich ein sehr vereinfachtes Beispiel. Meist sind mehrere innere Überzeugungen miteinander verflochten, die Zuschreibungen manchmal widersprüchlich und die ganze Angelegenheit damit komplexer. Aber im Prinzip wirken negative Glaubenssätze genau so: Sie bremsen uns aus, behindern unsere Entfaltung und Entwicklung und machen uns das Leben schwer.

UND WAS IST MIT DEN POSITIVEN?

Wird ein Kind für jeden Strich, den es auf ein Papier zeichnet, über-schwänglich gelobt und ihm so peu à peu vermittelt, ein Genie zu sein, dann kann sich sehr leicht der Glaubenssatz »Ich bin unheim-lich toll!« festsetzen. Das muss aber nicht unbedingt toll ausgehen.

Solche Kinder entwickeln oft wenig Selbstvertrauen, dafür aber eine ausgeprägte Abhängigkeit vom Lob anderer. Bleibt dieses aus, leiden die Betreffenden und rächen sich nicht selten dafür, zum Beispiel mit übler Nachrede. Oft überschätzen sie sich auch und fallen dann umso tiefer. Ein positiver Glaubenssatz kann das Leben also auch erschweren.

Menschen, die von ihrer Umwelt einen Glaubenssatz vermittelt bekamen, der im Kern lautet: »Ich bin okay«, werden im Lauf ihres Lebens wie jede andere Person auch Schmerz erfahren – Trennungen, Trauer, Enttäuschungen, Misserfolge. Aber sie werden in einem Punkt ganz gut damit zurechtkommen: Sie werden ihr momentanes Leid nicht durch negative Überzeugungen vergrößern und zementieren. Etwa durch Sätze wie »Immer passiert mir so etwas«, »Alle sind gegen mich«, »Nie geschieht mal etwas Schönes«, »Wäre ich nicht so blöd, wäre mir das nicht passiert« ... Da aber gerade solche negativen inneren Überzeugungen weit verbreitet sind und das eigene Wohlbefinden beeinträchtigen, wollen wir uns im Folgenden mit ihnen beschäftigen.

SCHÄDLICHE GLAUBENSSÄTZE ERKENNEN

Wenn Sie es schon ein wenig gewohnt sind, Ihr Denken und Ihre Gedanken zu beobachten, haben Sie eine gute Voraussetzung dafür geschaffen, ein paar Glaubenssätze ausfindig zu machen. Nehmen wir einmal an, Sie werfen ein Glas Saft, das auf dem Tisch steht, versehentlich um. Die Flüssigkeit verunstaltet die Tischdecke mit einem hässlichen Flecken oder macht wichtige Unterlagen unleserlich. Was denken Sie? Eher: »Kein Problem!«, und dann wischen Sie gut gelaunt den verschütteten Saft auf, werfen lächelnd die Tischdecke in den Wäschekorb oder drucken die Unterlagen neu aus? Oder denken Sie: »Das wäre jetzt nicht nötig gewesen«, ärgern sich kurz, und wenn alles wieder in Ordnung gebracht ist, gehen Sie zur Tagesordnung über? Oder sagen Sie sich: »Was bin ich für ein Idiot!«? Und dann stolpern Sie beim Aufräumen vielleicht noch über den Stuhl – weil Sie ja ein Idiot sind.

Der erste Fall ist äußerst unwahrscheinlich und wäre, falls jemand sich tatsächlich so verhält, etwas unglaubwürdig; außer vielleicht, die betreffende Person ist gerade wahnsinnig verliebt. Der zweite und dritte Fall dagegen sind viel wahrscheinlicher. Doch worin liegt hier der Unterschied? In der ersten Variante reagieren Sie auf ein einzelnes Missgeschick, das Ihnen gerade passiert ist. In der zweiten bewerten Sie nicht die Situation, sondern sich selbst. Genauer: Sie werten sich ab. Ihr ganzes Selbstbild offenbart sich in dem negativen Glaubenssatz »Ich bin ein Idiot«. Andere negative Gedanken im Saftbeispiel könnten lauten: »Immer habe ich Pech«, oder: »Kann nie mal irgendetwas einfach gut gehen?« Zusammenfassend kann man also drei wichtige Anzeichen für negative Glaubenssätze festhalten: Die Gedanken oder Aussagen ...

- ... kommentieren und bewerten nicht ein singuläres Ereignis, sondern werten die eigene Person als Ganzes ab.

- ... enthalten häufig verabsolutierende Wörter wie »immer«, »nie«, »alle/alles«, sodass eine scheinbar allgemeingültige Aussage entsteht.

- ... machen infolge der ersten beiden Punkte ein einzelnes Ereignis viel schlimmer, als es aus Distanz betrachtet tatsächlich ist.

Wenn Sie nun weiter Ihre gedanklichen Reaktionen auf Ereignisse beobachten und sich immer wieder einmal fragen: »Was denkt mein Geist gerade?«, haben Sie gute Chancen, ein paar ihrer wesentlichen sich wiederholenden negativen Gedanken ausfindig zu machen.

In manchen Situationen entfährt Ihnen vielleicht gleich ein entscheidender Satz, etwa: »Ich bin immer so ungeschickt.« Manchmal sind die Gedanken etwas diffuser. Dann dauert es mitunter etwas länger, einen prägnanten Glaubenssatz zu formulieren. Es ist aber auch nicht allzu schwierig, denn es gibt ein paar »Klassiker«, die weit verbreitet sind und an denen Sie sich orientieren können: »Ich darf keine Fehler machen.«, »Ich darf nicht besser sein als meine Mutter/ die Kollegen/mein Lehrer ...«, »Ich muss besser sein als alle anderen.«, »Ich bin eine Versagerin/ein Pechvogel.«, »Das steht mir nicht zu.«,

»Ich bin nicht wichtig.«, »Das hat doch alles keinen Sinn.«, »Niemand mag mich.«, »Beziehungen engen mich ein.«, »Es gibt nur eine große Liebe.«, »Ich bin nicht attraktiv.«, »Ich bin zu dick/zu klein/ zu ...«

Manchmal kommen die Glaubenssätze auch als Lebensweisheiten oder –regeln daher, die nichts anderes als Vorurteile sind: »Frauen sind zickig/können nicht abstrakt denken ...«, »Männer wollen immer nur das Eine/können besser einparken ...«, »Kinder sind kleine Terroristen.«, »Deutsche sind immer pünktlich.«

»Da steh' ich nun, ich armer Tor!
Und bin so klug als wie zuvor;«

VERS 358–359 (FAUST)

Und oft verstecken sich Glaubenssätze hinter Sprichwörtern und Redewendungen, die wir uns zu eigen gemacht haben, obwohl es leere Phrasen sind: »Ein Indianer kennt keinen Schmerz.«, »Eigenlob stinkt.«, »Geld verdirbt den Charakter.«, »Trau keinem über dreißig.«

Meistens betreffen die uns beherrschenden inneren Überzeugungen unser Selbstbild in Bezug auf die Lebensbereiche Arbeit/Geld und Liebe/Beziehungen, aber auch das eigene Aussehen ist häufig der Grund für unnötiges Leid. Wenn Sie schauen, auf welchem Gebiet Sie besonders häufig oder leicht mit sich selbst hadern oder immer wieder auf Schwierigkeiten stoßen, können Sie davon ausgehen, dass hier auch ein oder mehrere negative Glaubenssätze am Werk sind, die Sie am Erfolg hindern oder Ihre Zufriedenheit untergraben.

Zu erforschen, woher Ihr Glauben rührt, kann ebenfalls hilfreich sein, die falschen Freunde unter den inneren Überzeugungen ausfindig zu machen. Fragen Sie sich: Welche Sprichwörter oder Redensarten habe ich oft gehört? Welche Einstellung vertraten wichtige Bezugspersonen gegenüber Arbeit, Geld, Partnerschaft, Schönheitsideal? Welcher Kernsatz eines bestimmten Zeitgeistes hatte starken Einfluss auf mich? Den Ursprung zu kennen, kann sich unterstützend beim Veränderungsprozess auswirken.

GEHIRNWÄSCHE MAL POSITIV BETRACHTET

Haben Sie nun eine innere Überzeugung und deren negative Auswirkung auf Ihr Leben oder einen Lebensbereich ausfindig gemacht, ist es wichtig, sie in eine prägnante Formulierung zu bringen. Sie spüren dann, ob der Glaubenssatz stimmt oder ob er noch einer Präzisierung bedarf. Zum Beispiel könnte er zuerst lauten: »Ich bin lebensuntüchtig«, dann merken Sie aber, dass das zu allgemein gefasst ist, und kommen darauf, dass der Satz besser lauten sollte: »Ich bin unfähig, genug Geld zu verdienen.« Oder Sie finden zunächst den Satz: »Ich bin beziehungsunfähig«, und merken dann, »Ich muss den genau richtigen Partner finden« trifft die Sache besser. Sobald Sie Ihren Glaubenssatz formulieren können, beginnt er bereits, sich zu verändern oder sich aufzulösen.

GLAUBEN HEISST NICHT WISSEN

Sind sie einmal formuliert, können Sie Ihre Glaubenssätze befragen. Seien Sie dabei hartnäckig und schonungslos. Es geht darum, den jeweiligen Satz als Ganzes oder zumindest in seiner Absolutheit zu widerlegen. Denn – wie der Name sagt – Sie *glauben* ja nur an den Inhalt des Satzes. Er ist nicht bewiesen.

Nehmen wir als Beispiel den Dr. Faust aus der Gelehrtentragödie. Er bezichtigt sich, immer nur Irrwege eingeschlagen zu haben, und gleichzeitig möchte er allwissend wie Gott sein. Wir könnten das in die beiden Glaubenssätze »Ich bin unfähig und dumm« und »Ich muss Übermenschliches leisten« fassen. Sein überzeugtes Festhalten an diesem äußerst widersprüchlichen Selbstbild wirkt bei allem Leid fast schon komisch. Denn beides sind ja nur verabsolutierende Selbstzuschreibungen, die sich gegenseitig sogar ausschließen – auf der einen Seite findet Faust sich ziemlich unterdurchschnittlich, auf der anderen dagegen erwartet er mehr als überdurchschnittliche

Leistungen von sich. Allein dieser Widerspruch weist schon auf die Fragwürdigkeit der Aussagen hin. Aber auch jede für sich ist angreifbar, denn sie gaukeln Gewissheit vor – »Ich bin ...«, »Ich muss ...« –, wo keine besteht. »Schau genau hin!«, möchte man Faust also zurufen, »Das stimmt doch gar nicht!« Oft sehen wir ja bei anderen klarer als bei uns selbst.

Die Lehre, die wir daraus ziehen können: Stellen wir unseren eigenen Glaubenssätzen die entscheidende Frage: »Stimmt das wirklich?« Und sollten sie ähnlich lauten, wie die Glaubenssätze von Faust, dann wäre die Antwort wohl: »Nein, das ist Unsinn, ich habe einige Fähigkeiten, ich tu, was ich kann, und lerne dazu.« Könnte Faust es so sehen, wäre er vielleicht nicht immer so schlecht gelaunt und frustriert. Er wäre freundlicher und nachsichtiger mit sich selbst und könnte sich vielleicht sogar sagen: »Ich bin okay.«

Die folgende Übung hilft Ihnen, versteckte Glaubenssätze ausfindig zu machen, und vor allem, sie Lügen zu strafen.

Formulieren und widerlegen

Um die Rolle des Faust zu spielen, kann es hilfreich sein, aus Goethes kunstvoll geschmiedeten Reimen und Versen das in heutige Sprache zu übersetzen, was diese Figur umtreibt. Das umfasst unter anderem das Herausfiltern ihres Selbstbildes und damit ihrer Glaubenssätze. Auch unsere eigenen inneren Überzeugungen müssen wir manchmal erst übersetzen. Etwa wenn sie sich in sogenannten Regeln oder in Redewendungen verbergen. Das Sprichwort »Hochmut kommt vor dem Fall« beinhaltet für den einen beispielsweise den Glaubenssatz: »Wenn ich etwas riskiere, kann ich nur verlieren.« Für die andere: »Ich muss bescheiden bleiben, sonst mag mich niemand mehr.« Erst wenn man genau weiß, was gemeint ist, kann man den Glaubenssatz hinterfragen, seinen Wahrheitsgehalt widerlegen und die Aussage damit entkräften. Üben Sie das Herausfiltern und Widerlegen mit den folgenden Schritten.

- **Schritt 1:** Suchen Sie sich eine Redewendung, die Sie besonders doof finden. Sie zu widerlegen fällt erst mal leichter.
- **Schritt 2:** Überlegen Sie, welcher Glaubenssatz hinter dem Spruch stecken könnte. Formulieren Sie den Satz kurz und prägnant und schreiben Sie ihn auf.
- **Schritt 3:** Fragen Sie nun: »Stimmt diese Aussage wirklich?« – und widerlegen Sie sie. Im obigen Beispiel könnte ein Argument lauten: »Das stimmt nicht, Scheitern ist nicht automatisch vorprogrammiert. Ich kenne viele Menschen, die etwas in Angriff nehmen und Erfolg haben.« Oder: »Wer sagt denn, dass ich bescheiden sein muss? Und muss ich das wirklich? Nein, es ist okay, etwas erreichen zu wollen.«
- **Schritt 4:** Wiederholen Sie die ganze Prozedur mit Sprüchen, die Sie geprägt haben, und ihren eigenen inneren Überzeugungen, die Sie auflösen wollen.

AUF NIMMER WIEDERSEHEN

Auch wenn man einen Glaubenssatz entkräftet hat, wird er sich immer wieder einmal zeigen. Zum Beispiel reagiert man manchmal spontan der alten inneren Überzeugung entsprechend, obwohl man inzwischen weiß, dass sie unsinnig ist. Das ist normal, schließlich haben wir uns Jahre oder eher Jahrzehnte lang nach dem Satz gerichtet. Wenn man in alte Verhaltensmuster zurückfällt, ist man also kein Versager. Da wir aber nachhaltig etwas ändern wollen, bleiben wir nicht an diesem Punkt stehen. Die folgenden zwei Strategien haben sich bei mir gut bewährt, um einen Glaubenssatz loszulassen und mehr und mehr loszuwerden:

- **Loslassen:** Wenn ein alter Glaubenssatz wieder aktiv wird, versuchen Sie, sich nicht darüber zu ärgern und sich deswegen auch nicht zu kritisieren. Es geht auch hier um das nichtwertende Beobachten dessen, was passiert ist. »Aha, da ist er wieder«, könnten Sie sich zum Beispiel sagen, wenn Sie mal wieder geglaubt haben: »Ich bin so blöd« oder: »Ich muss immer gehorsam sein« oder: »Das kann nur mir passieren« ... Manchmal sind solche »Rückfälle« sogar erhellend, weil einem bewusst wird, in welchen typischen Situationen ein Glaubenssatz besonders hartnäckig am Werk ist.

- **Loswerden:** Hilfreich ist es auch, sich die eigene Gegenargumentation immer wieder ins Gedächtnis zu rufen, quasi als vorbeugende Maßnahme gegen Rückfälle. Aber auch wenn einen ein Glaubenssatz mal wieder kalt erwischt hat, helfen die entkräftenden Argumente weiter, weil sie ja den Satz widerlegen. Zusätzlich kann man sich auch vorstellen, dass sie den Glaubenssatz aus dem Geist verdrängen und selbst den Raum einnehmen, den der Satz hinterlässt – sich einnisten wie entschlossene Hausbesetzer oder es sich in der eigenen Wohnung richtig gemütlich machen. Suchen Sie sich ein Bild, das Ihnen gut gefällt.

Beim zweiten Punkt arbeiten Sie von zwei Seiten her: rational auf der sprachlichen Ebene und bildhaft mit Ihrer Vorstellungskraft. Ein solcher Ansatz wirkt besonders nachhaltig, ganz nach dem Motto: Doppelt genäht hält besser. Denn mit zwei oder mehreren Zugängen kann man besonders nachhaltig lernen und daher auch umlernen (siehe Seite 8–10). Eine bedeutende Rolle spielt in diesem Zusammenhang auch die Bewegung. Das können Sie anhand von positiven Glaubenssätzen einfach mal ausprobieren und sozusagen am eigenen Leib erfahren.

POSITIVE GLAUBENSSÄTZE VERANKERN

Gehirnwäsche im hier gemeinten Sinn bedeutet, sich destruktiver und unbewiesener Überzeugungen zu entledigen. Kurz und etwas drastisch ausgedrückt heißt das: Weg mit dem Dreck! Man kann aber noch mehr tun, nämlich mit positiven Glaubenssätzen die eigene Haltung verändern. Um im Bild zu bleiben: beim Waschgang auch Stärke zuführen.

WIE FORMULIERT MAN
EINEN KONSTRUKTIVEN GLAUBENSSATZ?

Ein positiver oder konstruktiver Glaubenssatz ist hilfreich, um einen negativen, destruktiven zu verabschieden und sich gleichzeitig selbst den Rücken zu stärken. Er hängt also inhaltlich mit dem negativen Glaubenssatz zusammen. Nehmen wir die zuletzt erwähnten Beispiele: »Ich bin so blöd«, »Ich muss immer gehorsam sein«, »Das kann nur mir passieren.« Um sie positiv umzugestalten, sollten Sie keinesfalls einfach nur mit dem Wörtchen »nicht« oder der Vorsilbe »un-« hantieren, etwa nach dem Schema: »Ich bin nicht blöd«, oder: »Ich darf ungehorsam sein«, oder: »Immer passiert mir das nicht, nur manchmal.« Auch andere schlichte Umkehrungen, etwa: »Anderen passiert es auch«, sind nicht zielführend. Man spürt eigentlich schon beim Lesen dieser Sätze, dass sie nicht so recht wirken können. Und das, weil ...

- ... die prägenden inhaltlichen Wörter wie »blöd« und »gehorsam« nach wie vor vorhanden sind und die sprachliche Negation gegen den destruktiven Inhalt nicht ankommt.

- ... verabsolutierende Wörtchen wie »immer« auch positive Glaubenssätze unglaubwürdig und widerlegbar machen.

- ... das Ersetzen von »immer« (oder auch »nie«) durch »manchmal« den Satz nur relativiert, aber keinen neuen Gedanken bringt.

- ... Aussagen über andere nichts mit Ihnen zu tun haben.

Positive Glaubenssätze sollten immer Wohlwollen gegenüber sich selbst ausdrücken und eher als Erlaubnis oder Wunsch formuliert sein. Habe ich den Glaubenssatz »Ich bin so blöd« einmal widerlegt, wird mir im Zuge dessen aufgefallen sein, dass ich durchaus einige Fähigkeiten und Fertigkeiten aufzuweisen habe und dass ich das, was ich nicht weiß oder kann, ja lernen könnte – sofern ich das für sinnvoll erachte. Ein positiver Gegen-Satz könnte also lauten: »Ich weiß, was ich kann und was nicht, und ich kann meine Fähigkeiten noch ausbauen.« Oder kürzer gefasst: »Ich bin okay, und ich bin lernfähig.«

Sie können einen stärkenden Glaubenssatz also aus einer destruktiven Überzeugung ableiten. Wenn er Ihnen erst mal recht lang gerät, dann suchen Sie nach einer verkürzten Formulierung. Sie wissen ja dann, was diese genau beinhaltet. Sie können aber auch einfach spontan und intuitiv einen positiven Satz formulieren, der Ihnen guttun könnte, und damit zum Beispiel die folgende Übung machen.

Sich regen bringt Segen

Diese Übung basiert auf der Methode, einen längeren Text zu lernen, die man auch anwenden kann, um einen kurzen Satz zu verinnerlichen. Damit dieser sich nach und nach wirklich auf Ihr Verhalten auswirken kann, braucht es nämlich mehr als nur Köpfchen. Nach der KGSS-Formel (siehe Seite 22–25) haben Sie es hier mit den Komponenten Bewegung, Denken und Reden zu tun, also mit Körper, Geist und Sprache. Die Formel wirkt allerdings (wie bei vielen anderen Übungen auch) nur durch häufige Wiederholung.

- Üben Sie mit nur einem Glaubenssatz. So gewöhnen Sie sich leichter an die Art der Übung. Mit einem zweiten oder dritten können Sie später arbeiten.

- Beim ersten Mal kann es sich ein bisschen peinlich anfühlen, laut zu sich selbst zu sprechen. Sorgen Sie dafür, dass Sie für sich sind und niemand Sie hören kann.

- Sprechen Sie Ihren Glaubenssatz zunächst ein paar Mal langsam und leise aus.

- Artikulieren Sie ihn mit der Zeit immer deutlicher und steigern Sie Ihre Stimme auf Zimmerlautstärke. Es darf sogar noch ein wenig lauter sein, aber Sie sollten nicht schreien.

- Wenn Sie den Satz einige Male laut vor sich hin gesprochen haben, fangen Sie an, im Zimmer, im Flur – wo immer Sie sich befinden

– auf und ab zu gehen. Behalten Sie die deutliche Sprechweise und die erreichte Lautstärke bei.

- Sagen Sie den Satz ungefähr (also gefühlt) zwanzig- bis dreißigmal.
- Beenden Sie die Übung, indem Sie Körperbewegungen machen, nach denen Ihnen gerade zumute ist. Sie werden vermutlich gut zu Ihrem Satz und Ihrer neuen Überzeugung passen.

SICH EINEN GEDANKEN EINVERLEIBEN

Eine meiner Schauspiellehrerinnen sagte mir einmal: »Du musst den Text regelrecht kauen und essen.« Sie meinte damit, dass es nicht genügt, einen Rollentext im Kopf zu haben. Man muss ihn sich regelrecht einverleiben, damit er auch in Fleisch und Blut übergeht. Deshalb spreche ich die Texte beim Lernen und Wiederholen immer laut und überdeutlich, sodass sich die Gesichtsmuskeln mit dem Sprechen intensiv bewegen. Außerdem gehe ich dabei immer in der Wohnung auf und ab, denn beim Gehen wird das Gehirn mit mehr Sauerstoff versorgt als im Sitzen, und deshalb lernt es sich leichter. Diesen Tipp zum »Einverleiben« kann man sich auch zunutze machen, wenn man einen konstruktiven Glaubenssatz gut verankern und so eine Änderung der eigenen inneren Haltung erreichen will.

Um einen positiven Gedanken so zu verankern, dass er mit der Zeit das eigene Denken und Verhalten beeinflusst und eine Veränderung bewirkt, kann man sprachliche Äußerung und Bewegung noch mit einer Geste verknüpfen. Sinnvoll ist es dabei, eine passende Geste zu finden, nicht irgendeine willkürlich auszuwählen.

PASSENDE GESTEN VERWENDEN

Als sich abzeichnete, dass mein Mann und ich aus unserer Wohnung ausziehen müssen und ich wegen schlechter Auftragslage wenig Einkommen hatte, machte sich – wen wundert es – Existenzangst in mir breit. Eine alte und fast überwunden geglaubte innere

Überzeugung, nämlich »Ich kann nicht mal mein Existenzminimum sichern«, tauchte wieder auf. Dieser begegnete ich mit folgenden Gegen-Sätzen:

• »Ich darf wohnen.«
• »Es darf mir gut gehen.«
• »Ich darf zuversichtlich sein.«

Lautes, gut artikuliertes Sprechen und Auf-und-ab-Gehen in der Wohnung verknüpfte ich mit drei Gesten, für jeden Satz eine:

• Arme ausgestreckt nach vorne heben und zur Seite bewegen
• beide Handflächen auf Brust/Herz legen
• Arme leicht vom Körper seitlich abspreizen und anspannen und dabei mit den Händen Fäuste bilden.

Diese Gesten verstärkten die Wirkung der Sätze mit ihren Bedeutungen:

• Wohn-Raum einnehmen
• sich selbst Gutes schenken/wünschen
• die eigene Stärke zeigen.

Sprechend und die Gesten ausführend ging ich also in der Wohnung hin und her. Durch diese angewandte KGSS-Formel konnte ich mit der schwierigen Situation ziemlich gut umgehen und Rückfälle in alte Muster frühzeitig abfangen. Hier treffen sich tatsächlich alle vier Punkte der Formel: Sprache/Sprechen, Körper (Gehen und Geste), Geist (Gedanke, der durch die Sprache transportiert wird) und Seele (psychologische Bedeutung und positive Wirkung der Geste). Die einbezogene Geste ist dabei nicht einfach eine Bewegung, die wir uns ausdenken und dann von außen auf unseren Satz draufsetzen. Sie entsteht vielmehr durch den Satz in unserem Inneren und kommt dann körperlich zum Ausdruck.

Für den Schauspiellehrer Michael Chekhov ist die Arbeit mit psychologischen Gebärden – heute meist Gesten genannt – ein zentrales Verfahren der schauspielerischen Rollenarbeit. Ein Verfahren, das man auch für die Arbeit an sich selbst einsetzen kann.

DIE PSYCHOLOGISCHE GESTE

Michael Chekhov ging davon aus, dass man für jede Bühnenfigur eine charakteristische Gebärde oder Geste finden kann, in der sich das Ziel oder die Absicht der Figur verkörpern lässt. Beispielsweise fühlt sich der Faust aus der Gelehrtentragödie geistig und körperlich eingeengt. Er möchte aus diesem Zustand ausbrechen. Dafür unternimmt er mehrere Versuche, bis er schließlich mit Mephisto an der Seite sein Studierzimmer und damit sein bisheriges Leben hinter sich lässt und durch den Vitalcocktail in der Hexenküche sein restliches Leben »durchstürmt« (Vers 1439).

Würde ich eine psychologische Geste für diesen Faust finden wollen, könnte ich in die Hocke gehen, die Knie fest anziehen und die Arme um mich schlingen. Ich stelle mir vor, in eine Zwangsjacke oder einen Kokon gewickelt zu sein. Ich versuche, mich gegen den Widerstand auszudehnen. Das gelingt schließlich mit einer eruptiven Bewegung, die meinen Körper aufrichtet und in eine vorwärtsstrebende Haltung bringt. Diese Bewegung würde ich dann immer und immer wieder wiederholen. In einem Prozess der Wechselwirkung ruft sie den Charakter einer Figur hervor, dieser findet in der Geste seinen Ausdruck und wirkt auf sie zurück. Sie ist ein konzentrierter körperlicher Ausdruck dessen, was die Figur fühlt und will. Auf der Bühne würde diese Geste niemals gezeigt werden, sie würde aber verinnerlicht wirken, denn der Körper merkt sich die Geste und alles, was mit ihr zusammenhängt. Ich kann sie mit in meiner Vorstellungskraft oder, wie Chekhov sagt, mit meinem imaginären Körper immer wieder berholen.

Es gibt nach Chekhov einige allgemeine Gesten oder Urgesten, die in jedem von uns schlummern. Sie lassen sich auf wenige Grundbewegungen zurückführen, wie etwa vorwärts, rückwärts, aufwärts, abwärts und seitwärts sowie zusammenziehen und ausdehnen. Bei der psychologischen Geste für den Faust der Gelehrtentragödie wären zwei Bewegungen verschmolzen, nämlich eine ausdehnende und eine vorwärtsstrebende. Auch sind einige grundlegende Handlungen mit den Urgesten verknüpft, etwa Geben und Nehmen, Festhalten und Wegstoßen oder Nachgeben beziehungsweise Loslassen. Chekhov und seine Nachfolger weisen auch darauf hin, dass sich Gesten in der Sprache verbergen, etwa in Redewendungen wie jemandem etwas »einhämmern«, »ins Gesicht schleudern« oder »zu Füßen legen«, oder auch einfach in Verben, die eine Handlung ausdrücken: »zermalmen«, »umgarnen«, »eintrichtern« … All diese Ausdrücke lassen sich in körperliche Bewegung und eine psychologische Geste umsetzen. Die Handlung, die ich mir körperlich aneigne, beeinflusst Sprechen, Haltung und Ausstrahlung der Figur, die ich ver-»körpere«. So wird ein einfacher Satz wie »Gib mir bitte das Salz« ganz unterschiedlich klingen, je nachdem, ob ich meinem Gegenüber in der Szene schmeicheln oder es verletzen will – in psychologische Gesten übersetzt: ob ich es »in Watte packen« oder ihm etwas »um die Ohren hauen« will.

Mithilfe der psychologischen Gesten ist es möglich, den Grundzug einer Figur im Ganzen, aber auch Teilaspekte oder Einzelmomente sowie das Wesen einzelner Szenen im Probenprozess zu erarbeiten.

Man kann bei der Arbeit mit motivierenden, stärkenden Sätzen das Element Bewegung ganz auf die Geste konzentrieren (das Gehen also weglassen). Beispiel sei ein guter Wunsch, den man sich sagen kann, falls man wie ein getriebener Faust durch das Leben stürmt, das aber In Zukunft nicht mehr tun will. Ein positiver Wunsch oder Satz könnte lauten: »Möge ich zur Ruhe kommen.« Eine mögliche Geste könnte so aussehen: Füße schulterbreit auseinander, fest auf dem Boden stehen, mit dem Einatmen die Arme heben, mit dem Ausatmen die Arme wieder senken, Handflächen nach unten zum Boden zeigend, leicht in die Knie gehen. Oder auch einfach so: Die Arme mit etwas Abstand vor der Brust übereinanderlegen und den Kopf etwas senken.

Es gibt keine genau »richtige« Geste für einen bestimmten Satz. Sie können Ihre ganz individuelle Gebärde finden. Die erste Geste beispielsweise »erdet« eher, die zweite schützt mehr vor Energieverlust und vor zu vielen Reizen von außen. Bei allem Unterschied ist jedoch auch klar, dass Luftsprünge nicht zur Aussage des Satzes passen würden.

Das, was wir für uns erreichen wollen (unser Ziel), ist also in der Geste verkörpert. Diese psychologische Bedeutung kann man noch verstärken, in dem man die Geste mit einer bestimmten Qualität oder, wie es im Chekhov-Jargon heißt, mit einem bestimmten »Kolorit« ausführt.

DIE QUALITÄT DER GESTEN LENKEN

Die zuletzt beschriebenen Gesten würden wenig Sinn ergeben, wenn man sie schnell und hektisch ausführt. Deshalb ist es wichtig, ihnen – analog zum Ziel (»zur Ruhe kommen«) – eine ruhige Qualität zu geben. Das wird wahrscheinlich sogar automatisch passieren. Andere zusätzliche Färbungen der Gesten wären zum Beispiel »liebevoll« oder »vorsichtig«, aber auch »entschlossen« oder »kraftvoll« wären möglich, je nachdem, welcher Aspekt Ihres Zieles Ihnen gerade wichtiger ist – eher sich selbst etwas Gutes tun/gut mit sich umgehen oder eher sich selbst auf das Ziel hin motivieren.

Eine Aussage verkörpern

Mit dieser Übung können Sie die Möglichkeit trainieren, stärkende Glaubenssätze mithilfe von passenden Gesten oder Bewegungen tief zu verankern, und gleichzeitig Ihre Fähigkeit der Selbstbeobachtung erweitern.

Vorbereitung für Imagination

- **Schritt 1:** Führen Sie zunächst eine einfache Bewegung oder Handlung aus, etwa mit einem Arm eine Acht beschreiben oder eine Tasse auf den Tisch stellen. Wiederholen Sie den Vorgang mehrmals.
- **Schritt 2:** Versuchen Sie dann, den Vorgang mithilfe ihrer Vorstellungskraft und Ihres Körpergedächtnisses zu wiederholen, ohne dass Sie die Handlung tatsächlich ausführen. Spüren Sie, wie Ihr zweiter, imaginierter Körper die Acht schreibt oder die Tasse abstellt.
- **Schritt 3:** Führen Sie nun Ihre Bewegung oder Handlung »Mit dem Arm eine Acht schreiben« oder »Tasse auf den Tisch stellen« erneut mehrmals aus, tun Sie es aber in einer bestimmten Qualität, zum Beispiel »vorsichtig«.
- **Schritt 4:** Wiederholen Sie das Ganze in der Imagination.
- **Schritt 5:** Wiederholen Sie die echte und die imaginierte Bewegung oder Handlung mit verschiedenen Färbungen, zum Beispiel: misstrauisch, kindlich, deprimiert, verführerisch, witzig ...

Vorbereitung für Gesten

Suchen Sie sich als Übungsobjekte ein Tier, eine Pflanze, ein Gebäude und eine Landschaft. Betrachten oder beobachten Sie Ihre Objekte genau und versuchen Sie jeweils, das Wesen in einer Bewegung beziehungsweise einer Geste zu erfassen. Achten Sie darauf, dass Sie ...
- ... nicht naturalistisch nachahmen, sondern im Ungefähren, Skizzenhaften bleiben.
- ... große, ausladende Gesten finden.

- ... nicht hektisch werden und hudeln, sondern den Bewegungsablauf in mäßigem Tempo und jeweils von Anfang bis Ende durchführen, bevor Sie ihn wiederholen.

Verknüpfung von Satz und Geste

Wenn Sie Imagination und Gesten etwas geübt haben, können Sie das Ganze auf Ihre positiven, stärkenden Sätze anwenden.

- **Schritt 1:** Finden Sie zunächst, während Sie Ihren Satz laut aussprechen, eine Geste mit einem passenden Kolorit für Ihr Ziel.
- **Schritt 2:** Wiederholen Sie an mehreren Tagen die Bewegung/Geste immer wieder – zunächst mit dem gesprochenen Satz, dann immer öfter, ohne zu sprechen. Auf diese Weise verankern Sie Ihren Satz in Geist und Körper.
- **Schritt 3:** Holen Sie sich dann in der Folgezeit Ihre im Körpergedächtnis gespeicherte Geste immer wieder her. Vermutlich wird sich die neue, der Satzaussage entsprechende innere Überzeugung jetzt allein durch die imaginäre Geste einstellen und in einem positiven Gefühl äußern.
- **Schritt 4:** Sie können jederzeit wieder auf die Kombination von Geste und Sprechen zurückgreifen, wenn das Empfinden der neuen Überzeugung sich noch nicht einstellt oder wieder nachlässt.

Bei dieser Übung sind alle Elemente der KGSS-Formel – körperliche, geistige, seelische und sprachliche – eingebunden.

IST DENKEN GLÜCKSSACHE?

Wie Sie vielleicht bemerkt haben: In den letzten Abschnitten hat sich zum Denken und Umdenken das Gefühl gesellt. Gefühle hängen ja ganz eng mit unseren Gedanken zusammen, und man spürt sie im Körper, etwa wenn sich vor Angst der Hals zuschnürt, das Herz vor Freude hüpft oder vor lauter Aufregung die Stimme versagt. In umgekehrter Richtung zeigt sich der Zusammenhang ebenfalls. Das können Sie leicht selbst ausprobieren: Wenn Sie zusammengekauert auf dem

Boden sitzen, wird sich kaum ein Gefühl von Freude oder Freiheit in Ihnen breitmachen, sondern eher Verzweiflung oder Hilflosigkeit. Auch wird eine aufwärtsgerichtete Bewegung oder Haltung eher ein positives, erhebendes Gefühl (Liebe, Stolz, Freiheit), eine nach unten gerichtete eher ein negatives Gefühl (Sorge, Verzweiflung, Scheitern) hervorrufen. Werfen Sie einfach die Arme in die Luft und lassen Sie danach die Schultern hängen; die zwei Bewegungen werden sich ganz unterschiedlich anfühlen.

Und den Zusammenhang zwischen Denken und Fühlen können Sie auch sehr gut anhand Ihrer Glaubenssätze nachvollziehen: Die Überzeugung »Ich bin so ein Trottel« geht sicher eher mit dem Gefühl von Minderwertigkeit und Missmut einher. Der Satz »Ich bin okay« dagegen eher mit Zufriedenheit. Und wenn Sie sich immer wieder sagen: »Ich darf zuversichtlich sein«, werden Zukunftsängste abnehmen und Sie werden mehr und mehr schöne und gute Seiten des Lebens wahrnehmen. In diesem Sinne ist Denken tatsächlich Glückssache.

Eine Veränderung der Gedanken kann sich also positiv auf das Seelenleben auswirken, darauf, wie man sich fühlt, und auf die Art, wie man die Welt um sich wahrnimmt und interpretiert. Es lohnt sich aber auch, Gefühle direkt in den Blick zu nehmen. Denn ob man Leid oder Glück empfindet, ist nun mal Gefühlssache. Und nicht selten werden die eigenen Handlungen und Verhaltensweisen von Gefühlen gelenkt und beherrscht. Wie man diesen Mechanismus eindämmen und freier entscheiden kann, wie man agiert und reagiert, davon handelt das folgende Kapitel.

IM GEWÜHLE DER GEFÜHLE
DAS EMOTIONALE SPEKTRUM
AUSTARIEREN

Vielleicht haben Sie die Netflixserie *Freud* gesehen. In der ersten Folge lässt der Vater der Psychoanalyse seine Taschenuhr vor dem Gesicht einer Frau pendeln. Durch Hypnose soll sie sich an ein traumatisches Ereignis erinnern und so die verlorene Sprache wiederfinden. Die Dame ist Freuds Haushälterin Lenore, und alles ist Fake: In Wirklichkeit hat Lenore nämlich gar keine Tochter, diese folglich auch nicht bei einem Kutschenunglück verloren und daher auch kein Trauma. Sie übt, um als Fall von klarer Hysterie bei einem Vortrag ihres Dienstherrn Hypnose und Heilung vortäuschen zu können. Der Schrei beim Erwachen gelingt ihr sehr gut, doch kann sie – zu Freuds Leidwesen – keine Tränen hervorbringen. Beim Vortrag selbst jedoch weint Lenore tatsächlich.

Was ist passiert? Lenore hat sich das traurige Geschehen so oft und so intensiv vorgestellt, dass sie tatsächlich große Trauer verspürte und weinen musste. Möglicherweise hat auch die Aufregung, vor versammelter Ärzteschaft aufzutreten, ganz allgemein eine erhöhte emotionale Erregung hervorgerufen, was den Tränenfluss begünstigt haben mag. Wie auch immer, die Szenen – die im wirklichen Leben Freuds so übrigens nicht stattgefunden haben – sind jedenfalls ein schönes fiktives Beispiel dafür, dass der Geist, hier genauer die Vorstellungskraft, unsere Gefühle beeinflussen kann.

Vielleicht hat auch die Darstellerin der Leonore mit der Vorstellungskraft gearbeitet, um die Tränen so überzeugend fließen zu lassen? Vielleicht hat sie aber auch eine andere Technik angewendet. Wer weiß? Es bleibt immer ein gewisses Geheimnis dabei, welche Schauspielmethode jemand bei welcher Rolle oder bei welchem Stück oder Film kreativ anwendet und die Schauspielerei so zur Kunst macht. Auf das schauspielerische Handwerkszeug kann man aber auch für die Arbeit an sich selbst zurückgreifen, wenn es also nicht um die Verkörperung einer Figur geht. Und so manche Übung kann für einen guten Umgang mit den Gefühlen nützlich sein. Zunächst jedoch von Freud wieder zurück zu Faust.

VOM GELEHRTEN ZUM GELIEBTEN

Im vorigen Kapitel zeigte sich der Dramenheld ja eher als verzweifelter Denker. Allerdings lässt Faust auch schon in der Gelehrtentragödie intensive Gefühlsregungen erkennen: Nach seinem düsteren Eingangsmonolog in der ersten Szene glaubt er, durch Geisterbeschwörung doch einen Weg aus der Begrenztheit des menschlichen Erkenntnisvermögens gefunden zu haben. Bei diesem ersten Ausbruchsversuch aus der ihn beengenden und nicht mehr befriedigenden Welt der Wissenschaft (Vers 430–481) jagt ein Gefühlsausdruck den nächsten: »Wonne«, »Lebensglück«, »inneres Toben«, »Herz« (dreimal), »Freude«, »Gefühle«. Insgesamt fünfmal legt Goethe seinem Faust hier das Verb »fühlen« in den Mund.

Nachdem der Erdgeist ihn abblitzen hat lassen und nach einem kurzen Dialog mit seinem Mitarbeiter Wagner, gibt Faust ebenfalls sein Innerstes preis. Diesmal geht es aber nicht mehr um erhebende, sondern um niederschmetternde Gefühle. Das zeigt sich in Wörtern wie »erstarren«, »Sorge«, »Schmerzen«, »unruhig«, »verlieren«, »beweinen«, »Wurm« und »Staub« (Vers 639–651).

Himmelhoch jauchzend und zu Tode betrübt erscheint Faust hier, eine manisch-depressive Figur. Erst wähnt er sich der wahren Erkenntnis ganz nah, über dem Menschsein stehend und göttergleich. Danach fühlt er sich klein wie ein »Zwerg« (Vers 613), abgewiesen, verzweifelt. Der einzige Lichtblick, der sich ihm jetzt noch auftut, ist ein Fläschchen mit Gift, und Faust setzt es an die Lippen, um sich selbst zu töten. Bekanntermaßen stirbt Faust aber an dieser Stelle nicht. Durch das Geläut der Kirchenglocken wird er wieder ins Leben zurückgezogen, und die Geschichte nimmt ihren Lauf.

Faust wendet sich vollkommen ab vom »Wissensdrang« (Vers 1768), um in die »Tiefen der Sinnlichkeit« (Vers 1750) einzutauchen. Dabei bekommt er es dann auch mit intensiven Gefühlserfahrungen zu tun.

Faust tut sich mit Mephisto zusammen und begibt sich auf Freiers Füße. Er lernt eine neue Art von Gefühl kennen, kombiniert mit der Erfahrung körperlichen Begehrens: Faust verliebt sich. Und getrieben von diesem psychischen Ausnahmezustand verfolgt er sein Ziel oder, besser gesagt, das Objekt seiner Begierde, Margarete. War es zuvor das Erdgeist-Erlebnis, das ihm eine extreme Hochstimmung bescherte, ist es nun die Begegnung mit dem weiblichen Geschlecht. Und zweimal verwendet Faust den Begriff »Gewühl« im Zusammenhang mit seinem Gefühlsleben (Vers 1583 und 3060) – einmal für den emotionalen Absturz nach der übersinnlichen Begegnung mit dem Erdgeist und einmal für die Höhenflüge seiner Gefühle durch die neuartigen Empfindungen von Sinnlichkeit und Liebe. Letztere sind die treibende Kraft, sobald Faust die Hexenküche verlässt. Die Umwandlung vom alten Gelehrten zum mehr oder weniger jugendlichen Liebhaber ist die Voraussetzung dafür, dass das Drama sich fortsetzt und dass im Folgenden Gefühle eine wesentliche Rolle spielen.

> » – *Wenn ich empfinde,*
> *Für das Gefühl, für das Gewühl*
> *Nach Namen suche, keinen finde, ...«*
>
> VERS 3059–3061 (FAUST)

In einem Zauberspiegel der Hexenküche erblickt Faust zunächst Helena, der Sage nach die schönste Frau des antiken Griechenlands und das Idealbild weiblicher Schönheit. Faust wird bereits hier vom Gefühl der Liebe ergriffen, und er wünscht sich von ihr »Flügel«, die ihn schnellstmöglich in Helenas Nähe bringen (Vers 2431). Der Zaubertrank, den ihm die Hexe dann verabreicht, macht ihn nicht nur jünger, sondern facht auch seine Sinnlichkeit an. Die kam – auch wenn er vorher schon einmal von seiner »derben Liebeslust« spricht (Vers 1113) – in seinem Leben bisher zu kurz.

ACHTERBAHN DER GEFÜHLE

Aufstieg und Fall der Emotionen vollziehen sich in der Erdgeistszene in nur 57 Versen. In der Gretchentragödie dagegen geht es über weite Strecken, ja fast durchgehend, um das emotionale Durcheinander und die innere Aufgewühltheit, die Faust nicht in Worte fassen kann. Zum Zustand der Verliebtheit gesellt sich zunächst noch die Sehnsucht, die eine bittersüße Note beisteuert – zumindest bis Faust sein Ziel, nämlich den Beischlaf mit Margarete, erreicht hat. Daneben ist er aber auch getrieben von Ungeduld, eben dieses Ziel zu erreichen. Beim ersten Zusammentreffen überrumpelt er Margarete mit seinem Ansinnen, sie nach Hause zu begleiten. Aggressiv und gebieterisch springt er mit Mephisto um, der ihm bei der Verführung des Mädchens helfen soll, und ziemlich wütend reagiert Faust, als das nicht so schnell vorangeht, wie er es sich wünscht. Andererseits ist er aber auch entzückt von Margaretes Schönheit und Wesen. Dass er dabei viel in sie hineinprojiziert, ist ihm nicht bewusst. Mehr liebt er das Bild, das er sich von ihr macht, als Margarete selbst.

KLARER FALL VON EMOTIONSÜBERSCHUSS

Anhand von Gefühlen und Emotionen beziehungsweise anhand von Fausts Umgang damit lässt sich gut noch einmal die antibuddhistische Seite dieses Dramenhelden aufgreifen (siehe Seite 59–80). Denn Gefühle sind aus buddhistischer Sicht mehr noch als die Gedanken die Ursache von Leid. Dabei geht es nicht darum, Gefühle zu vermeiden oder Emotionen zu unterdrücken. Gefühle gehören zum Leben wie das Salz in die Suppe. Wer jemals verliebt war und sich mit allen

Fasern zu jemandem hingezogen fühlte, möchte diese Erfahrung nicht missen – und die sei selbstverständlich auch Faust gegönnt. Und natürlich soll man auch Schmerz, den etwa der Verlust eines geliebten Menschen mit sich bringt, durchleben.

Man kann es aber auch – wie Faust – übertreiben mit dem Gefühlsleben, die Emotionen verherrlichen und ihnen völlig freien Lauf lassen. Nicht nur aus buddhistischer Sicht ein ziemlich destruktives Unterfangen. Unter diesem Aspekt lässt sich Fausts Gefühlsleben wie folgt zusammenfassen: Er misst den Emotionen eine übergroße Bedeutung zu, denn er glaubt, über Gefühle zu erfassen, was das Menschsein als Ganzes ausmacht, also Erkenntnis zu gewinnen. Im Buddhismus dagegen gelten sehr starke positive wie negative Gefühle vor allem als Leidverursacher und stellen deswegen keinen Wert an sich dar und vor allem keinen Weg zu Erkenntnis und Erleuchtung.

»Gefühl ist alles,

Name ist Schall und Rauch.«

VERS 3456–3457 (FAUST)

Positive Emotionen wie Liebe und Lust sind bei Faust in der Gretchentragödie extrem stark mit dem Geistesgift Anhaften oder Begierde verwoben. Sein Augenmerk ist voll und ganz auf Haben-Wollen ausgerichtet – und damit auf sein Ego.

Aus Fausts Charakter, seiner »Unbehaustheit« (Vers 3348) und dem Anhaften an Wünschen ergeben sich dann negative Gefühle wie Wut, Ungeduld oder Überheblichkeit. Sie bringen besonders viel Leid und sind eng mit dem Geistesgift Ablehnung verbunden.
Am Schluss der Tragödie erster Teil – Margarete hat unehelich Fausts Kind zu Welt gebracht und getötet, ist gesellschaftlich geächtet und zum Tode verurteilt – packt ihn schließlich noch das Mitleid. Und er kreist auch hier in erster Linie um sein eigenes Leiden.

Seine Gefühle nimmt Faust zwar mehr oder weniger diffus wahr, aber mehr als Gefühlsmix. Er kann und will sie nicht so recht beim

Namen nennen. Damit verweigert er sich der Bewusstheit und der Erkenntnis, und er überlässt den Gefühlen das Zepter.

Bei Faust wäre also noch ein ganzes Stück Persönlichkeitsentwicklung nötig – sofern er Ausgeglichenheit, Entschleunigung und bewusstes In-der-Welt-Sein zum Ziel hätte und sofern er aus der Spirale von »immer schneller, immer mehr« aussteigen wollte. Wie aber nun umgehen mit den Gefühlen, damit sie zwar als Salz in der Suppe erhalten bleiben, aber sich nicht destruktiv auf einen selbst und auf andere auswirken?

ZEIT UND RAUM FÜR DIE GEFÜHLE

Wie schon beim Umgang mit den Gedanken braucht es auch zur Regulierung des Gefühlslebens die Fähigkeit zur Selbstbeobachtung. Die Zauberworte dafür heißen: »erkennen« und »benennen«. Das »Zauberbuch« dafür habe ich für mich erfunden in Anlehnung an die Rollenarbeit, bei der ich neben Intentionen, Wünschen, Zielen und Handlungen auch die Gefühle meiner Figur aufspüre. Dadurch lerne ich sie immer besser kennen. Ganz am Anfang des Probenprozesses mache ich mir dazu Notizen in mein Textbuch, oft mit Stiften in Farben, die ich den Gefühlen zuordne. Geht es um das Erkunden der eigenen Gefühle, kann ein Gefühlstagebuch eine große Hilfe sein.

Gefühlstagebuch

- Notieren Sie ein bis zwei Wochen täglich einige Gefühle, die Sie im Lauf des Tages verspüren, positive wie negative gleichermaßen, heftige ebenso wie weniger ausgeprägte. Vielleicht können Sie nicht immer gleich an Ort und Stelle etwas aufschreiben. Nehmen Sie sich in dem Fall fest vor, das Gefühl später zu notieren, und planen Sie wirklich ein Zeitfenster für Ihre Gefühlsnotizen ein.

- Viele Gefühle lassen sich relativ einfach erkennen und mit einem Wort benennen – Freude, Angst, Traurigkeit zum Beispiel. Manchmal empfindet man aber etwas, das sich nicht konkret bezeichnen lässt. Versuchen Sie trotzdem, einzelne Komponenten des diffusen Gefühls ausfindig zu machen und zu benennen.
- Notieren Sie auch, wie intensiv Sie ein Gefühl spüren und wie lange es anhält – wenige Minuten, Stunden oder gar Tage?
- Stellen Sie sich bei jedem Gefühl die Frage: Woher kommt es? Und notieren Sie die Umstände, unter denen Ihre Gefühle auftauchen. Vielleicht hat jemand Sie beleidigt und Sie verspüren Ärger oder Enttäuschung. Möglicherweise löst allein das Erscheinen einer Person Freude in Ihnen aus. Oder Sie fürchten sich vor einer bestimmten Situation, etwa vor dem Gespräch mit dem Chef oder der Lehrerin Ihres Sohnes.
- Als Letztes notieren Sie auch noch Ihre Gedanken, die mit den Gefühlen verknüpft sind. Bei negativen Gefühlen lauten sie häufig: »Hätte ich bloß nicht …«, »Das hat die blöde Kuh mir eingebrockt …«. Bei positiven Gefühlen könnten Sie denken: »Würde das doch nur niemals aufhören.« Oder: »Das muss ich unbedingt morgen wieder machen.«

Mit diesem Verfahren üben Sie, Ihre Gefühle genauer wahrzunehmen und sie zu benennen. Sie machen so auch die Erfahrung, dass Gefühle etwas sind, das man beobachten und damit ein Stück weit von sich trennen kann. Allein das verschafft einen gewissen Abstand zu ihnen. Und das wiederum ist die Voraussetzung dafür, so mit ihnen umzugehen, dass sie nicht schaden.

Im Rahmen des KGSS-Systems stehen bei dieser Übung natürlich die Seele, der die Gefühle zugeordnet sind, und die Sprache für das Benennen im Mittelpunkt. Da Gefühle aber auch physisch spürbar sind, ist auch der Körper beteiligt. Und ohne unseren Geist wären Erkennen und Benennen gar nicht möglich.

Wenn Sie Ihr Gefühlstagebuch eine Zeit lang geführt haben, werden Sie sehr wahrscheinlich feststellen, dass Sie im Alltag ganz automatisch Gefühle deutlicher wahrnehmen und klarer einordnen können. Durch das Erkennen und Benennen, das Sie sich angewöhnt haben, erzeugen Sie eine kleine zeitliche Verzögerung, bevor Sie gefühlsmäßig – also einem direkten Impuls folgend – handeln oder reagieren. Das ist insbesondere bei Wut und Ärger von Vorteil, denn gerade hier könnten impulsive Reaktionen sehr ungünstige Folgen haben. Stellen Sie sich vor, Sie ärgern sich über einen Kollegen oder Ihr Kind und würden jedes Mal anfangen, cholerisch herumzuschreien. Das wäre ziemlich destruktiv für das Arbeits- oder Familienklima.

Die wenigsten Menschen brüllen bei jeder kleineren oder größeren Ärgerlichkeit los. Warum? Weil erwartet wird, dass man sich so nicht verhält. Diese Erwartung wurde im Lauf der Erziehung übernommen, und deswegen wird der Impuls zu schreien unterdrückt. Mithilfe des einfachen Verfahrens von »Erkennen und Benennen« drückt man aber das Gefühl nicht einfach weg ins Unbewusste. Vielmehr wird es in das Bewusstsein geholt. So bietet sich die Möglichkeit, in der kleinen Zeitlücke kurz durchzuatmen und dann bewusst zu entscheiden, ob man nun schreien will oder nicht. Und in dieser kurzen Zeit kann das Gefühl auch schon ein wenig abflauen. Auf diese Weise wird man viel weniger von irgendwelchen starken Emotionen beherrscht und getrieben. Und die Gefühle können sich auch nicht so leicht innerlich ansammeln und aufstauen, zu einem undurchschaubaren Mischgefühl verbinden und eine dauerhaft schlechte Stimmung verursachen.

Diese Lücke oder Pause zwischen Gefühlsauslöser (Kollege, Kind) und der Reaktion (Schreien oder Nicht-Schreien), die durch das bewusste Wahrnehmen (Erkennen und Benennen) entsteht, kann man auch noch weiter kultivieren. Goethe gibt im *Faust* dafür ein eindrucksvolles literarisches Beispiel in der Szene »Wald und Höhle«.

KLAUSUR IN DER NATUR

Zweimal wird Fausts aufgewühltes Gefühlsleben unterbrochen, und er reflektiert die Situation, in der er sich befindet. Die Geschichte könnte an beiden Stellen auch noch eine andere Wendung nehmen und nicht in die Tragödie münden.

In der ersten der beiden Szenen, »Abend«, dringt Faust, halb verrückt vom Wunsch, Margarete zu verführen, in deren Zimmer ein. Als vorübergehenden Ersatz für die sexuelle Vereinigung saugt er die Atmosphäre der kleinen Stube auf. Dabei wird ihm klar, dass es ihm auch noch um etwas anderes geht als um den rein körperlichen Genuss. Er fühlt sich im »Liebestraum zerfließen« (Vers 2723), empfindet sein Eindringen und sein Vorhaben als »Frevel« (Vers 2756) und will auf die Liebeslust, die Margaretes Verderben bedeuten würde, verzichten. Da grätscht Mephisto dazwischen, das Alter Ego des Helden (siehe Seite 61–64), und ein paar Szenen später lernt Faust Margarete kennen, die sich in ihn verliebt.

Und noch ein weiteres Mal befallen ihn Skrupel, und vielleicht auch ein wenig Angst vor der eigenen sexuellen Unerfahrenheit. Faust zieht sich zurück. In der Szene »Wald und Höhle« gibt er sich ganz der Natur hin, mit der er sich eins fühlt. Das »Gewühl« beruhigt sich. Doch Faust weiß, dass dieser Zustand nicht von Dauer ist. Anders als in der »Abend«-Szene wird er nicht von Mephisto überrumpelt, sondern erkennt ihn als Teil seiner selbst. Er nennt ihn den »Gefährten«, den er »nicht mehr missen kann« (Vers 3242–3243) und der sein Verlangen »geschäftig anfacht« (Vers 3247–3248). Der Mephisto-Anteil gewinnt schließlich die Oberhand, was durch Mephistos Auftritt deutlich wird. Zwar hakeln sich die beiden noch ein wenig um Fausts inneren Konflikt, aber am Ende geht Faust zurück, um endlich mit Margarete, die sich nach ihm verzehrt, das Lager zu teilen – obwohl Faust sich vollkommen bewusst darüber ist, dass die junge Frau nicht ungeschoren aus dieser Liebesverbindung herauskommen wird. Seine Entscheidung und sein Handeln erklärt Faust am Ende der Szene kurzerhand zur Naturkatastrophe und die Gretchentragödie zum – bewusst in Kauf genommenen – Kollateralschaden.

Die Szene »Wald und Höhle« weist auf den wichtigen Zwischen-schritt des Innehaltens hin, der es uns erlaubt, uns über unser Innenleben Klarheit zu verschaffen, abzuwägen und dann erst zu handeln. Faust entscheidet sich hier dafür, mit Margarete eine Liebesaffäre anzufangen und sie damit in eine für die damalige Zeit entsetzliche Lage zu bringen. Man muss kein Moralapostel sein, um sein Verhalten infrage zu stellen. Aber auch wenn oder gerade weil Goethe in seiner literarischen Auseinandersetzung mit Gott, der Welt und den Menschen Faust hier genau diese Entscheidung treffen lässt, führt er uns vor Augen, dass wir Menschen über die Möglichkeit verfügen, uns mit unseren Gefühlen auseinanderzu-setzen, Handlungsoptionen zu erkennen und sich bewusst für eine davon zu entscheiden – für die wir dann Verantwortung tragen.

EINEN SCHRITT ZURÜCKTRETEN

In zahlreichen Ratgeberbüchern wird das »Innehalten« als Maßnahme empfohlen, um ein besseres Wohlbefinden zu erreichen. Sei es in dem Sinne von Pausen, die man bewusst immer wieder ein-legen sollte, um Stress zu reduzieren und sich zu regenerieren. Sei es, um wahrzunehmen, was gerade in uns vorgeht. Ich selbst verwende statt »innehalten« lieber den Ausdruck »innerlich einen Schritt zurücktreten«. Damit wird bildhaft deutlich, was der Sinn der Sache ist, nämlich zwischen dem eigenen Innenleben und der Situation, in der man sich befindet, eine Distanz herzustellen, aus der heraus die Selbstbeobachtung erfolgen kann. Dieser Selbstbeobachtung kann dann wiederum eine Reflexion folgen, dieser schließlich eine bewusste Entscheidung für eine Reaktion oder Handlung. Der zeit-lichen Verzögerung lässt sich also mithilfe der Sprache und der Vorstellungskraft ein räumlicher Abstand zu innerpsychischen Vorgängen hinzufügen.

Versuchen Sie, sich diesen Schritt zurück tatsächlich vorzustel-len, wenn Sie wieder einmal in eine gefühlsstarke Situation geraten und Gefahr laufen, blind auf jemanden oder etwas zu reagieren. Vor allem, wenn Sie mithilfe des Gefühlstagebuches schon Übung darin haben, Ihr Seelenleben zu beobachten, wird es Ihnen nicht schwerfallen, im Geiste eine räumliche Distanz herzustellen zu dem Geschehen, in dem Sie sich selbst gerade befinden, und so zum Beobachter zu werden.

> *»Dann führst du mich zur sichern Höhle, zeigst*
> *Mich dann mir selbst, und meiner eigenen Brust*
> *Geheime tiefe Wunder öffnen sich.«*
>
> VERS 3232–3234 (FAUST)

Manchmal ist es auch sinnvoll, tatsächlich den Ort zu wechseln, wenn man sich über die eigenen Gefühle klar werden oder Erlebtes einordnen will. Ein paar Joggingrunden oder ein Spaziergang helfen im Alltag, Abstand zu gewinnen. Geht es um größere Umbrüche im Leben, kann auch der Rückzug auf eine Berghütte oder in ein Kloster guttun.

MITGEFÜHL STATT IDENTIFIKATION

Mit dem »Zurücktreten« und der Vorstellungskraft kommen wir wieder zurück zu dem Schauspieler und Schauspiellehrer Michael Chekhov (siehe Seite 14), für den »Distanz« ein wichtiger Aspekt der Schauspielarbeit ist.

Der kreative Prozess, der bei der Erarbeitung einer Rolle und einer Inszenierung abläuft, erfordert seines Erachtens von Schauspielern einen besonderen Umgang mit der eigenen Individualität, dem persönlichen Ich. Chekhov spricht in diesem Zusammenhang von »drei Bewusstseinsstufen« und »Seelen«. Das alltägliche Ich liefert das Material, das dem Schauspieler oder der Schauspielerin zur Verfügung steht. Zum Material werden Körper, Gefühlspalette, Stimme und Bewegungsmöglichkeiten der jeweiligen Person aber erst durch das schöpferische oder höhere Ich. Es steht außerhalb seines Materials, und Schauspieler setzen es im Lauf der künstlerischen Arbeit ein für die Gestaltung einer Figur. In diesem kreativen Prozess wird alles individuelle Material durch das schöpferische Ich transformiert in das Bewusstsein und die Seele der Bühnengestalt. Das alltägliche und das schöpferische Ich stehen dabei in beobachtender Distanz zueinander und zu der Gestalt, die aus ihnen hervorgeht. Chekhov spricht in diesem Zusammenhang davon, dass die Erlebnisse, Wünsche und Gefühle dieser Gestalt – und seien sie noch so heftig – auf dem »Mit-Fühlen« mit der jeweiligen Figur beruhen, Schauspieler sich also nicht mit ihren Bühnengestalten identifizieren oder selbst zu dieser Gestalt werden. Auch hier zeigt sich wieder ein Anknüpfungspunkt zwischen Schauspielerarbeit, Persönlichkeitsentwicklung und buddhistisch geprägter Haltung. Denn durch den Schritt zurück und das Erkennen und Benennen eines Gefühls lässt sich verhindern, dass man sich damit identifiziert und von ihm beherrschen lässt. Dann heißt es zum Beispiel nicht: »Ich BIN wütend«, sondern: »Ich empfinde Wut.« Dieser feine Unterschied ermöglicht es, die Wut umzuwandeln – in ein konstruktives Gespräch mit demjenigen, auf den man wütend ist, oder in die humorvolle Erkenntnis, mit der eigenen emotionalen Reaktion mal wieder faustisch übers Ziel hinausgeschossen zu sein.

DIE ARBEIT AN UNS SELBST IST KREATIV

Chekhov versteht das Mitfühlen im Sinne von Empathie – also der Fähigkeit und Bereitschaft, die Gefühle, Gedanken und Absichten anderer nachzuempfinden –, wenn er an einer Stelle schreibt: »Nur durch Mitgefühl ist eine fremde Seele zu verstehen.« »Und auch die eigene«, möchte man ergänzen. Nicht umsonst beginnt ja die Mettameditation (siehe Seite 74–75), mit der Empathie aktiviert und kultiviert werden kann, mit den guten Wünschen für sich selbst. Der größte Unterschied zwischen schauspielerischer Arbeit und der Arbeit an sich selbst im Sinne von Persönlichkeitsentwicklung liegt meines Erachtens in erster Linie darin, dass wir in Bezug auf uns selbst keine Bühnen- oder Filmfigur erschaffen. Der Gestaltungsprozess als solcher weist dagegen eine zentrale Gemeinsamkeit auf: Wir nutzen die Fähigkeit, innerlich Abstand von uns selbst zu nehmen, und das, was wir erkennen, zu verwandeln. Beides – Schauspielerarbeit und die Arbeit an sich selbst – ist aus meiner Sicht ein kreativer, schöpferischer Prozess.

KLEINER WERKZEUGKASTEN FÜR DIE EMOTIONEN

Wenn Sie schon eine Zeitlang mit den Prinzipien »Erkennen und Benennen« sowie »Innehalten« vertraut sind, können Sie noch auf eine ganz andere Art der bewussten Emotionsregulierung zugreifen. Ich bin im Lauf der Recherchen zu Chekhov darauf gestoßen und habe die Methode während des ersten Corona-Lockdowns in einem Online Workshop praktisch erfahren. Doch lassen Sie mich kurz ausholen.

GANZ INDIVIDUELL UND ...

Jeder Mensch verfügt über eine mehr oder weniger breite Gefühlspalette, und wie jemand emotional auf Reize von außen reagiert, ist individuell sehr verschieden. Auf das neue Auto des Nachbarn oder die Beförderung einer Freundin mag die eine mit Neid, der andere mit Bewunderung reagieren. Außerdem gibt es nicht nur die spontanen emotionalen Reaktionen, sondern auch die Gefühle, die durch die ursprünglichen Emotionen hervorgerufen wurden. Auf den Neid kann beispielsweise unmittelbar der Ärger über mich selbst folgen, weil ich neidisch bin. Die ehrliche Bewunderung kann sich bis zu kritikloser Ehrfurcht steigern oder auch in Neid umschlagen.

Die Art, wie jemand auf Ereignisse und Erlebnisse emotional reagiert, hängt stark davon ab, wie er oder sie erzogen wurde, wie jemand als Kind gelernt hat, mit Gefühlen umzugehen, welche gesellschaftlichen Regeln und Normen im jeweiligen Umfeld galten, aber auch die genetische Ausstattung spielt eine Rolle. Und – so könnte man hier selbstbewusst anfügen – irgendwann hängt es auch davon ab, wie man sich selbst und bewusst in Sachen Gefühle weiterentwickelt hat. So haben alle Menschen ihren eigenen emotionalen Stil oder ihr emotionales Profil.

DAS EMOTIONALE PROFIL

Der Psychologe und Hirnforscher Richard Davidson konnte mithilfe neurowissenschaftlicher Methoden Zusammenhänge zwischen Emotionen und Vorgängen in bestimmten Gehirnarealen nachweisen. (Berühmt geworden sind seine kernspintomografischen Untersuchungen buddhistischer Mönche, die zeigten, dass eine regelmäßig durchgeführte Meditation zu besserer Konzentrationsfähigkeit und größerer Zufriedenheit führt.) Aus seinen Untersuchungen leitete Davidson sechs Dimensionen ab, aus denen sich ein Emotionsstil oder Emotionsprofil zusammensetzt:

- **Resilienz:** die Fähigkeit, schwierige Gefühle (zum Beispiel Wut oder Angst) schnell abzubauen, egal, ob es sich dabei um die Reaktion auf ein unbedeutendes oder ein schwerwiegendes negatives Ereignis handelt

- **Selbstwahrnehmung:** die Fähigkeit, eigene Empfindungen (beispielsweise innere Unruhe) bewusst wahrzunehmen

- **Soziales Gespür:** die Fähigkeit, nonverbale Hinweise und somit die momentanen Bedürfnisse eines anderen zu bemerken (etwa

Davidson weist darauf hin, dass es – zum einen – kein ideales Profil gibt und dass – zum anderen – die neuronalen Verknüpfungen in unserem Gehirn nicht in Stein gemeißelt sind und wir unser Profil beeinflussen und verändern können.

... GLEICHZEITIG UNIVERSELL

Bei aller individuellen Vielfalt sind Menschen aber auch mit einigen wenigen »Basisemotionen« ausgestattet. Diese finden sich bei allen Menschen, unabhängig vom jeweiligen Kulturkreis, sie sind also universell. In der psychologischen Forschung werden unterschiedlich viele Emotionen als Basisemotionen benannt. Vier allerdings sind immer mit von der Partie:

- Freude
- Traurigkeit
- Wut
- Angst

Manche Forscher zählen Ekel, Verachtung, Überraschung, Scham, Schuld, Interesse oder Verzweiflung zu den Basisemotionen. Die Neuro- und Psychophysiologin Susana Bloch gesellt den Top Four zwei weitere hinzu. Ursprünglich waren Bloch und ihre Mitstreiter von nur fünf Basisemotionen ausgegangen. Die fünfte im Bunde war die Liebe. Die Untersuchungen haben aber schnell ergeben, dass zwei Formen von Liebe zu unterscheiden sind, nämlich

- **Erotik** und
- **Zärtlichkeit.**

Was kennzeichnet nun die Basisemotionen? Einen Punkt habe ich schon angesprochen: Sie sind universell. Das heißt, ein Baby in China bringt seine Freude auf die gleiche Weise zum Ausdruck wie eines in Österreich. Es macht auch keinen Unterschied, ob die Babys blind oder taub sind. Und einer europäischen Geschäftsfrau ist die Wut auf die gleiche Weise ins Gesicht geschrieben wie dem Studenten aus Uganda oder einem Schäfer in den Schweizer Alpen.

Darüber hinaus sind die Basisemotionen schon in sehr frühem Kindesalter zu beobachten. Dies gilt sogar für die Erotik, nämlich im Sinn von körperlichem Genuss und Wohlbefinden – gut zu beobachten, wenn ein nacktes Baby gestreichelt wird oder ihm das Baden im warmen Wasser sichtbar sinnliches Vergnügen bereitet. Und die Basisemotionen haben sich auch schon im Kindesalter der Menschheit etabliert, weil sie dem Überleben des Einzelnen, aber auch dem der Gruppe dienen. Ohne Erotik keine Fortpflanzung, ohne Zärtlichkeit keine Fürsorge für Schwächere. Ohne Wut keine Energie, Hindernisse zu überwinden und Probleme zu lösen. Freude signalisiert uns und anderen, was gut für uns ist (für die Frühmenschen etwa das Auffinden einer Nahrungsquelle), und motiviert zum Weitermachen. Traurigkeit ruft Unterstützung hervor, und Angst schützt uns vor Gefahr.

Emotion oder Gefühl?

Es ist Ihnen vielleicht aufgefallen, dass ich in den früheren Abschnitten dieses Kapitels die Begriffe »Gefühl« und »Emotion« synonym verwendet habe. In der Forschung wird allerdings ein Unterschied gemacht beziehungsweise ist in erster Linie von Emotionen die Rede. Sie entstehen als Reaktion auf einen Reiz. Zu dieser Reaktion gehören einerseits physische Veränderungen, etwa Zittern oder Schweißausbruch, andererseits eine Handlung, etwa eine körperliche oder verbale Attacke. Sieht man sich zum Beispiel einem zähnefletschenden Hund gegenüber (Reiz), erhöhen sich Blutdruck und Herzfrequenz, die Pupillen weiten sich, wir sind völlig fokussiert auf die Situation und automatisch bleiben wir wie angewurzelt stehen (Reaktionen). Ganz klar, wir haben es hier mit der Emotion Angst zu tun. Die Reaktionen laufen unbewusst ab und werden vom Nervensystem und von Hormonen gesteuert. Wir denken nicht groß darüber nach, dass Weglaufen, Angreifen oder Schimpfen hier keine Optionen wären.

Emotionen sind also eine hochkomplexe Angelegenheit – sie haben physiologische Anteile und Verhaltenskomponenten. Das was wir in der beschriebenen Situation spüren, ist das Gefühl der Angst, oder anders gesagt: unser subjektives Erleben der Emotion Angst. Bildhaft ausgedrückt wäre das Gefühl also die sichtbare Spitze des Eisberges Emotion.

Der Vollständigkeit halber seien noch die Affekte erwähnt, das sind kurzzeitig auftretende und intensiv empfundene Emotionen. Sie zeigen sich etwa in einem Wutanfall oder einem Freudenschrei. Wer gerne Krimis sieht, kennt sicher die Unterscheidung zwischen Mord – aus niederer Absicht heraus geplante Tötung – und Totschlag im Affekt, also die Tötung als spontane Reaktion.

Und es gibt noch die längerfristig anhaltenden Stimmungen, die nicht unbedingt auf einen konkreten Auslöser wie etwa einen zähnefletschenden Hund zurückzuführen sind und sich diffus anfühlen. Wieder bildhaft gesprochen: Sie sind die emotionale Hintergrundfarbe, die unsere Wahrnehmung der Welt und unser Denken, Fühlen und Handeln tönt. Je nachdem, ob wir heller oder düsterer, niedergeschlagener, freudiger oder gereizter Stimmung sind, wird sich die Interaktion mit unserer Umwelt jeweils anders gestalten. Die Stimmungspalette reicht von depressiv bis euphorisch – wie bei unserem Dramenhelden Faust.

AUSDRUCKSMUSTER
DER BASISEMOTIONEN

Ein wesentlicher Punkt der Basisemotionen ist, dass Menschen überall auf der Welt sie am Gesichtsausdruck ihres Gegenübers identifizieren können. Hier setzt die Forschung von Susana Bloch an. Sie hat untersucht, wie Emotionen sich neben der Mimik sonst noch zeigen, und dabei eine spannende Entdeckung gemacht.

Susana Bloch begann die Erforschung von Emotionen in den 1970er-Jahren zusammen mit ihrem Kollegen Guy Santibañez, dem Theaterregisseur Pedro Orthous und Schauspielschülern und -schülerinnen in Santiago de Chile. Diese Konstellation zeigt die große Lust der Forscherin, Brücken zwischen Wissenschaft und Kunst zu bauen. Es folgte eine langjährige Arbeit in Südamerika und Europa, die schließlich in eine Methode namens Alba Emoting mündete. Diese Methode basiert auf den Ausdrucksmustern der Basisemotionen, wobei diese Muster jeweils eine spezifische Verbindung von drei Komponenten aufweisen, nämlich von

- **Atmung,**
- **Gesichtsausdruck und**
- **Körperhaltung (inklusive Muskelspannung).**

Diese drei Elemente aus der hochkomplexen Gesamtheit aller physiologischen Reaktionen, die einen emotionalen Zustand kennzeichnen, haben etwas gemeinsam: Sie lassen sich auch willentlich beeinflussen. Die Methode ist daher geeignet, Emotionen hervorzurufen (ohne entsprechenden Reiz) und herunterfahren, was sie zu einem wirksamen schauspielerischen Handwerkszeug macht. Sie wird aber auch in der Psychotherapie eingesetzt und eignet sich zudem für das Selbstcoaching im Alltag. Es geht dabei um einen rein körperlichen Ansatz, der mit der Atmung beginnt, da diese sich am schnellsten verändern lässt. Deshalb spricht man häufig auch einfach von den Atemmustern. Die dazugehörige Mimik und die Körperhaltung stellen sich aber umgehend ein. In diesem Zusammenhang erklärt sich auch der Name »Alba Emoting«: Der vom selten gebrauchten englischen Verb »to emote« abgeleitete Begriff »Emoting« meint so viel wie »Emotionen zum Ausdruck bringen«. Das spanische Hauptwort »alba« bedeutet »Morgenröte/Sonnenaufgang« (auch »weiß/rein«). Mit dem Muster kann eine Basisemotion hervorgebracht und/oder beeinflusst werden. Es steht damit am Anfang des Erscheinens oder Veränderns einer Emotion – am »Morgen«.

Neben den sechs Mustern der Basisemotionen gibt es auch noch das neutrale emotionale Ausdrucks- oder Atemmuster, das ebenfalls eine wichtige Rolle spielt.

DAS NEUTRALE EMOTIONALE AUSDRUCKSMUSTER

Atmung: Man atmet ruhig und regelmäßig durch die Nase ein- und durch den Mund aus. Ein- und Ausatmung dauern in etwa gleich lang an, die Ausatmung kann etwas länger dauern.
Gesicht: Der Mund ist nur leicht geöffnet, die Lippen leicht gespitzt. Die Augen sind auf einen konkreten Punkt auf Augenhöhe gerichtet.
Körper: Die Haltung ist neutral (keine Tendenz nach vorne oder nach hinten).

AUSDRUCKSMUSTER DER ANGST

Atmung: Der Atem ist unregelmäßig, wobei wir mehrmals hintereinander kurz und heftig durch den Mund ein- und unvollständig durch den Mund ausatmen. Das hektische Atmen zeichnet sich dadurch aus, dass wir insgesamt mehr ein- als ausatmen.
Gesicht: Die Augen und der Mund sind weit geöffnet.
Körper: Der Körper tendiert nach hinten und/oder unten, oder er bleibt völlig regungslos.
Gesichts- und Körpermuskulatur weisen eine hohe Anspannung auf.

AUSDRUCKSMUSTER DER WUT

Atmung: Wir atmen scharf und schnell hintereinander tief durch die Nase ein und aus.

Gesicht: Lippen, Zähne und Unterkiefer sind fest, Mund- und Rachenraum verengen sich. Die Augen werden etwas kleiner. Der Blick ist fokussiert.

Körper: Kopf und Oberkörper bewegen sich etwas nach vorn, die Fäuste sind geballt.

Die Muskeln in Gesicht und Körper spannen sich stark an.

> *»Du flehst eratmend mich zu schauen,*
>
> *...*
>
> *Mich neigt dein mächtig Seelenflehen,*
>
> *Da bin ich!«*
>
> VERS 486–489 (ERDGEIST ZU FAUST)

AUSDRUCKSMUSTER DER TRAURIGKEIT

Atmung: Am deutlichsten zeigt sich das Atemmuster der Traurigkeit beim Weinen. Wir ziehen mehrmals ruckartig Luft durch die Nase ein und atmen vollständig, ähnlich wie bei einem Seufzer, durch den Mund aus. Ein stoßartiger Rhythmus kann sich auch am Ende der Ausatmung zeigen.

Gesicht: Die Augen sind halb geschlossen, ohne einen Punkt zu fixieren. Der Blick ist gesenkt.

Körper: Der Kopf ist nach unten geneigt. Der Körper ist gebeugt und fühlt sich schwer an, die Muskulatur ist entspannt. Bewegungen werden langsam ausgeführt, und es zeigt sich eine Tendenz, das Gesicht zu verdecken.

AUSDRUCKSMUSTER DER FREUDE

Atmung: Das Atemmuster ist dem der Traurigkeit entgegengesetzt. Das heißt, wir atmen einmal schwungvoll durch die Nase ein und durch den Mund ruckartig in mehreren unregelmäßigen Stößen aus.

Gesicht: Die Mundwinkel sind leicht zur Seite gezogen, die Zähne werden sichtbar. Durch die Mundbewegung werden die Augen etwas kleiner.

Körper: Die Muskeln sind bis auf die Bauchmuskulatur entspannt. Die Haltung aufgerichtet, gerade – Tendenz nach oben, außer wenn man sich vor Lachen biegt.

AUSDRUCKSMUSTER DER EROTIK

Atmung: Bei sexueller Anziehung ist die Atmung flach, und wir atmen durch den Mund ein und aus.

Gesicht: Der Mund ist etwas geöffnet und zeigt ein leichtes Lächeln. Die Augen sind halb geschlossen.

Körper: Der Kopf ist entweder leicht nach hinten (anbietend) oder nach vorne geneigt (zugehend).

Gesichts- und Körpermuskulatur befinden sich in entspannter Aktivität. Bei intensiver Anziehung spannt sich die Bauchmuskulatur an. Beim Geschlechtsakt selbst sind natürlich noch weitere Muskeln aktiv.

AUSDRUCKSMUSTER DER ZÄRTLICHKEIT

Atmung: Die Luft strömt in langsamem Rhythmus regelmäßig und sanft durch die Nase ein und aus.

Gesicht: Die Lippen liegen locker aufeinander, der geschlossene Mund lächelt leicht. Der Kopf ist ganz leicht zur Seite geneigt.

Körper: Die Haltung tendiert zu Annäherung (an ein Kind, einen Freund) und zu sanfter Berührung.

Der Muskeltonus in Gesicht- und Körpermuskulatur weist eine aktive Entspannung auf.

PRAKTISCHE ANWENDUNG DER AUSDRUCKSMUSTER

Wie schon erwähnt habe ich das Alba Emoting in einem Workshop kennengelernt, mittlerweile habe ich auch eine Ausbildung gemacht und gebe Workshops. Ich selbst wende die Atemmuster heute in unterschiedlichen Situationen und auf unterschiedliche Weise an.

In manchen Fällen ist es mir wichtig, über die Atmung eine Emotion auszudrücken. So konnte ich zum Beispiel das Muster der Traurigkeit in einer Theaterszene gut anwenden. Manchmal ist es auch hilfreich, mich mit dem neutralen Atemmuster zu beruhigen. Und mit der folgenden Atemübung kann ich die Verbindung zu den essenziellen Basisemotionen pflegen.

Emotionen eratmen

Lesen Sie zunächst die Beschreibung der Ausdrucksmuster auf den vorhergehenden Seiten durch. Probieren Sie ein Muster nach dem anderen ein paar Atemzyklen lang aus und gehen Sie immer wieder in den neutralen Atem, bevor Sie sich der nächsten Emotion zuwenden. Diesen Gang durch die Atemmuster können Sie zu einem Morgenritual machen, ähnlich wie eine Yogaübung. Beachten Sie dabei die folgenden Punkte:

- Bleiben Sie jeweils einige Atemzyklen lang bei einem Muster und atmen Sie anschließend mindestens dreimal in der neutralen Atmung ein und aus.
- Beginnen Sie immer mit dem Muster für Wut oder Angst. Das sind die Emotionen mit der stärksten Muskelanspannung. Nach einem »Step-out«, also nachdem Sie mit dem neutralen Atmen aus dem ersten Atemmuster ausgestiegen sind, schließen Sie das andere Muster (also Angst oder Wut) an.
- Gehen Sie wieder in die neutrale Atmung und nehmen Sie als drittes Muster Traurigkeit oder Freude. Diese beiden Emotionen weisen eine sehr niedrige Muskelspannung auf. Schließen Sie auch hier das jeweils andere Muster an. Gehen Sie nach jedem Muster in die neutrale Atmung zurück.
- Als letzte Muster folgen Erotik und Zärtlichkeit, beide mit mittlerer Muskelspannung. Verfahren Sie wie bei den vorhergehenden Atemmustern.
- Beenden Sie den gesamten Zyklus mit der neutralen Atmung.

Es ist nicht notwendig, dass Sie bei der Übung starke Gefühlsregungen empfinden. Sie kommen allein durch die Atemmuster in guten Kontakt mit den Basisemotionen, die für das gesamte Gefühlsleben eine wichtige Rolle spielen. Man könnte die Übung deshalb auch als »Emotionstraining« bezeichnen. Sollte es umgekehrt passieren, dass die Atmung ein sehr starkes Gefühl hervorruft und Sie das nicht möchten, unterbrechen Sie und wechseln umgehend in die neutrale Atmung. Dieser Step-out führt rasch aus einer Emotion heraus.

Am Anfang fühlt sich das »Gefühle eratmen« ziemlich technisch an, und der individuelle Emotionsstil kommt einem manchmal in die Quere, da er sich auch in der Atmung niederschlagen kann. Mit der Zeit und mit kontinuierlichem Üben schleifen sich die Atemmuster aber ein, und der Durchgang durch den Gesamtzyklus der Basisemotionen wird selbstverständlicher und flüssiger. Sie können dann auch die neutrale Atmung zwischen den sechs Atemmustern weglassen. Am Ende des Zyklus sollte aber immer ein Step-out erfolgen!

- **Variante:** Ich wende den Gesamtzyklus der Atemmuster auch an, wenn ich nachts mit einem sehr diffusen unangenehmen Gefühl aufwache. Ich atme dann alle Muster jeweils dreimal durch und gehe anschließend in den neutralen Atem. Dadurch verschwindet das unangenehme Gefühl, und ich kann leichter und ruhiger wieder einschlafen.

- **Special:** Wenn mich ein sehr heftiges Gefühl zu beherrschen droht, etwa starke Wut oder Angst, dann gehe ich über das entsprechende Atemmuster bewusst in diese Emotion hinein. Dadurch erhält sie den Raum von mir zugestanden, den sie braucht, und kann anschließend auch wieder abklingen.

WIE VIELE GEFÜHLE GIBT ES EIGENTLICH?

Es ging jetzt über mehrere Seiten um genau sechs Emotionen. In den vorherigen Abschnitten war aber von vielen anderen Gefühlen oder Emotionen die Rede, beispielsweise von Wonne, Schmerz und Sorge, von Sehnsucht, Verliebtheit, Ungeduld, Mitleid, Neid, Ehrfurcht, Schuld und Verzweiflung. Was macht also den Unterschied zwischen den Basisemotionen und allen anderen Gefühlen aus? Susana Bloch geht wie andere Forscher davon aus, dass unser individuelles emotionales Erleben und die unzähligen Gefühle, die wir kennen und erfahren, in irgendeiner Form mit den Basisemotionen zu tun haben. Genauer gesagt: Es sind Abstufungen oder Mischungen der Basisemotionen. Nach Bloch kann sich eine Abstufung auf die Dauer beziehen (siehe auch Seite 131: Affekte und Stimmungen) und auf die Intensität der empfundenen Gefühle. Mischen können sich sowohl ähnliche als auch gegensätzliche Emotionen. Schreck wäre zum Beispiel eine sehr kurze und intensiv empfundene Angst. Ängstlichkeit oder Besorgtheit verweisen dagegen auf einen überdauernden Zustand von Angst, die aber nicht übermäßig stark ausgeprägt sein muss. Ein depressives Gefühl ist eine stark gesteigerte Traurigkeit, Freude kann sich zwischen Heiterkeit und Enthusiasmus bewegen. Eifersucht setzt sich zusammen aus Wut, Angst, Traurigkeit und einer Prise Erotik. In der Ehrfurcht treffen sich Zärtlichkeit und Angst, in der Verliebtheit Erotik und Zärtlichkeit, in der Sehnsucht Traurigkeit und Erotik. Die Zusammensetzung kann jedoch deutlich variieren – von Situation zu Situation und von Mensch zu Mensch.

»Einmal ist sie munter, meist betrübt,
Einmal recht ausgeweint,
Dann wieder ruhig, wie´s scheint,
Und immer verliebt.«

VERS 3320–3323 (MEPHISTO ÜBER MARGARETE)

Damit sind wir von den universellen Basisemotionen wieder beim persönlichen Emotionserleben angelangt, denn die Gefühlspalette eines Menschen entwickelt sich ja ganz individuell und ist von vielen Komponenten abhängig. Vergleichbar ist das mit der Palette eines Malers, auf der sich seine ganz eigenen, charakteristischen Farbmischungen finden, die er dünn- oder dickflüssig verwenden kann. Die drei Grundfarben Blau, Gelb und Rot sucht man vermutlich vergeblich.

Interview: Was bringt uns Alba Emoting?

Über Emotionen und Basisemotionen, das Besondere und das Allgemeine daran, über Schauspiel und Alltag habe ich ein Gespräch mit Amalia Coutinho Altenburg geführt. Sie ist ausgebildete Schauspielerin sowie Lehrerin für Feldenkrais und Alba Emoting.

Hallo, Amalia. Ich freue mich, dass du für einen Austausch Zeit gefunden hast!
Amalia Coutinho Altenburg: *Hallo, ich freu mich auch!*

Wir sagen ja einerseits, die Basisemotionen sind universell, überall auf der Welt gleich, auf der anderen Seite hat jeder Mensch sein ganz persönliches emotionales Erleben. Wie ist dieses Verhältnis zwischen individuell und universell aus deiner Sicht zu verstehen?
ACA: Aus meiner Sicht, die stark von meiner Arbeit mit Susana Bloch geprägt ist, verhält es sich so: Das Universelle findet auf der physischen Ebene statt, zeigt sich also zum Beispiel in den Atemmustern oder der Mimik. Man kann das mit der Bewegung vergleichen – vom Sitzen aufstehen zum Beispiel, da gibt es ein bestimmtes Bewegungsmuster, das mehr oder weniger jeder Mensch gleich ausführt. Genauso verhält es sich mit den Atemmustern, da gibt es auch einen großen globalen gemeinsamen Nenner. Das Individuelle ist das, was auf der psychologischen, sozialen, kulturellen Ebene stattfindet. Nehmen wir als Beispiel die Wut. Wenn du wütend bist oder ich oder ein New Yorker Börsenmakler oder ein Urein-

wohner am Amazonas – alle atmen Wut auf dieselbe Art und Weise, insofern erleben wir Wut universell gleich. Aber warum jemand wütend wird, ist individuell ganz verschieden und auch von Geschlecht, Kultur, Bildung, Werten und solchen Dingen abhängig. Und die prägen das individuelle Erleben der Emotionen.

Ich denke, jeder Mensch kennt und erkennt die Basisemotionen in Reinform. Aber es gibt ja noch viele, viele andere Emotionen, die sich – soweit ich das verstanden habe – aus den Basisemotionen speisen. Wie stellt sich hier das Verhältnis aus deiner Sicht dar?

ACA: Wir erleben im Alltag fast ausschließlich gemischte Emotionen, dass wir reine Grundemotionen erleben, ist eigentlich etwas sehr Seltenes und Extremes. Bei Kleinkindern treten viel eher reine Basisemotionen auf, weil noch nicht so viel Kognitives zum Gefühlsleben dazugekommen ist. Das gesamte emotionale Erleben, das wir im Alltag haben, ist eine ständig fluktuierende Mischung aus den verschiedenen Grundemotionen. Und wie sich die mischen, ist auch wieder individuell unterschiedlich. Eifersucht zum Beispiel fühlt sich für dich aufgrund deiner Prägung und deiner Lebensgeschichte vielleicht ganz anders an als für mich, mit meiner Prägung. Und es macht einen Unterschied, ob ich eifersüchtig bin, weil mein Mann eine andere Frau trifft oder weil deine Schauspielkollegin besser spielt als du. Aber immer sind bei der Eifersucht Angst, Wut und Trauer im Spiel – zu welchen Anteilen auch immer –, aber meist auch Erotik. Auch im zweiten Fall, weil es ja auch um die Gunst, in dem Fall des Publikums, geht. Das ist auch in gewissem Sinne eine erotische Angelegenheit oder hat mit Lust zu tun.

Bleiben wir bei der Erotik. Ein Charakteristikum von Basisemotionen ist ja, dass sie sich schon im frühen Kindesalter zeigen. Wie passt die Erotik dazu?

ACA: Bei meiner Arbeit mit Kindern nenne ich das Atemmuster Erotik nicht Erotik, sondern Lust. Und ich denke, das ist der wesentliche Aspekt bei dieser Emotion, nämlich, dass man Lust auf etwas hat. Ich habe beobachtet, wenn meine Kinder total versunken sind in ein Spiel und einfach lustvoll spielen, zum Beispiel eine Ritterburg bauen, dann atmen sie im

Muster der Erotik. Ich habe im Lauf meiner langjährigen Arbeit mit Alba Emoting erkannt, dass es nicht allein um Erotik im geläufigen Sinn geht. Auch die Rückmeldung vieler Klienten und Klientinnen zu dieser Emotion sprechen dafür.

Eine Frage zum Schauspiel. Susana Bloch beschreibt in ihrem Buch ausführlich die Arbeit mit Schauspielern und Schauspielerinnen und sagt, dass man durch die Kombination und Variation von Atemmustern eine ganze Rolle durch ein Stück hindurch gestalten könne. Wäre ihr Ansatz also eine eigene Schauspielmethode, die ohne weitere Schauspielausbildung erlern- und anwendbar ist?
ACA: Ich denke, sowohl die Schauspielausbildung als auch der Alltag sind viel komplexer, als dass man mit einer einzigen »Methode« weiterkommt. Meine Ausbildung war stark an Stanislawski orientiert, aber jeden Vormittag stand erst einmal Sport auf dem Stundenplan, dann gab es auch Theatergeschichte, Sprechunterricht, Yoga und Biomechanik. Das alles, vor allem Biomechanik, hat mich als Schauspielerin mitgeprägt, nicht nur die Stanislawski-Methode. Aber in Bezug auf Film und Fernsehen kann ich sagen, dass Alba Emoting eine ganz fantastische Schule ist. Da kann ich nur allen, die für Film- und Fernsehen arbeiten, nahelegen, sich die Methode anzueignen, weil man damit so schnell in alle Emotionen hineinkommt. Und sie hat viel Potenzial, wenn es um Entwicklung geht, sie kann uns öffnen, sensibel machen und nach vorne bringen, egal, ob auf der professionellen schauspielerischen Ebene oder auf der individuellen privaten.

Kommen wir vom Schauspiel zum Alltag. Was gewinne ich für mich, wenn ich so, wie ich es bei dir im Workshop gelernt und hier im Buch beschrieben habe, alle Basisemotionen durchatme?
ACA: Also, ich habe da ein Bild von sieben Seen, die ich in mir trage, für die sechs Basisemotionen und den neutralen Zustand. Und wenn ich den ganzen Bogen durch die Grundemotionen und das neutrale Muster einmal durchatme, als technische Übung, auch ohne etwas empfinden zu müssen, dann reinige ich quasi jeden einzelnen Zugang oder Kanal zu dem jeweiligen See. Wenn dann im Alltag zum Beispiel eine Nachricht bei

mir Traurigkeit auslöst, dann habe ich schneller Zugang zu meiner Traurigkeit. Es kommt mehr Klarheit in das emotionale Erleben.

Ich habe die Erfahrung gemacht, dass es manchmal gut für mich ist, eine Emotion, die mich über längere Zeit nicht loslässt, dann bewusst zu atmen. Wäre es auch sinnvoll, das Muster einer entgegengesetzten Emotion anzuwenden oder den neutralen Atem?

ACA: Das ist natürlich individuell wieder sehr verschieden und auch situationsabhängig. Grundsätzlich bin ich aber der Ansicht, dass jede Emotion, die auftaucht, gelebt werden will. Aber durch Alba Emoting kann ich das Ausleben timen. Zum Beispiel: Ein Businesskunde möchte von mir ein Training für seine Topmanager, und ich verhandle mit ihm über mein Honorar. Und irgendetwas im Gespräch macht mich total wütend. Ich will aber natürlich den Auftrag trotzdem. Dann lenke ich meinen Atem so, dass ich nicht aggressiv und unsympathisch wirke, zum Beispiel gehe ich in das neutrale Atemmuster. Auf dem Heimweg oder spätestens zu Hause nehme ich mir einen Moment Zeit, hol mir die Situation vor Augen und gehe ganz bewusst in diese Wut. Dann mach ich einen Step-out oder gehe davor noch in eine gegensätzliche Emotion. Dann hat sich mein System von dem Erlebnis befreit. Ein ganz wichtiges Wort für mich in diesem Zusammenhang ist »angemessen«, denn alle Emotionen sind gut und haben ihren Sinn. Aber trotzdem ist es wichtig, angemessen mit ihnen umzugehen, damit wir konstruktiv und gesellschaftsfähig sind.

Stichwort »konstruktiv«. Im Workshop hast du gesagt, dass das Atemmuster der Zärtlichkeit uns in einen Zustand bringt, in dem wir offen und konstruktiv auf die Welt zugehen. Wie sieht es mit solchen »Nebenwirkungen« bei den anderen Basisemotionen aus?

ACA: Angst hat zum Beispiel viel mit Schutz zu tun, sie macht uns wach und achtsam. Ohne Angst wäre ich wahrscheinlich längst von einem Auto überfahren worden. Zur Wut gehören die Kraft und das Vorwärtskommen. Ich sag meinen Kindern, wenn wir unterwegs sind und nicht trödeln können, dass wir alle kräftig durch die Nase ein- und ausatmen und auf unser Ziel zustreben, zum Beispiel eine Bushaltestelle. Das funktioniert. Freude ist Leichtigkeit, Traurigkeit hat mit Erleichterung und Loslassen zu tun. Erotik, wie gesagt, mit Lust und mit Produktivität. Wenn ich mit Lust in die Arbeit gehe, schaffe ich viel mehr, als wenn ich keine Lust habe. Und – wie du sagst – Zärtlichkeit ist Basis allen konstruktiven Schaffens.

Amalia, vielen Dank für das Gespräch, aber auch für deinen Workshop, durch den ich dich und die Methode kennenlernen durfte. Ich empfinde das als große Bereicherung!
ACA: *Das freut mich sehr.*

KOMBINATIONSMÖGLICHKEITEN

Gut vorstellbar, dass in der ganz zu Anfang des Kapitels erwähnten Filmszene das Atemmuster der Traurigkeit eingesetzt wurde, um die Tränen hervorzulocken. Zumindest wäre das ein schauspielerischer Ansatzpunkt. Vorteil der Methode ist, dass damit Gefühle sehr schnell hergestellt und wieder verabschiedet werden können. Der direkte körperliche Zugang zu einem Gefühl schützt – nach Susana Bloch – Schauspieler außerdem davor, sich zu sehr mit den Gefühlen der jeweils verkörperten Figuren zu identifizieren und sie ins Privatleben mitzunehmen. Im Nichtidentifizieren sehe ich einen Anknüpfungspunkt zwischen der Bloch'schen Methode und Techniken, wie sie Chekhov und seine Nachfolger praktizieren. So schreibt die Schauspielerin und Schauspiellehrerin Elizabeth Ann Townsend in ihrer Masterarbeit, dass die Kombination aus Alba- und Chekhov-Technik es erlaubt, »eine Rolle klar, detailliert und emotional wahrhaftig zu interpretieren« (eigene Übersetzung). Davon inspiriert, versuche ich seither, Atemmuster zum Beispiel mit Atmosphäre (siehe Seite 95), psychologischer Geste (siehe Seite 108/109) und Körperzentrum (siehe Seite 76) zu verbinden.

Kombinationsmöglichkeiten gibt es nicht nur auf künstlerischer Ebene. Auch im Umgang mit Gefühlen im Alltag können Sie die in diesem Kapitel vorgestellten Übungen verknüpfen:

• Um sich von momentanen starken Gefühlen kurzfristig zu distanzieren, etwa weil ein Wutanfall oder albernes Gelächter situativ gerade unangemessen wäre, können Sie das Innehalten (siehe Seite 123/124) gut mit dem neutralen Atemmuster kombinieren.

• Damit Gefühle, die auf diese Weise erst einmal nicht zum Ausdruck kommen, dennoch genügend Zeit und Raum erhalten, können Sie über die Atmung Ihre Wut oder Ihre Freude später wieder hervorrufen.

• Das Wissen um Emotionen, Gefühle und Basisemotionen erleichtert das Erkennen und Benennen von Gefühlen (siehe Seite 119–121) und kann besonders bei der Identifizierung von diffusen oder gemischten Gefühlen hilfreich sein. So können Sie zum Beispiel klarer erkennen, welche Basisemotionen bei Eifersucht oder Neid in Ihrem ganz persönlichen und individuellen Erleben besonders stark oder eher schwach ausgeprägt sind.

• Nicht nur das Wissen um Emotionen und Gefühle dient ihrem Erkennen und Benennen, sondern auch das regelmäßige Eratmen von Basisemotionen (siehe Seite 132–137), da Sie dadurch eine gute Verbindung zu den Grundkomponenten Ihres gesamten emotionalen Erlebens herstellen und pflegen.

In den Atemmustern sowie der dazugehörigen Mimik und Körperhaltung wird der physische Anteil unseres Gefühlslebens besonders deutlich. Da beim Erkennen und Benennen sowie beim Innehalten der Geist stark gefragt war (Selbstbeobachtung, Vorstellungskraft), habe ich zum Ausgleich der körperorientierten Methode Alba Emoting viel Platz eingeräumt.

Viel Platz erhält im nun folgenden Kapitel auch die Protagonistin des ersten Teils von Goethes Faustdrama, Margarete.

AM ENDE GERETTET
DIE REISE DER HELDIN

Wie bereits erwähnt wird der erste Teil der Fausttragödie eingeteilt in die Gelehrten- und die Gretchenhandlung. Letztere beginnt
mit der Szene »Straße«, die untertitelt ist mit »Faust. Margarete
vorübergehend.« Da stellt sich die Frage, warum alle Welt von der
Gretchenhandlung oder Gretchentragödie spricht, wenn Goethe die
weibliche Hauptfigur Margarete nennt? Nun, der Dichter verwendet
sowohl den vollen Namen als auch die Verkleinerungsform. In den
ersten Szenen lautet die Sprecherbezeichnung immer Margarete. Erst
wenn sie wegen ihres erotischen Begehrens und ihrer Liebe zu Faust in
innere Konflikte gerät und schließlich wegen ihrer Schwangerschaft
gesellschaftlich geächtet wird und ihre eigenen strengen, christ-
lich-moralischen Maßstäbe sich gegen sie richten – wenn also das
Geschehen ins Tragische umschlägt – wird sie zu Gretchen. In
der letzten Szene von *Faust I* schließlich, der Kerkerszene, wech-
selt Goethe wieder zum vollen Namen Margarete zurück. Und am
Ende des zweiten Teils, in der allerletzten Szene, erscheint sie noch
einmal. Hier bezeichnet Goethe sie mit den Worten »sonst Gretchen
genannt«.

Am Namenswechsel lässt sich nachvollziehen, dass Margarete –
anders als Faust und Mephisto – eine Wandlung durchläuft. Sie ist
zunächst völlig eingebunden in ihre Alltagswelt, die im Wesentlichen
aus Kirche, Familie und Hausarbeit besteht. Nach und nach befreit
sie sich davon und entwickelt sich zur aktiv liebenden jungen Frau,
die Verantwortung für ihre Liebe wie auch für ihre Fehler übernimmt.
Und sie legt eine ausgeprägte Selbstbeobachtungsgabe an den Tag
sowie eine große Bewusstheit darüber, was mit ihr durch die Liebe zu
Faust auf körperlicher und emotionaler Ebene passiert. Es geht bei der
Margaretenhandlung um einen Reifungsprozess der Protagonistin,
der sich jedoch nicht in einer Coming-of-Age-Geschichte erschöpft,
sondern bei dem es auch um Werte und Normen und eine ethische

Haltung geht. Die Geschichte von Margarete/Gretchen taugt als Anschauungsmaterial für das, was wir Persönlichkeitsentwicklung nennen können. Und: Ihr Weg lässt sich an den Stationen einer klassischen Heldenreise verfolgen.

SICH SELBST ER-FAHREN

Der Mythenforscher Joseph Campbell hat anhand afrikanischer, orientalischer, asiatischer, amerikanischer, ozeanischer und europäischer Überlieferungen nachgewiesen, dass sich – bei deutlicher regionaler Verschiedenheit und lokaler Abwandlung – in den Mythen aller Kulturen ein Grundmuster nachweisen lässt. Es besteht darin, dass eine Figur die gewohnte Umgebung verlässt, zahlreiche Aufgaben zu bewältigen hat, in eine Krise gerät beziehungsweise an einem Tiefpunkt anlangt, diese Situation überwindet und schließlich gewandelt wieder in die alte Welt zurückkehrt, die sie durch ihre gewonnenen Erfahrungen bereichert. Was an der Oberfläche häufig als Aneinanderreihung von mehr oder weniger glaubwürdigen Abenteuern erscheint, lässt sich auch als Durchlaufen des Lebenszyklus und/oder als Begegnung mit eigenen (noch) unbekannten Seiten lesen – als Selbst-Erfahrung im eigentlichen Wortsinn oder als Reise zu sich selbst. Das ist auch der Grund, warum uns diese Grundstruktur von Mythen, Sagen und Märchen, die sich auch in Literatur, Film und Computerspielen finden lässt, heute noch anspricht.

DAS UNTERBEWUSSTSEIN REIST MIT

Eng verwandt ist das Konzept Heldenreise mit der Psychologie C. G. Jungs. Nach ihm existiert neben dem individuellen oder persönlichen Unbewussten, in dem unsere verdrängten oder vergessenen Erfahrungen gespeichert sind, auch ein »kollektives Unbewusstes«. Dieser Teil des Unbewussten ist als eine Art Urprägung der menschlichen Psyche zu verstehen, die aus den ältesten Schichten der

Menschheitsgeschichte gespeist und in allen Menschen angelegt ist. Die überindividuellen Grundstrukturen oder Prinzipien beeinflussen Verhalten und Denken der Menschen – also auch, wie wir die Welt wahrnehmen, interpretieren und uns zu ihr stellen. Jung nennt diese Prinzipien »Archetypen«. Sie zeigen sich in Symbolen und Bildern, Mythen und Märchen, Religion und Kunst sowie in Träumen und damit in einer Art kollektiven Bewusstseins und im persönlichen Unbewussten. Zu den Jung'schen Archetypen zählen menschliche Urerfahrungen, wie etwa eine »Mutter« zu haben, einen »Schatten« (eine dunkle und tierisch-triebhafte Seite) oder einen jeweils gegengeschlechtlichen Aspekt, die »Anima« oder den »Animus«. Auch das Werden und Vergehen des Lebens oder die Vorstellung von einer spirituellen Kraft zählen als psychisches Menschheitserbe zum Bereich des kollektiven Unbewussten und der Archetypen.

Zur Jung'schen Psychologie gehört darüber hinaus auch die Annahme, dass der Mensch das kollektive Unbewusste im Lauf des Lebens durch immer wieder neue Aufgaben, durch Veränderungen und spezielle Herausforderungen in seine Persönlichkeit integriert. Dabei formt sich in der ersten Lebenshälfte nach und nach ein individuelles Ich heraus, in der zweiten entwickelt sich ein Selbst, indem sich Gegensätze wie männlich/weiblich oder Licht/Schatten mehr und mehr aufheben oder verbinden, das Ich wieder unwichtiger wird. Dieser Individuationsprozess ist als Persönlichkeitsentwicklung, als Entwicklung hin zu einer Ganzheit zu verstehen. Er ist allerdings nie abgeschlossen. Ganzheit ist ein Ziel, das man anstreben kann, doch es gehört zum Menschsein dazu, nie alle Widersprüche und Gegensätze auflösen zu können.

EXKURS: DIE HELDENREISE IN DER SCHAU-SPIELARBEIT

Der folgende Erfahrungsbericht zeigt sehr schön, wie wir in der Theaterarbeit das Prinzip der Heldenreise praktisch einsetzen und wie diese Rollenarbeit gleichzeitig auch auf die Persönlichkeit des

Schauspielers wirken kann. Es geht hier einerseits um die »beobachtende Distanz« des schöpferischen Ichs und um das alltägliche Ich des Schauspielers (siehe Seite 124–125), andererseits um die Möglichkeit, für die Rollenarbeit bei sich selbst anzusetzen. Man könnte sagen, um eine Kombination der Chekhov- und der Stanislawski-Methode.

Den Faust in mir finden

Für die Rolle des Faust machte ich zusammen mit meiner Regisseurin die »Deckenübung«: Für jede Szene, in der die Figur auftaucht, wurde eine gefaltete Decke auf den Boden gelegt. Ich stellte mich nacheinander hinter jede Decke und erzählte in der dritten Person, was Faust jeweils erlebt, empfindet, fühlt und denkt. In einer zweiten Runde stand ich dann immer auf der Decke und erzählte in der Ich-Form. Die ganze Prozedur dauerte mehrere Stunden.

Das Spannende an der Schauspielerei ist für mich, in einer Theaterfigur ein Gefühl, Problem oder Thema zu finden, das mich – zumindest teilweise oder in abgeschwächter Form – selbst betrifft. Alles, was ich in einer Figur finde, hängt in irgendeiner Form von meiner eigenen Geschichte ab. Und je weniger allgemein, je spezieller dieser Aspekt ist, desto interessanter wird der Charakter – für mich selbst, aber auch für die Zuschauer. Da es sich meist um sehr persönliche Dinge, oft auch um Schwächen handelt, die wir in diese Art der Rollenarbeit einbringen, ist es sehr wichtig, die Übung in einem maximal geschützten Raum durchzuführen. Das heißt vor allem: Niemand bewertet mich oder meine Äußerungen beziehungsweise meinen ganz persönlichen Zugang zu einer Figur.

Einer meiner Anknüpfungspunkte zwischen Faust und mir war die große Diskrepanz zwischen den Ansprüchen, die er an sich stellt, und dem, was jemand als »normaler« Mensch erreichen kann. Aufgrund seiner vielseitigen Begabung bringt ihm sein Umfeld große Bewunderung entgegen und setzt starke Hoffnungen in ihn, und auch er selbst stellt extrem hohe Erwartungen an sich. Ein Mensch kann in seinem Leben aber nur einem Bruchteil dieser Erwartungen gerecht werden, ganz unabhängig von Ehrgeiz und Genialität. Ein zentrales Problem von Faust ist, dass er unter einem immensen inneren Druck steht, Grandioses zu vollbringen, daran aber scheitern muss, weil er zu viel von sich verlangt.

Dieses Streben, überhöhte Ansprüche zu erfüllen, konnte ich sehr gut nachvollziehen, als ich mich in der Deckenübung mit der Faustfigur beschäftigte, und fand es – wenn auch viel weniger stark ausgeprägt als bei Faust – in mir selbst. Hier konnte ich also für die Gestaltung meines Fausts an mir selbst »andocken«. Und ab diesem Punkt passierte das, was ich an Rollenarbeit unglaublich faszinierend und bereichernd finde: Alle Taten und Aussagen der Figur bekommen unter diesem einen persönlichen Aspekt auf einmal vollkommen neue Bedeutungen oder zumindest Nuancen, wie wenn viele kleine Puzzleteilchen sich mit einem Mal zusammenfügen. Das führt dazu, dass ein unsichtbarer roter Faden gesponnen wird, die Figur einen komplexen Charakter erhält und die Zuschauer gebannt ihre Entwicklung verfolgen – obwohl der ganz spezielle Ansatzpunkt nie direkt angesprochen wird und ein gut gehütetes Geheimnis bleibt. Nebenbei erwähnt: Manche Schauspiellehrer und/oder Regisseurinnen raten grundsätzlich dazu, für jede Figur ein Geheimnis zu finden und es mit niemandem – nicht mit der Regie, nicht mit Kollegen und auch nicht mit Freundinnen zu teilen.

Spannend sind übrigens nicht nur die Auswirkungen einer solchen Übung auf die jeweilige Rolle, sondern auch auf mich selbst. Die Deckenübung oder ähnliche Vorgehensweisen ermöglichen es mir, mich mit bisher unbekannten oder verdrängten Gedanken und Gefühlen auseinanderzusetzen. Das wird dadurch erleichtert, dass die Beschäftigung mit einem fiktiven Charakter eine objektivere Sicht ermöglicht und die Auseinandersetzung mit unliebsamen Themen erleichtert. Oft – aber keineswegs immer – bringen mir die Erfahrungen aus dieser Art der Rollenarbeit bemerkenswerte neue Einblicke in meine eigene Persönlichkeit, unterstützen meine Weiterentwicklung und liefern nicht zuletzt äußerst anregende Themen für Gespräche mit vertrauten Menschen.

Jonathan Noé, Physiker und Schauspieler
der Tollhaus Theater Compgnie

ETAPPEN UND BEGEGNUNGEN, ORTE UND SYMBOLE

Der bereits erwähnte Mythenforscher Campbell hat die insgesamt 17 Stationen seiner Heldenreise auf einer Tag- und einer Nachtseite – die bekannte/bewusste Welt und das Unbekannte/Unbewusste – verortet. Diese Struktur, genannt Monomythus, stellt das Grundgerüst der Reise dar sowie ihre Funktion, nämlich den Wandel oder den Übergang von einem Reifezustand in einen neuen (bei Campbell Initiation genannt). Dieser Gesamtzyklus ist allerdings kaum als Ganzes in einer einzigen Erzählung überliefert und, so Campbell, die »Variationen, die aus der einfachen Skala des Monomythos gezogen werden, lassen sich nicht annähernd erschöpfend beschreiben.« Die Etappen werden in den Überlieferungen also nicht gleichartig nach Schema F abgearbeitet. Eine Station kann auch fehlen oder sehr verkürzt vorliegen oder mehrere können miteinander verschmelzen. Manche Motive der Reise haben sich unabhängig vom Gesamtzyklus verbreitet, andere reihen mehrere Zyklen aneinander. Und auch in neuer Literatur, in Film und Fernsehen sind solche Varianten möglich.

Neben der Erzählstruktur sind auch bestimmte archetypische Figuren für die Heldenreise charakteristisch. So treffen Held oder Heldin meist auf eine böse Macht (den Schatten), auf einen Mentor oder eine Ratgeberin oder auf jemanden, den sie bei ihrem Eintritt in die neue, unbekannte Welt in irgendeiner Form überwinden müssen (Schwellenhüter).

Eine berühmte Schwellenhüterin ist etwa die Sphinx im Ödipusmythos, deren Rätsel der Protagonist lösen muss. Als Beispiel für einen Mentor kann der Hotelmanager in dem Film *Pretty Woman* dienen; er hilft der Heldin, in dem für sie völlig neuen, gehobenen sozialen Milieu klarzukommen. Schatten sind häufig verkörpert in dunklen Doppelgängern der Helden und Heldinnen oder in gefährlichen Ungeheuern, wie sie uns zuhauf in Märchen begegnen.

Schließlich finden sich auch noch bestimmte Symbole und Orte gehäuft in den Überlieferungen. So spielt ein Baum in der biblischen

Schöpfungsgeschichte als Baum der Erkenntnis, in der nordischen Mythologie als Weltenbaum Yggdrasil und als Ort der Erleuchtung für Buddha eine Rolle (Bodhibaum). Auch Brunnen begegnen uns häufig, etwa in den Märchen *Der Froschkönig* und *Der Eisenhans, Undine* und *Frau Holle* ebenso wie in Thomas Manns Roman *Josef und seine Brüder* und der entsprechenden Bibelgeschichte. Brunnen stehen meist für die Begegnung mit dem anderen Geschlecht und für eine Verbindung zu Jenseits und Vergangenheit. Als drittes Beispiel sei noch der Wald als Ort erwähnt, der oft Symbol für das Unbewusste und Unbekannte und den dunklen Teil der Heldenreise ist.

Auch bei all diesen Figuren, Symbolen und Orten gilt, dass sie nicht zwingend verwendet werden müssen oder gleichzeitig mehrere Funktionen erfüllen können.

Hallo, Hollywood!

Campbells Heldenreisekonzept ist für zahlreiche Hollywood-Erfolge verantwortlich. Der Drehbuchexperte Christopher Vogler hat die 17 Stationen, die Campbell in seiner vergleichenden Mythenforschung unter dem Titel *Der Heros in tausend Gestalten* herauskristallisiert hat, auf zwölf reduziert und damit einen Leitfaden fürs Drehbuchschreiben geschaffen. Weiterentwickelt wurde das Heldenreisemodell von der Filmwissenschaftlerin Michaela Krützen. Es dient in dieser Form der Analyse von filmischen Erzählungen aus Hollywood. Und nicht nur Filme wie *Star Wars* oder *Das Schweigen der Lämmer* basieren auf dem Prinzip der Heldenreise, sondern auch zahlreiche Computerspiele.

HELD ODER HELDIN?

Joseph Campbell schreibt im einleitenden Kapitel seines Werkes *Der Heros in tausend Gestalten*: »[...] die Probleme und Lösungen, die der Mythos zeigt, [sind] für die ganze Menschheit unmittelbar gültig. Der Held ist deshalb der Mensch, ob Mann oder Frau, der fähig war, sich über seine persönlichen und örtlich-historischen Grenzen hinauszukämpfen zu den allgemein gültigen, eigentlich menschlichen Formen.« Schön und gut, aber: Tatsächlich ist es so, dass bei Beschreibungen der Heldenreise in der Regel auf Geschichten mit männlichen Protagonisten zurückgegriffen wird. Weibliche Figuren spielen in der Reise eines Helden eher Nebenrollen in Form von Mutter, Helferin oder Anima. Und dass alles, was eine Heldenreise ausmacht, auch für eine Heldin gelte, wird in der Fachliteratur meist nur in einem Nebensatz oder einer Klammer erwähnt, wenn überhaupt. Diese Einseitigkeit hängt wohl damit zusammen, dass die Überlieferungen der Mythen, Götter- und Heldensagen seit Jahrtausenden patriarchalisch gefärbt sind und dazu dienen, Rollenzuschreibungen – männliche wie weibliche – zu verbreiten und zu verfestigen. Dies lässt sich zum Beispiel gut an der Gestalt der Hera ablesen, die von einer großen Göttin zur zänkischen, eifersüchtigen Ehefrau des obersten olympischen Gottes Zeus degradiert wurde.

Auch bei Faust und Margarete ist natürlich eine solche Geschlechtertypologie sowie eine soziale Rollenzuschreibung festzustellen – er der gebildete, vornehme Herr, sie das Heimchen am Herd; er drängt hinaus in die weite Welt, sie schafft es gerade mal bis zum Gottesdienst in den Dom, in den Garten der Nachbarin und zum öffentlichen Brunnen. Und trotzdem kann man Margarete als die Heldin einer Reise betrachten.

Die Reise auf einen Blick

Bei der folgenden allgemeinen Beschreibung einer Heldenreise orientiere ich mich hinsichtlich Anzahl und Bezeichnung der einzelnen Etappen an reduzierten Heldenreise-Modellen, wie etwa dem von Christopher Vogler. Ich verwende aber auch eigene »Reisebeschreibungen«, die das Ganze möglichst schnell und leicht nachvollziehbar vermitteln. Die von Campbell verwendeten Begriffe würden ausführliche Erklärungen erfordern, die hier nicht nötig sind. Statt Held oder Heldin verwende ich den Begriff »Figur«, da es sich bei literarischen Heldenreisen ja um fiktive Geschichten handelt. Auf eine Durchnummerierung der Stationen verzichte ich, da zum Beispiel Begegnungen nicht unbedingt als jeweils eigene Station zu sehen sind.

ERSTER ABSCHNITT – AUFBRUCH AUS DER GEWOHNTEN WELT

- **Ruf:** Ein Ereignis oder eine innere Stimme fordert die Figur dazu auf, sich auf den Weg zu machen, sich zu verändern, denn so, wie es gerade ist, stimmt es nicht (mehr).
- **Zögern:** Angst vor dem Unbekannten und vor bevorstehenden Abschieden führt dazu, dass die Figur zunächst den Aufbruch verweigert.
- **Überquerung der Schwelle:** Die Figur spürt

oder erkennt, dass die Reise (Veränderung) unaufschiebbar ist. Sie setzt den ersten Schritt, weg von der bekannten Welt, hin zur unbekannten.

- **Begegnungen beim Aufbruch:** Als Katalysator für den Schritt über die Schwelle erscheinen den Figuren häufig Helfer oder Mentoren, die ermutigen und unterstützen. Außerdem sind oft auch erste Hindernisse in Form von Schwellenhütern anzutreffen, die den Zugang zur unbekannten Welt verwehren und die zu überwinden oder zu überlisten sind.

ZWEITER ABSCHNITT – WANDLUNG IN DER NACHTWELT

- **Prüfungen:** Nachdem die Figur – oft beherzt und zuversichtlich – die Schwelle passiert hat, wird das ganze Ausmaß ihres Schrittes deutlich. Die Fähigkeiten, die sie aus der alten Welt mitbringt, helfen ihr in der unbekannten Welt nicht weiter, und so sieht sie sich großen Gefahren gegenüber. Diese überwindet sie nach und nach, und sie wächst an ihnen.

- **Begegnungen in der Nachtwelt:** Hier können immer wieder neue Nebenfiguren als Helfer und Mentoren oder als Widersacher auftreten. Manchmal bleibt im Ungewissen, wer was ist.

- **Tiefpunkt:** Die Figur muss ihrer schwersten Prüfung und größten Herausforderung ins Auge blicken. Es handelt sich oft um eine schwierige Wahrheit, die akzeptiert werden muss. An dieser Stelle gerät die Figur in eine tiefe Krise, gar in einen todesähnlichen Zustand. Sie überwindet den Tiefpunkt und erlebt eine Art Neugeburt in einem neuen Bewusstseinszustand. Häufig erhalten die Protagonisten der Reise am Ende dieser Station ein Geschenk oder eine Belohnung, etwa ein Zaubermittel oder auch eine neue Erkenntnis.

● **Zögern:** Hat die Figur ihr altes Ich noch nicht ganz losgelassen, weigert sie sich, den Rückweg anzutreten. Sie ruht sich auf ihren Lorbeeren aus und/oder erkennt (noch) keinen tieferen Sinn in ihrem Sieg.

● **Allerhöchste Prüfung:** Der Feind bäumt sich noch einmal auf. Im folgenden Kampf gerät die Figur erneut in die Nähe des Todes und geht aus dieser Prüfung nun wirklich erneuert hervor.

DRITTER ABSCHNITT – RÜCKKEHR IN DIE ALTE WELT

● **Überquerung der Schwelle:** Die Figur kehrt transformiert in die Welt zurück, aus der sie gekommen ist.

● **Bewährung im Alltag:** Die letzte Aufgabe besteht darin, das Zaubermittel richtig einzusetzen. Es gilt hier jetzt die neugewonnene Bewusstseinsstufe und die Anforderungen der Tagwelt fruchtbar – für sich und andere miteinander zu verbinden.

VON DER KIRCHE IN DEN KERKER

Faust kommt gerade aus der Hexenküche, wo er sich hat verjüngen und vitalisieren lassen, als Margarete ihm über den Weg läuft. Sie wiederum war gerade bei der Beichte und ist auf dem Weg nach Hause. Diese Situation stellt den Auftakt zur Margaretenhandlung dar. Hexenküche und Beichtstuhl – die Konstellation lässt bereits ahnen, dass die Geschichte zwischen den beiden eher schwierig wird und letztlich nicht gut ausgeht.

EIN RUF ERGEHT AN MARGARETE

Faust – den die Verjüngungskur und eine Vision von der schönen Helena total auf die Spur des sexuellen Begehrens und erotischen Erlebens gesetzt haben – ist hin und weg von der jungen Frau und spricht sie an. Schüchtern und kokett zugleich weist Margarete sein Ansinnen, sie nach Hause zu begleiten, zurück. Dadurch gefällt sie ihm gleich noch besser. Faust will sie für ein Liebesabenteuer haben, und zwar umgehend. Mephisto soll dafür sorgen, dass das klappt. Der besorgt wertvollen Schmuck und führt Faust in Margaretes Zimmer, während diese ihre Nachbarin, Frau Marthe Schwerdtlein, besucht. Hier schmachtet Faust höchst romantisch vor sich hin und zeigt alle Anzeichen schwerster Verliebtheit und heftigen Verlangens, als Mephisto, der Schmiere gestanden hat, auftaucht. Der stellt das Kästchen mit dem Geschmeide in Margaretes Schrank, und die beiden verschwinden gerade noch rechtzeitig vor deren Rückkehr.

Margarete hat die Begegnung mit Faust nicht vergessen. Bevor sie zur Nachbarin aufbricht, sinniert sie, wer der Herr wohl gewesen ist. Als sie dann wieder nach Hause kommt und das Zimmer betritt, spürt sie sofort, dass etwas anders ist als vorher. Furcht steigt in ihr auf, die sie durch lautes Singen – eines Liedes von Liebe, ewiger Treue und Tod – zu besiegen versucht, während sie sich auszieht. Als sie schließlich ihre Kleider in den Schrank räumt, entdeckt sie die Schatulle. Fasziniert legt sie Kette und Ohrringe an, wird sich aber sehr schnell bewusst, dass solch ein wertvoller Schmuck einem armen Bürgermädchen nicht zusteht.

Das Zusammentreffen mit dem fremden edlen Herrn und das teure Geschenk machen Margarete ihre niedere Herkunft so recht bewusst. Gleichzeitig wird eine große Sehnsucht in ihr wachgerufen – die Sehnsucht, aus der Enge ihres häuslichen Umfeldes auszubrechen.

> *»Denkt ans Geschmeide Tag und Nacht,*
> *Noch mehr an den, der´s ihr gebracht.«*
> VERS 2851–2852 (MEPHISTO ÜBER MARGARETE)

Aber auch der Keim für das Erwachsenwerden ist gelegt, im Folgenden wird Margarete aus den Kinderschuhen steigen und Liebe und Leidenschaft am eigenen Leib erfahren.

Campbell schreibt: »Der Bote, der die Berufung zum Abenteuer bringt, ist [...] oft dunkel, eklig oder schreckenerregend und gilt der Welt als schlecht.« Insofern ist es nicht verwunderlich, dass Mephisto das Kästchen in den Schrank legt, nicht Faust. Auch dass die beiden Männer eine dumpfige, schwüle (Vers 2753) Atmosphäre hinterlassen, passt zur Situation des Rufes, die erst einmal Angst macht.

DIE HELDIN ZÖGERT

Genau wegen dieser Angst wünscht Margarete – nachdem sie den interessanten Mann getroffen und den Schmuck gefunden hat –, ihre Mutter möge doch nach Hause kommen. Diese taucht als eigene Figur in Goethes Drama nicht auf, spielt aber dennoch eine wichtige Rolle. Sie repräsentiert die gesellschaftliche Ordnung mit ihren strengen christlichen Moralvorstellungen, in denen Sex und Eros keinen Platz haben und Ersterer – insbesondere für Frauen – nur als eheliche Pflicht gedacht und erlaubt ist zwecks ehelicher Nachkommen. Das ist Margaretes Welt, die zwar eng ist, aber sicher.

Ein weiterer Hinweis für das mehr oder weniger bewusste Zögern Margaretes ist, dass ihre Mutter den Schmuck findet. Das Mädchen hat dieses Symbol des Aufbruchs in eine neue, unbekannte Welt (Verbindung zu einem Mann und, vielleicht, sozialer Aufstieg) nicht gut genug versteckt – vorerst. Margaretes Mutter lässt den Pfarrer kommen, der das wertvolle Gut sofort für die Kirche in Beschlag nimmt. Margarete scheint wieder fest in den Händen ihrer Alltagswelt. Das Unbekannte, das ebenso anziehend wie ängstigend ist, ist in die Ferne gerückt. Doch wenn Held oder Heldin sich verweigern, ergeht eben ein weiterer Ruf, und, wenn nötig, noch einer und noch einer. Prinz Siddharta Gautama soll viermal gerufen worden sein, bevor er den Palast seines Vaters verließ, seiner Berufung folgte und zum Buddha wurde.

MARTHE ALS MENTORIN

Mephisto schäumt vor Wut darüber, dass der wertvolle Schmuck zuerst in die Hände der strengen Mutter und dann in die des Pfarrers fiel. Ein zweites Geschmeide muss her, und diesmal vertraut sich Margarete ihrer Nachbarin an. Marthe Schwerdtlein schlägt ihr vor, den Schmuck bei ihr im Haus immer wieder heimlich anzulegen, vielleicht sich auch mal mit dem einen oder dem anderen Teil in der Öffentlichkeit zu zeigen, und vor allem, die Mutter diesmal nicht einzuweihen. Sie übernimmt für Margarete die Rolle der Helferin oder Mentorin, die sie an die Schwelle zum Abenteuer heranführt.

Da tritt Mephisto auf den Plan und gibt sich als Bote aus, der Marthe die Nachricht vom Tod ihres Mannes im fernen Padua überbringt. Gleichzeitig setzt er Margarete den Floh von Liebschaft und Heirat ins Ohr. Man verabredet sich für den Abend in Marthes Garten. Mephisto wird Faust zu dem Treffen mitbringen, der Herrn Schwerdtleins Ableben bezeugen und bei der Gelegenheit Margarete kennenlernen soll.

EXKURS: FAUST, MARGARETE UND GRETCHEN

Liest man die nun folgenden Szenen, dann wird deutlich, dass Faust wirklich heftig in Margarete verliebt ist, letztendlich geht es ihm bei der ganzen Angelegenheit aber nur um sich selbst, um sein großes Gefühl, seine Aufgewühltheit und sein Brennen. Das sind die Erfahrungen, die er nun intensiv erleben und auskosten will, um – anders als früher auf geistiger Ebene – im Bereich der Gemütsregungen und Emotionen dem Unendlichen und Unermesslichen näher zu kommen, das er immer wieder »ewig« nennt. Auch Margarete gegenüber verwendet er dieses Wort, die das aus ihrer Perspektive heraus durchaus für ein Eheversprechen halten könnte. Aber um Margarete geht es ihm nicht. Faust erhöht sie in eine spirituelle Dimension oder erniedrigt sie zum Spielzeug, indem er sie mal »Engel« (Verse 2659, 3124, 3163, 3494, 3510) und mal »Puppe« (Vers 3476) nennt. Sie erfüllt für ihn die Funktion eines religiös verbrämten Mittels zum Zweck. Für ihn ist sie Objekt, kein eigenständiges Individuum, dem Zuneigung und Verlangen gelten.

VON MARGARETE ...

Häufig wurde die Figur Margarete aus dieser Faust-Perspektive heraus interpretiert, was dazu beigetragen hat, dass sie als das naive, verführte Gretchen in die Literaturgeschichte eingegangen ist. Doch gibt es auch andere Sichtweisen. Der Germanist Bernhard Greiner etwa wies nach, dass Margarete – anders als Faust und Mephisto – eine innere Wandlung vollzieht, und zeigte auf, wie sie sich im Lauf des Geschehens zum selbstbestimmt handelnden Subjekt entwickelt.

Dies zeigt sich bereits, als Margarete sich dem Einflussbereich der Mutter entzieht und den zweiten Schmuck zur Nachbarin Marthe Schwerdtlein bringt, und kurz darauf, wenn Goethe in der Szene »Ein Gartenhäuschen« als Regieanweisung schreibt: »Er küsst sie. Margarete ihn fassend und den Kuss zurückgebend ...« Hier wird recht deutlich, dass sie nicht einfach nur als Objekt von Fausts Begierde gedacht ist und sich küssen lässt, sondern durchaus aktiv wird in ihrer Liebe und ihrem körperlichen Verlangen. Doch anders als bei Faust richtet sich beides – Gefühl und Eros – auf dessen individuelle Person. Allerdings: Vorerst kommt es noch nicht zum Äußersten.

... ZU GRETCHEN

Zum ersten Mal verwendet Goethe die Sprecherbezeichnung »Gretchen«, nachdem Faust sich Margarete gegenüber rar gemacht und in die Natur zurückgezogen (Szene »Wald und Höhle«) hat. Kurzfristig zwar nur, aber das weiß Margarete/Gretchen nicht. Sie sitzt zu Hause in ihrer Stube am Spinnrad. Hier geht sie nicht nur einer üblichen Frauenarbeit nach. Sie spinnt auch in dem ganz umgangssprachlichen Sinn, dass ihr der Kopf »verrückt« (Vers 3382) und der Sinn »zerstückt« (Vers 3384) ist. Und sie spinnt schließlich auch einen Traum von einer glücklichen Vereinigung mit dem Geliebten, bei der sie sich selbst als handelndes (küssendes) Subjekt sieht (Vers 3410) – ganz nach Goethes vorheriger Regieanweisung – in einem erotischen Austausch auf gleicher Ebene, sozusagen auf Augenhöhe.

> *»Ach dürft' ich fassen*
> *Und halten ihn!*
> *Und küssen ihn*
> *So wie ich wollt',*
> *An seinen Küssen*
> *vergehen sollt'!«*
> VERS 3408–3413 (GRETCHEN)

Gretchens Monolog zeugt von einer großen Selbstbeobachtungsgabe und von großer Bewusstheit darüber, was mit ihr durch die Liebe zu Faust auf körperlicher und emotionaler Ebene gerade passiert. Etwa wenn ihr Busen (in einer früheren Faustfassung verwendete Goethe noch das Wort »Schoß«) nach ihm verlangt oder sie ihr schweres Herz und ihre verlorene Ruhe schildert. Aber nicht nur Körper und Seele, auch der Geist spielt mit, wie die folgende Szene zeigt, mit der es nun auch weitergeht auf der Heldinnenreise.

DIE HELDIN TRITT ÜBER DIE SCHWELLE

Faust kehrt aus seiner Auszeit zurück und die beiden treffen sich ein weiteres Mal im Garten von Marthe Schwerdtlein. Gretchen gewinnt ihre Fassung wieder und Goethe nennt sie fürs Erste auch wieder Margarete. Und die stellt nun die »Gretchenfrage«, wie Faust es denn mit der Religion halte, und, einige Verse später nach seinen ausweichenden Antworten, ob er an Gott glaube. Daraufhin ersteigt sich Faust in philosophische Höhen und legt dar, dass ein Name nichts als »Schall und Rauch« (Vers 3457) sei und das Göttliche sich zwar in der Natur und im Gefühl zeige, letztlich aber nicht erfasst und benannt werden kann.

Margarete erkennt blitzschnell, dass ein Teil von Fausts Antwort zumindest in etwa mit ihrer kirchlich-christlichen Lehre in Einklang zu bringen wäre. Sie lässt aber nicht locker und spricht Faust direkt an auf Mephisto, den ständigen Begleiter, in dessen Gegenwart sie weder ihre Liebe zu Faust empfinden noch ein Gebet sprechen könne. Und sie glaubt sich sicher, dass es Heinrich Faust auch so gehen müsse.

EIN GRAVIERENDER UNTERSCHIED

Faust und Margarete wissen nichts von der Wette zwischen Gott und Mephisto, und Margarete weiß nichts vom Pakt zwischen Mephisto und Faust – und das heißt, sie weiß auch nicht, dass Mephisto und Faust unauflösbar miteinander verbunden sind. Insofern sind auch ihre Bemühungen, die Liebe zu Faust und ihr Normen- und Wertesystem in Einklang zu bringen, umsonst. Auch wenn dieses

System aus heutiger Sicht überholt ist, etwa in Bezug auf Demokratie und Gleichheitsgrundsatz, bleibt doch festzuhalten, dass Margarete im Gegensatz zu Faust überhaupt eine normativ-ethische Einstellung besitzt, an der sie ihre Handlungen misst. Auf diesen Umstand haben wir bei den Faustinszenierungen der Tollhaus Theater Compagnie und bei der Gestaltung der Rolle der Margarete großen Wert gelegt.

Beides zusammen – Margarete als aktiv handelndes Subjekt und als Charakter mit normativ-ethischer Haltung – bestimmt schließlich den weiteren Verlauf der Tragödie und auch der Heldinnenreise.

MARGARETE UND DIE SCHWELLENHÜTERIN

Am Ende der Religionsszene verabreden sich Faust und Margarete zur ersten Liebesnacht. Dabei gibt es jedoch eine Hürde zu überwinden – die Mutter. Sie, das Symbol für die streng genormte Welt, der Margarete angehört, fungiert hier als Hüterin der Schwelle. Solche Figuren wollen Held oder Heldin davon abhalten, ins Unbekannte vorzudringen. Sie können zum Beispiel für erzkonservative Repräsentanten der Alltagswelt stehen, die keine Veränderung zulassen wollen, und/oder für verinnerlichte Widerstände in den jeweiligen Protagonisten selbst. Margarete entscheidet sich dafür, die Schwelle und damit auch eine Norm zu übertreten und das Hindernis zu umgehen. Sie nimmt das Schlafmittel, das Faust ihr gibt, und wird es am Abend der Mutter verabreichen.

AUF DEM WEG DER PRÜFUNGEN ZUM TIEFPUNKT

Jetzt überschlagen sich die Ereignisse in der Handlung des Dramas ebenso wie im Innenleben der Heldin, deren Figurenname nun wieder Gretchen ist. In der unmittelbar auf das Religionsgespräch folgenden Szene, die nach der ersten Liebesnacht spielt, trifft sie am Brunnen eine andere junge Frau, Lieschen. Die wiederum erzählt bitterböse und schadenfroh zugleich von einer dritten, die ein Liebesverhältnis hatte und nun schwanger ist, der Liebhaber verschwunden. Und auch davon, welcher Hohn von den Mitmenschen und welche öffentliche Bloßstellung auf die junge Frau warten. Gretchen trifft in Lieschen eine Art Dämon aus der Vergangenheit, der nach wie vor mächtig ist. Noch bis vor Kurzem hätte Gretchen in die selbstgerechten Lästerungen mit eingestimmt. Nun sieht sie die Sache in einem anderen Licht. Sie erkennt, dass sie früher die Fehler einer anderen noch schwärzer als schwarz gemalt hat, um selbst besser dazustehen. Und sie bezweifelt jetzt, dass es überhaupt ein Fehler sein kann, sich auf Faust eingelassen zu haben, da es ja aus Liebe geschah. Gretchen zeigt hier ein hohes Maß an Selbstkritik und Selbsterkenntnis. In Worten der Heldenreise könnte man sagen, sie hat ihren verdrängten Schatten erkannt, nämlich Liebe und Lust als Teil von sich selbst.

Doch die Dämonen sind damit nicht besiegt. Valentin, Gretchens Bruder, taucht als dummer, aber mächtiger Widersacher auf. Er lamentiert vor Gretchens Tür, dass er nun nicht mehr mit seiner fehlerfreien Schwester vor den Kameraden prahlen kann und dass sie über ihn spotten, weil »seine traute Gretel« (Vers 3632) nicht gehalten, was er versprochen hat, nämlich die absolute Tugendhaftigkeit. Da kommen Faust, der zu Gretchen will, und Mephisto dazu. Valentin fordert sie zum Kampf, die beiden verwunden ihn tödlich und verschwinden. Im Sterben schmäht und beschimpft Valentin seine Schwester vor allen Anwesenden. Er macht wahr, was sich in der Brunnenszene bereits ankündigte.

Der Dämon im eigenen Inneren zeigt sich Gretchen als »Böser Geist« im Dom bei einem Requiem. Der wirft ihr all ihre »Sünd' und Schande« (Vers 3821) vor: Die Mutter ist an dem Schlafmittel, das Margarete ihr vor der ersten Liebesnacht gegeben hat, gestorben, der Bruder wurde durch ihren Liebhaber getötet, Gretchen selbst ist schwanger. Vom Gesang über das Jüngste Gericht, »Dies irae«, vernimmt sie nur noch Fetzen jener Strophen, die von Rache und Strafe handeln, nicht mehr diejenigen, die um Gnade bitten und Vergebung erhoffen – ein Umstand, der bereits auf die Kerkerszene und das Ende der Tragödie vorausweist. Gretchen ringt mehr und mehr nach Luft und fällt schließlich in Ohnmacht. Sie hat den todesähnlichen Zustand der Reise erreicht.

»Mir ist, als ob die Orgel mir

Den Atem versetzte, ...«

VERS 3809–3810 (GRETCHEN)

ENDE DER TRAGÖDIE ERSTER TEIL

Eines sei vorweggesagt: Da es sich um eine Tragödie handelt, wird Margarete nicht erneuert in ihre alte Lebenswelt zurückkehren und sich dort bewähren können. Sie erreicht jedoch – um in Campbells Worten zu sprechen – »eine Ausweitung des Bewusstseins und [...] Verwandlung und Freiheit«.

In der letzten Szene von *Faust I* nennt Goethe die Heldin wieder Margarete. Wir sehen sie im Kerker. Was sich seit der Domszene ereignet hat, erfahren Leserin oder Zuschauer indirekt: Margarete hat ein Kind zur Welt gebracht und es getötet. Sie wurde zum Tode verurteilt und soll hingerichtet werden. Faust will sie mit Mephistos Hilfe retten und dringt in den Kerker ein.

Zunächst hält Margarete Faust für den Henker, dann aber erkennt sie den Geliebten. Sie fühlt sich sofort an die Zeit ihres Kennenlernens zurückversetzt, die Zeit, bevor sie die Schwelle überschritt. Doch das Rad lässt sich nicht zurückdrehen. Sie liebt Faust nach wie vor. Aber sie kann und will nicht mit ihm gehen. Zum einen, weil man sie suchen und finden würde, zum anderen, weil sie für ihre Verbrechen die Verantwortung übernimmt und die Strafe dafür annimmt. Und nicht zuletzt deshalb, weil sie wegen seiner mephistophelischen Seite nicht mit Faust zusammen sein will. Am Ende graut ihr vor ihm und sie bleibt im Kerker zurück. Es ist ihre freie Entscheidung, ein

Leben in äußerer Freiheit an seiner Seite auszuschlagen und den Tod zu wählen. Sie erreicht damit eine Größe, mit der sie Faust letztlich überragt. Der erlebt zwar noch allerhand im Lauf des zweiten Teils des Dramas und auch er er-fährt die eine oder andere Station der Heldenreise, aber bis zum Schluss bleibt er doch immer der Gleiche, ein Bewusstseinswandel findet nicht statt. Vielleicht begegnet ihm Margarete deshalb im Jenseits wieder als seine Seelenführerin.

>>*Mir ist´s, als müsst` ich mich zu dir zwingen,*

Als stießest du mich von dir zurück;<<

VERS 4533–4534 (MARGARETE ZU FAUST)

Eine zeitgemäße *Faust*-Inszenierung wird wohl auch auf die sozialen Aspekte und Geschlechterrollen abheben, denn Margarete ist durchaus Opfer der herrschenden Verhältnisse ebenso wie Opfer von Faust und Mephisto. Auch die *Faust*-Inszenierungen der Tollhaus Theater Compagnie haben das nicht außer Acht gelassen. Für die Erarbeitung der Dramenfigur und ihren Weg durch das Stück ist jedoch eine Orientierung an der Heldenreise geeignet. Und eine Margarete-Darstellerin wird sich bei der Probenarbeit auf die für sie relevanten Stationen des Entwicklungsverlaufs – auch diejenigen, die nicht auf der Bühne gezeigt werden (Geburt und Tötung des Kindes, Kirchenbuße, Gefangenschaft, Todesurteil) – einlassen. Das kann zum Beispiel in Form der »Deckenübung« geschehen (siehe Seite 148/149).

SPIELERISCH REISEN

Da Heldenreise-Geschichten von Herausforderungen und Veränderungen, von persönlichem Wachstum und Entwicklung handeln, ist es kein Wunder, dass das Prinzip Heldenreise auch in Psychotherapie und Unternehmenscoaching Eingang gefunden hat. Und da nach C. G. Jung in jedem Menschen eine Heldin oder ein

Held verborgen ist, kann man dieses Prinzip auch für die persönliche Weiterentwicklung im Sinne eines Selbstcoachings nutzbar machen. Hier einige Beispiele:

DIE REISE ALS GANZES NUTZEN

• Sie können Ihr bisheriges Leben unter dem Aspekt Heldenreise und anhand der folgenden Fragen Revue passieren lassen. An welche Aufrufe erinnern Sie sich? Haben Sie gezögert oder eine Veränderung beherzt in Angriff genommen? Welche Befürchtungen hatten Sie? Welche sind eingetroffen, welche nicht? Was für Hindernisse haben sich gezeigt, und wie haben Sie diese überwunden? Welche Menschen waren hilfreich, wer hat Ihnen Schwierigkeiten gemacht? Gab es Hilfsmittel – Bücher, Kurse, zufällige Erlebnisse? Sind Sie in Krisen geraten, und wenn ja, wie sind Sie daraus hervorgegangen? Durch die Auseinandersetzung mit diesen Fragen können Sie sich selbst besser kennenlernen und Ihre Stärken herausfinden. Was Ihnen früher geholfen hat, kann auch im weiteren Leben dienlich sein. Und was sich nachträglich als Fehler herausgestellt hat, können Sie ebenfalls für sich fruchtbar machen. Schauen Sie, was genau in der damaligen Situation nicht gepasst hat – die Richtung, in die Sie gegangen sind, die Art und Weise (etwa zu hastig oder zu schnell), in der Sie Ihre Schritte gesetzt haben – und entscheiden Sie: Was würde ich wieder so machen, was nicht?

• Versetzen Sie sich auch zurück in Ihre Kindheit. Welches war Ihr Lieblingsmärchen, welche Stationen der Heldenreise erkennen Sie darin wieder, und aus welchen Gründen sprach die Geschichte Sie besonders an? Die Antworten auf diese Fragen können etwas darüber aussagen, wie Sie sich selbst sehen oder was Sie für sich erreichen möchten.

• Nicht zuletzt können Sie professionell geführte Heldenreise-Seminare machen. Solche werden als Selbsterfahrungskurse angeboten wie auch als Workshops, in denen man seine Fähigkeit, spannend zu erzählen, ausprobieren und erweitern kann. Mit den Stichworten »Heldenreise« und »Geschichten erzählen«, eingegeben in einschlägige Suchmaschinen, können Sie via Internet etwas Passendes für sich finden.

• Um den Bogen wieder zu unserem Faustdrama zu schlagen: Sie könnten auch noch Margaretes Geschichte anders zu Ende erzählen, nämlich so, dass die klassische Heldenreise zu Ende geführt wird. Wie könnte die gewandelte Heldin in ihre Alltagswelt zurückkehren und dort ihre Erfahrungen und Einsichten einbringen? Spielen Sie dabei ruhig auch verschiedene Varianten durch. Auch auf diese Weise können Sie sich über sich selbst und Ihre Haltung zur Welt bewusster werden, etwa darüber, was Gerechtigkeit und Freiheit für Sie bedeuten, Moral oder soziale Missstände.

Lesen und schreiben Sie

Die Erzählung *Siddhartha* von Hermann Hesse veranschaulicht die buddhistische Lehre und folgt gleichzeitig dem Muster einer klassischen Heldenreise nach Joseph Campbell. Das hat die Literaturwissenschaftlerin Eva Knöferl überzeugend nachgezeichnet. Und nicht zuletzt ist *Siddhartha* die Geschichte einer Persönlichkeitsentwicklung. Alles in allem eine empfehlenswerte Lektüre.

Um sich dem Prinzip Heldenreise zu nähern, lohnt es sich auch, Märchen zu lesen und sich auf ihre Symbolsprache einzulassen, die sich nicht mit unserem logischen Denken erfassen lässt. Ich empfehle Ihnen zum Beispiel das Märchen *Die Regentrude* von Theodor Storm.

Außerdem ist es spannend, einmal ein eigenes Märchen zu verfassen. Schauen Sie sich dazu noch einmal die Reise auf einen Blick ab Seite 153–155 an und legen Sie los – mit Stift und Papier oder auf der Tastatur des Computers.

Im Lauf der Zeit können Sie Ihr Märchen immer wieder in Bezug auf sich selbst interpretieren und es auch umschreiben. Irgendwann haben Sie dann vielleicht das Bedürfnis, ein neues Märchen zu verfassen – weil Sie sich weiterentwickelt haben, Sie selbst und die äußeren Umstände sich geändert haben. Denn Heldenreisen finden im Leben mehrmals statt. Innerhalb der großen Reise von der Jugend bis ins Alter erleben wir immer wieder einen Ruf, Aufregungen und Abenteuer, Tiefpunkte und Neuanfänge – Kreisläufe in Form einer immer höher sich windenden Spirale.

HILFREICHE STATIONEN UND BEGEGNUNGEN EINER HELDENREISE

• Wenn Sie das Gefühl haben, etwas im Leben ändern zu wollen (oder es aufgrund von äußeren Umständen müssen), Sie aber Befürchtungen hegen und nicht recht wissen, wie anfangen, dann halten Sie Ausschau nach Helfern und Hilfsmitteln. Das können klassischerweise Menschen sein, die in Ihrer Sache Expertise aufweisen, oder Bücher, die entsprechendes Wissen vermitteln. Manchmal sind es aber auch ganz einfache und unerwartete Dinge oder Erlebnisse. Eine Katze, die in der Sonne döst, kann ein Aha-Erlebnis auslösen, wenn Sie sich zum Beispiel mit dem Gedanken tragen, eine Auszeit zu nehmen. Lassen Sie die Katze Ihre Mentorin und Ihre Führerin sein, indem Sie sich immer wieder ihr Bild vor Augen führen. Nehmen Sie dieses Bild ernst, denn nicht umsonst hat es etwas in Ihnen ausgelöst, und folgen Sie diesem Ruf.

• Wenn Sie im Lauf einer Veränderungsphase – etwa durch einen Jobwechsel oder eine Trennung – schon einige Hindernisse überwunden und zahlreiche Klippen umschifft haben, kann es trotzdem noch einmal zu einer tiefen Krise kommen. Sie sehen dann keinen Weg mehr, kein Land ist in Sicht, und Sie haben das Gefühl, keine Kraft mehr zu haben zum Weitergehen. Dann machen Sie sich bewusst, dass dies ein »normaler« Zustand ist bei Umbrüchen großen und auch kleineren Ausmaßes. Akzeptieren Sie, dass es so ist. So können Sie wieder Kräfte sammeln und dann die Energie aufbringen für weitere entscheidende Schritte zurück ins Leben und in den Alltag.

• Den Tiefpunkt eines Wandlungsprozesses im Sinne der Heldenreise können Sie auch bewusst herbeiführen. Sie haben schon dieses und jenes unternommen, um zum Beispiel an einem neuen Wohnort Fuß zu fassen und Kontakte zu knüpfen. Aber es ist nicht recht klar, was genau Sie sich wünschen, wie Sie sich in die neue Umgebung einfinden und einbringen können. Dann lohnt es sich, aus dem Geschehen herauszutreten, sich für eine gewisse Zeit zurückzuziehen und in sich zu gehen. Dann können Sie klarer sehen, wohin die Reise führen soll, und Ihre Zukunft besser bewusst und aktiv gestalten.

• Wenn Sie aus einem erlittenen oder herbeigeführten Krisen- und Wendepunkt wieder auftauchen, machen Sie sich auf Ihrem weiteren Weg immer wieder klar, worum es Ihnen im Wesentlichen geht, worin der Sinn des Ganzen liegt. Diese im Krisenzustand oder in der Auszeit gewonnene Einsicht ist Ihr Wegweiser, lassen Sie sich nicht von der eingeschlagenen Richtung abbringen.

• Bevor Sie ins Alltagsleben zurückkommen, nehmen Sie sich einen ganz konkreten Schritt vor, bei dem sich Ihre Neuerung bewähren soll – ein Gespräch mit der Chefin führen, alleine in eine Kneipe gehen oder am neuen Wohnort einem Verein beitreten ... Möglicherweise werden Sie Ihre Einsichten und Ziele noch mal nachjustieren oder anpassen bei der praktischen Erprobung, aber Sie werden nicht mehr so leicht in alte Muster zurückfallen.

HELDENREISE LIGHT – ABER EFFEKTIV

Eine einfache Abwandlung der Heldenreise setzen wir bei der Rollenarbeit sehr häufig ein. Wir nennen sie »Vier-Stühle-Reise« oder auch einfach »Stuhlübung«. Dazu werden vier Stühle mit etwas Abstand im Halbkreis aufgestellt. Ein Ensemblemitglied durchläuft die Übung, die anderen schauen und hören zu. Wichtig ist, dass die jeweiligen Akteure der Übung sich nichts ausdenken, sondern ihre Geschichte beim Erzählen entstehen lassen. Auf diese Weise lässt sich schnell ein guter Zugang zum Charakter einer Figur und zu deren Entwicklung im Stück finden. Um auf die KGSS-Formel zurückzugreifen – wir setzen hier bei der Sprache beziehungsweise beim Sprechen an. Insgesamt besteht diese kleine Heldenreise aus sechs Stationen:

• **Was vorher war (Alltagswelt):** Neben dem ersten Stuhl stehend erzählt der Schauspieler oder die Schauspielerin über das Leben der Figur, bevor das Drama beginnt.

• **So fängt es an (Ruf):** Danach setzen sie sich auf den ersten Stuhl und schildern, wie sie in die Handlung hineingerieten. Dabei führen sie Dinge, die der Text vorgibt, und ihre Vorgeschichte zusammen.

• **Was hat mich am tiefsten verletzt (größte Herausforderung)?:** Mit dieser Frage geht es auf dem zweiten Stuhl weiter. Häufig dauert es ein paar Minuten, bis das Erzählen in Fluss kommt. Dann aber ergeben sich für viele Rollen beziehungsweise Figuren hochinteressante Aspekte.

• **Worüber habe ich mich gefreut (Hilfe)?:** Manchen fällt es schwer, hier auf dem dritten Stuhl etwas zu finden, besonders nachdem vorher das Thema Verletzung beackert worden ist. Es hilft aber nichts, selbst die tragischsten Figuren müssen eine Antwort finden.

• **So geht es weiter (Rückkehr oder Einkehr in eine neue Welt):** Auf dem vierten Stuhl geht es darum, eine Perspektive zu entwickeln, wie es nach dem Ende des Dramas mit der Figur weitergehen könnte. Ein solcher Ausblick ist auch dann wichtig, wenn Held oder Heldin im Drama sterben – Himmel oder Hölle, Wiedergeburt oder Verwandlung in eine Pflanze ...?

• **Auflösung der Übung:** Wenn die Perspektive geschaffen ist, steht der Held oder die Heldin auf und macht ein paar Schritte weg von den Stühlen. Mit der neutralen Atmung (siehe Seite 133), einigen Dehnübungen und durch Ausschütteln des Körpers steigen wir aus der Rolle aus.

Manchmal wird die Stuhlübung von der Regie um eine Frage erweitert oder die Fragen auf Stuhl zwei und drei werden abgewandelt (etwa: Welches ist das größte Hindernis? Was habe ich erreicht?). Häufig machen wir auch zwei Durchgänge, wobei die jeweiligen Akteure sich zuerst hinter den Stuhl stellen und in der Er- oder Sie-Form über die Figur reden. Erst in der zweiten Runde wird zur Ich-Form gewechselt, und wir lassen die Figur auf den Stühlen sitzend selbst sprechen. So wird eine allmähliche Annäherung an und gleichzeitig ein Perspektivwechsel auf die Figur möglich.

Vier-Stühle-Reise

Die oben beschriebene schauspielerische Grundübung können Sie auch für sich persönlich nutzen. Ich greife zum Beispiel darauf zurück, wenn ich mit einer Situation gerade unzufrieden bin und noch nicht recht weiß, wieso und wie ich damit umgehen soll. Auch wenn ich mit einer Person immer wieder Schwierigkeiten bekomme, hilft mir diese Übung, Klarheit zu gewinnen. Etwa über eine positive Seite der Beziehung (was hat mich wirklich gefreut?) oder über die Möglichkeit, das Verhältnis von meiner Seite aus positiver zu gestalten (so geht es weiter). Wenn Sie die Übung in diesem Sinne machen wollen, sollten Sie folgende Punkte beachten:

- **Thema festlegen:** Geben Sie der Stuhlübung einen Titel, bevor Sie damit anfangen, etwa »Meine Beziehung zu XY« oder »Wo hakt es gerade im beruflichen Projekt?«.

- **Anfang und Ende:** Die Übung beginnt mit dem Aufstellen der Stühle und endet damit, sie wieder an ihren Platz zu räumen.

- **Aufforderung benennen:** Schreiben Sie die Aufgaben beziehungsweise Fragen, die Sie zum Sprechen auffordern, auf einen Zettel und legen Sie diesen umgedreht auf den jeweiligen Stuhl. Nehmen Sie den Zettel in die Hand, bevor Sie sich setzen, und lesen Sie die Aufforderung laut. Stuhl eins: »So fing es an.« Stuhl zwei: »Was hat mich verletzt?« Stuhl drei: »Worüber habe ich mich gefreut?« Stuhl vier: »So geht es weiter.«

- **Laut erzählen:** Sprechen Sie alles, was Ihnen zu der Frage einfällt, laut aus, und reden Sie so lange, bis Sie merken, dass mehr dazu nicht mehr zu sagen ist. Halten Sie nichts zurück.

- **Abschluss der Übung:** Wenn Sie die Stühle zurückstellen, schauen Sie zurück auf Ihren Monolog. Was an Ihren Ausführungen hat Sie überrascht? Besonders an diesen Punkten können Sie ansetzen, um ein Problem zu lösen, eine Situation oder eine Beziehung zu klären. Mir ist durch so eine Übung einmal klar geworden, dass nicht eine bestimmte Äußerung eines Bekannten mich gekränkt hat, sondern ganz allgemein seine Umgangsart mich provozierte. Ich nahm danach Dinge, die er sagte, nicht mehr so persönlich und konnte durch die so entstandene Distanz auch Verständnis für seine Art und Respekt seiner Person gegenüber entwickeln.

- **Varianten:** Falls Sie Fragen auf Stuhl zwei und drei abwandeln, achten Sie darauf, dass Sie zuerst nach Negativem und dann nach Positivem fragen.

DES PUDELS VIELGESTALTIGER KERN
SICH ÄNDERN OHNE IDENTITÄTSVERLUST

Die drei vorhergehenden Kapitel waren zwei von drei Protagonisten aus dem ersten Teil der Fausttragödie gewidmet – Faust und Margarete. Jetzt soll es um den Dritten des handlungsbeherrschenden Trios gehen, der in der Gelehrten- und der sogenannten Gretchentragödie eine gewichtige Rolle spielt, der aber auch hinüberführen wird in der Tragödie zweiten Teil: Mephisto. Auch wenn wir ihn als Fausts Alter Ego interpretieren können (siehe Seite 61–64), sollte man die Figur doch auch für sich betrachten. Zumindest unter dramaturgischen Gesichtspunkten ist das unerlässlich, da Mephisto ja leibhaftig auf der Bühne dargestellt werden muss und nicht nur Teil von Faust, sondern gleichzeitig auch dessen Gegenpart ist. Ganz unabhängig davon kann die Mephistofigur außerdem auf unser persönliches Entwicklungspotenzial hinweisen.

TRICKREICHE VERWANDLUNGSKÜNSTLER

Mephisto ist eine in höchstem Maße schillernde Erscheinung. Häufig wird er als Beispiel erwähnt für die mythologische Figur eines »Tricksters«. Der aus dem Englischen stammende Begriff bezeichnet – der reinen Wortbedeutung nach – einen »Gauner« oder »Schelm« oder »Betrüger«. Die in vielen Kulturen erscheinenden Tricksterfiguren sind aber noch viel mehr als das, und häufig tauchen sie in Heldenreisen auf. Ein Trickster ist für Held oder Heldin oft schwer einzuschätzen, da er sowohl schaden als auch helfen kann, sich widersprüchlich verhält und ganz unterschiedliche oder sogar miteinander unvereinbare Eigenschaften an den Tag legt. Er kann auf der einen Seite äußerst brutal, vulgär und abstoßend sein, auf der anderen aber auch geistreich und amüsant. Die Figur des Tricksters dient oft dazu, Falschheit aufzudecken und auf Schwächen hinzuweisen, sie steht selbst aber immer irgendwie außerhalb der bestehenden Ordnung. Oft greift sie verändernd in diese ein, wobei sie gern auch Chaos und Verwirrung stiftet. Dann wiederum zeichnet sie sich durch Kreativität und Erfindungsgeist aus. Der Trickster kann auf Intelligenz und übernatürliche Kräfte zurückgreifen, manchmal hat er trotz dieser Fähigkeit aber auch das Nachsehen und steht dann als der Dumme da. Mühelos bewegt er sich durch Zeit und Raum sowie unter Göttern und Menschen. Ebenso leicht kann er seine Erscheinungsform ändern und dabei sogar zum Tier werden oder auch das Geschlecht wechseln. Und schließlich legen Trickster oft eine ausgeprägte sexuelle Energie an den Tag. Moral dagegen ist nicht so ihr Ding.

GÖTTER UND COMICFIGUREN

Ein rechter Trickster ist beispielsweise der griechische Gott Hermes. Bereits als neugeborenes Baby klaut er die Rinderherde seines Halbbruders Apollon. Als dieser ihn zur Rede stellt, argumentiert Hermes, dass er noch viel zu klein sei, um so einen Diebstahl zu begehen. Kein Wunder also, dass er der Gott sowohl der Diebe als auch der Redekunst ist. Außerdem ist Hermes der Erfinder des Saiteninstrumentes Lyra, das er Apollon überließ und dafür die Rinder behalten durfte, weshalb er auch als Gott des Handels gilt. Und mit seinen geflügelten Sandalen, die er von Vater Zeus erhielt, wurde Hermes der Schnellste unter den Göttern und zum Schutzgott der Reisenden. Als Götterbote überbringt er den Menschen Zeus` Beschlüsse, außerdem geleitet er die Toten in die Unterwelt. Nicht zuletzt vermag er mit seinem Zauberstab Menschen in Schlaf und Traum zu versetzen.

Neben der erwähnten Lyra gehen noch einige andere Erfindungen auf das Konto von Hermes, darunter das griechische Alphabet, die Tonleiter und das Kultivieren des Ölbaums. Deswegen gilt er, wie manch andere Trickstergottheiten, auch als »Kulturheros«, also einer, der die menschliche Zivilisation in Gang setzt oder voranbringt. Das tat auch Prometheus, der – gegen den Willen der anderen Götter – den Menschen das Feuer auf die Erde brachte, ganz wie sein neuseeländischer Kollege Maui und der Gott Loki aus der germanischen Mythologie. Loki verwandelte sich auch einmal in eine Stute und brachte den Hengst Sleipnir zur Welt, bei anderen Gelegenheiten in eine Fliege, einen Floh oder einen Seehund.

Zu den literarischen und filmischen Figuren mit mehr oder weniger ausgeprägten Trickstereigenschaften zählen Puck aus Shakespeares *Ein Sommernachtstraum* sowie der Protagonist eines Bestsellers aus dem 16. Jahrhundert, Till Eulenspiegel; ebenso die Zeichentrickfigur Bugs Bunny oder der rebellische und respektlose Bart aus der Serie *Die Simpsons*. Trickster finden sich auch in den vorkolonialen Kulturen Afrikas und Nordamerikas und in japanischen Mythen.

Mythologische Tricksterfiguren, allen voran Loki, wurden im europäischen Mittelalter ihrer Mehrdeutigkeit beraubt und zum Teufel gemacht, der nur noch eine Eigenschaft besaß, nämlich böse zu sein, und die einzige Funktion hatte, Menschen in Versuchung zu führen. Goethe, so kann man wohl mit Recht sagen, hat in Mephisto die Vielschichtigkeit eines Tricksters wieder aufleben lassen.

> *»Ein Teil von jener Kraft,*
> *Die stets das Böse will und stets das Gute schafft.«*
> VERS 1335–1356 (MEPHISTO ÜBER SICH)

MEPHISTOS TRICKSTERQUALITÄTEN

Tricksterfiguren weisen nicht immer alle ihnen zugeschriebenen Eigenschaften auf. Mephisto allerdings ist mit vielen davon ausgestattet. Eine davon wurde schon angesprochen: Er ist trocken, schlagfertig und oft so witzig, dass er uns – sei es bei der Lektüre oder im

Ein buddhistischer Trickster

Der Affe Sun Wukong ist die Hauptfigur in dem klassischen chinesischen Roman *Die Reise nach Westen* aus dem 16. Jahrhundert. Er ist mit allerlei übernatürlichen Kräften ausgestattet – er kann sich verwandeln, unglaublich hoch springen und auf einer Wolke fliegen. So ausgestattet gelingt es ihm, sich zum König der Affen zu machen und schließlich auch den Himmel zu erobern und dort Aufruhr zu stiften. Der Himmelskaiser ruft Buddha zu Hilfe der den Affenkönig fängt und unter einem Berg aus den fünf Elementen Wasser, Feuer, Holz, Erde und Metall wegsperrt. Nach 500 Jahren wird Sun Wukong Begleiter eines chinesischen Mönches auf dessen Reise in den Westen, genauer nach Indien von wo er Schriften des Buddhismus holen und nach China bringen soll. Jetzt setzt Sun Wukong seine Klugheit und seine Zauberkraft dafür ein die Hindernisse auf dieser Reise zu überwinden – und trägt damit zur Verbreitung der buddhistischen Lehre und ihrer Ideale von Erkenntnis und Mitgefühl bei.

Die Abenteuer von Sun Wukong werden in dem chinesischen Zeichentrickfilm *Der König der Affen* aus den 1960er-Jahren nacherzählt, ebenso in dem Comic *Der Affenkönig* aus dem Jahr 1978. Auch in Opern, Filmen und Computerspielen taucht Sun Wukong auf, und die Netflix-Fantasyserie *Die Reise nach Westen* von 2018 basiert lose auf der chinesischen Geschichte von Sun Wukong.

Theater – köstlich amüsiert und wir ihm unsere Sympathie schenken. Es würde den Rahmen dieses Buches vollkommen sprengen, Mephistos geistreiche Gewitztheit an einzelnen Szenen zu belegen. Schauen Sie doch einfach selbst mal in den Fausttext. Mephistos weitere Tricksterqualitäten aber will ich im Folgenden anhand von Beispielen ein wenig sortieren.

• **Götterbote:** Wie der Auftakt zum eigentlichen Drama, die Szene »Prolog im Himmel«, zeigt, hat Mephisto Zugang zur Sphäre des Göttlichen, ja er erhält von Gott quasi den Auftrag, sich in das Leben Fausts einzumischen. Dazu passt, dass Gott Mephisto als seinen Knecht bezeichnet. Der ist demnach kein Teufel mit »Hörnern, Schweif und Klauen« (Vers 2498), kein Widersacher Gottes, sondern Teil des »Ganzen«, das seiner eigenen Aussage nach nur »für einen Gott gemacht« ist (Vers 1780 und 1781). Das hindert ihn aber nicht daran, auch Gott und seine Schöpfung gelegentlich ironisch zu kommentieren, insbesondere den Menschen im Allgemeinen, vor allem aber Faust höchstpersönlich.

> *»Natürlich, wenn ein Gott sich erst sechs Tage plagt,*
>
> *Und selbst am Ende Bravo sagt,*
>
> *Da muss es was Gescheites werden.«*
>
> VERS 2441–2443 (MEPHISTO ZUR SCHÖPFUNGSGESCHCHTE)

• **Sexprotz:** In der Szene »Wald und Höhle« zum Beispiel macht Mephisto sich über Fausts hochgeistige Reflexionen lustig, wohl wissend, dass dieser am Ende doch in Margaretes Bett landen wird – wobei Mephisto seine Ausführungen mit einer obszönen Geste unterstreicht. Noch in einigen anderen Szenen zeigt sich Mephistos ausgeprägter Hang zum Sexuellen, etwa wenn er – als Faust verkleidet – einem Schüler zum Medizinstudium rät, weil der so am besten Vertreterinnen des weiblichen Geschlechts anbaggern könne. Auch in der »Hexenküche« macht Mephisto seinen Charakterzug mit einer unanständigen Gebärde deutlich, und in Marthe Schwerdtlein findet er ein williges Opfer seiner Lüsternheit. Auf dem Brocken, wohin er Faust zur Walpurgisnacht schleppt, geht es um »junge Hexchen, nackt und bloß« (Vers 4046), ein großes »Loch« und den passenden »Pfropf« (Vers 4136–4143). Im zweiten Teil der Fausttragödie dann will Mephisto sich nur widerwillig auf eine Zeitreise in die Antike einlassen. Doch Homunkulus, eine Art frühe Künstliche Intelligenz, macht ihm die »thessalischen Hexen« schmackhaft, von denen sich Mephisto ungekannte Sexspielchen erwartet. Und nach Fausts Tod, in dem possenhaften Nachspiel »Grablegung«, richten sich seine diesmal homosexuellen Gelüste auf die »allerliebsten Jungen« (Vers 11763), nämlich die Engel, deren Pobacken »doch gar zu appetitlich« anzusehen sind (Vers 11800).

• **Verlierer:** Weil er sich von den hübschen Engeln so sehr betören lässt, entwischt Mephisto am Ende Fausts »Unsterbliches«, wie Goethe in der ironisch gestalteten Rettungsszene die Seele bezeichnet. Doch auch schon vorher, bei seinem Umherschweifen in der griechischen Mythologie, steht Mephisto als Loser da, denn hier kennt er sich als christlicher Teufel überhaupt nicht aus, wird von den mythologischen Gestalten nach Strich und Faden veräppelt – und es wird dann auch nichts mit den thessalischen Hexen.

• **Zauberer:** Überlegenheit dagegen verschaffen ihm immer wieder seine übernatürlichen Kräfte, die er schon bei seinem ersten Auftritt einsetzt – Mephisto ruft Geister, die Faust mit ihrem Gesang einlullen. Etwas später geht es auf einem Mantel fliegend in die Welt hinaus. In der Szene »Auerbachs Keller in Leipzig« lässt Mephisto Wein und Champagner aus dem Tisch sprudeln, und beim Fechtkampf Fausts mit Margaretes Bruder lässt Mephisto dessen Hand erlahmen. Auf das »Hochgebirge«, wo er Faust nach dem Ausflug in die Antike wiedertrifft, reist Mephisto in Siebenmeilenstiefeln, die dann alleine weitermarschieren. Und um einen Krieg zu gewinnen – politische Voraussetzung für Fausts großes Ingenieursprojekt zur Landgewinnung – befiehlt Mephisto zur Unterstützung »die drei Gewaltigen« als Helfer herbei, ebenso zwei Raben als lebendige

Aufklärungsdrohnen. Darüber hinaus verursachen Wasser- und Berggeister Überschwemmung und Feuersbrunst sowie entsetzlich lautes Getöse. Mit dieser »Gaukelei« (Vers 10857) werden die Gegner derart überrumpelt und demoralisiert, dass einem Sieg schließlich nichts mehr im Wege steht.

• **Intervenierer:** Nicht zuletzt durch seine Zauberkünste greift Mephisto immer wieder lenkend und erfindungsreich in die Geschehnisse ein und treibt so die Handlung voran. Er erfindet zum Beispiel am Kaiserhof kurzerhand das Papiergeld, um die marode Staatskasse aufzupolieren. Geldscheine waren zur Goethezeit noch kein gängiges Zahlungsmittel und in etwa so innovativ und undurchschaubar wie Kryptowährungen heutzutage. Der Segen des Papiergeldes währt allerdings nicht lange, und die Erfindung trägt schließlich nicht unwesentlich zum Ausbruch des oben erwähnten Krieges bei. Mephisto ist es letztlich auch, der das Zusammenkommen von Faust und Helena ermöglicht, indem er in Gestalt der Dienerin Phorkyas »Vor dem Palast des Menelas zu Sparta« eine mittelalterliche Burg entstehen lässt. Diese Gemäuer retten Helena und ihre Dienerinnen vor der Rache des Menelaos. (Den hatte Helena nämlich verlassen und ist mit dem trojanischen Königssohn Paris durchgebrannt. Nach dem Sieg über Troja wurde sie aber von Menelaos nach Sparta zurückgeholt.) Burgherr ist natürlich Faust. Und nachdem dessen germanisches Heer aus Goten, Franken und Normannen den Menelaos und seine Truppen besiegt haben, verwandelt sich der Burghof in die paradiesartige Landschaft »Arkadien«, wo Faust und Helena endlich ein Paar werden. Und auch die Dienerinnen bekommen eine »jungeholdeste Schar« von »Jünglingsknaben« ab (Vers 9154 und 9157).

• **Zyniker:** So viel Menschenfreundlichkeit aufseiten des Tricksters Mephisto ist vielleicht nur in dem fantasy-artigen dritten Akt von Faust II möglich, wo sich Mittelalter und Antike, Nord und Süd problemlos mischen. An einigen anderen Stellen des Dramas erweist sich Mephisto dagegen als kalter, gefühlloser und materialistischer Zyniker. Auf Fausts dramatisiert wirkende Verzweiflung über Margaretes Schicksal etwa bemerkt er nur lakonisch, dass sie ja schließlich nicht die Erste sei, der das passiert. Und zum Thema Krieg oder Frieden meint er, es gehe jeweils immer nur um den Vorteil, den man daraus ziehen kann. An solchen Stellen vergeht einem natürlich das Lachen, zumal hier Mephisto zwar Faust widerspricht, sich aber gleichzeitig als dessen Alter Ego erweist, denn auch Faust weiß sehr wohl, seinen eigenen Vorteil und seine Bedürfnisse zu verfolgen ohne Rücksicht auf Verluste.

• **Gestaltwandler:** Während Faust sich in seiner pathetischen, großspurigen Art durchweg ziemlich treu bleibt, gehört es zu Mephistos herausragenden Eigenschaften, sich immer wieder zu verwandeln. Die Geschicke lenkende Dienerin Phorkyas habe ich schon erwähnt. Aber alles fängt schon damit an, dass Mephisto zunächst in Tiergestalt erscheint. Als Faust sich von seinem Osterspaziergang wieder nach Hause begibt, läuft ihm ein schwarzer Pudel zu. Dieser entpuppt sich nur wenig später in Fausts Studierzimmer als ein »fahrender Scolast« (Vers 1324), ein Wanderstudent, in dem sich wiederum kein anderer als Mephisto verbirgt. Beim zweiten Mal tritt er als Adeliger (Junker) auf. Seinen Pferdefuß lässt er wahlweise hinter »falschen Waden« (Vers 2502) verschwinden oder holt ihn – wo es dienlich ist, wie in der Walpurgisnacht – zum Vorschein (Vers 4065). Zweimal gibt er sich als Faust aus, einmal dem Schüler gegenüber und einmal, als dieser sein Studium abgeschlossen hat. An Marthe Schwerdtlein macht er sich als Bekannter ihres Ehemannes heran und lügt ihr dessen Tod vor.

> *»Ich hoffe, sie lässt mich´s drum nicht büßen:*
> *Ihr Mann ist tot und läßt sie grüßen.«*
>
> VERS 2915–2916 (MEPHISTO ZU MARTHE SCHWERDTLEIN)

Bei dem Maskenfest am Kaiserhof tritt Mephisto als der personifizierte Geiz auf – Faust in dieser Szene übrigens als Pluto, Gott des Reichtums –, womit wir ein weiteres Mal bei den zwei Seiten einer

Medaille wären (siehe Seite 61–64). Danach nimmt Mephisto die Stelle des Hofnarren ein. Und selbst wo Mephisto nicht explizit die äußere Erscheinung ändert, sind seine Funktionen vielfältig. So ist er Berater, Zuhörer, Galan, Wunderheiler, Feldherr, Piratenkapitän und am Ende eine Art Mafiagangster, der zwei Leute aus dem Weg räumen soll und dazu von seinen Handlangern einen tödlichen Anschlag ausführen lässt – während sein Boss Faust sich die Hände in Unschuld wäscht.

Eine weitere Funktion weist Goethe seinem Mephisto zu, und zwar in Form von Regieanweisungen: Mehrmals lässt er ihn beiseite oder direkt zum Publikum, »ad spectatores«, sprechen. Und auch wenn es nicht als Anweisung im Text steht, so gibt es zahlreiche Textstellen, die sich so interpretieren und spielen lassen. Die Zuschauer bekommen dann zu hören, was vor den anderen Bühnenfiguren verborgen bleiben soll. Dadurch entsteht eine Komplizenschaft, und der Grenzgänger zwischen Welten, Sphären und Zeiten, der Überschreiter von Normen und Werten durchdringt eine weitere Grenze, nämlich die der Bühnenrampe.

> »Hier oben wird mir Licht und Luft benommen,
> Ich finde wohl bei euch ein Unterkommen?«
> VERS 6772–6773 (MEPHISTO, ZUM PUBLIKUM)

Damit bin ich nach eingehender Betrachtung der Mephistofigur bei uns Zuschauerinnen und Zuschauern gelandet und bei der Frage, wie es mit unseren eigenen Möglichkeiten steht, uns zu verändern.

DAS ICH UND SEINE FLEXIBLE PERSÖNLICHKEIT

In Anlehnung an den Bestseller *Wer bin ich – und wenn ja, wie viele?* aus dem Jahr 2007 könnte man sich mit Blick auf Mephisto fragen: Wer ist er – und wenn ja, wie viele? Handelt es sich eher um eine multiple Persönlichkeit und viele Ichs oder gibt es einen Wesenskern, der unterschiedliche Facetten aufweist? Oder ist an beidem etwas dran?

Um die Figur glaubwürdig zu spielen, suchte ich mir etwas, das tatsächlich »wesentlich« ist für sie und was sie durch alle Szenen lenkt, egal, wie sie sich nach außen gibt. Das könnte zum Beispiel die Kränkung darüber sein, dass die Rebellion einiger Engel im Himmel, an der Mephisto beteiligt war, gescheitert ist und zum Höllensturz geführt hat. Beim Fall vom Licht in die Finsternis – so stelle ich mir vor – sind seine Flügel abgebrochen. Ich habe mir in den Teilen, in denen es mir vergönnt war, Mephisto zu spielen, immer wieder durch Imagination zwei schmerzende Wunden an den Schulterblättern »anverleibt«, die ich bei meiner Rollenarbeit als Körperzentrum (siehe Seite 76) gefunden hatte. Ein solcher Kern einer Figur wird häufig »das Geheimnis des Schauspielers« genannt. Leider habe ich den Mephisto nur in den gekürzten Anfangsszenen gespielt und bin deshalb nicht zum »Gestaltwandeln« gekommen. Ich bin aber ziemlich sicher, dass ich mir für jede dieser Gestalten zusätzlich noch ein weiteres passendes Geheimnis gesucht hätte.

WAS OFFENLIEGT
UND WAS VERBORGEN BLEIBT

Die Schauspiellehrerin Susan Batson beschreibt in ihrem Buch *Truth* ihre Arbeitsweise des Method Acting, einer Methode, deren Varianten verschiedene berühmte Lehrer und Lehrerinnen auf den Grundlagen Konstantin Stanislawskis (siehe Seite 12) entwickelt haben. Method Acting erfordert von den Schauspielern, sehr viel von der eigenen Persönlichkeit für die jeweils zu schaffende Figur fruchtbar zu machen. Hier wird also nicht wie bei der Chekhov-Methode die Distanz betont (siehe Seite 124–125), und Figur und Schauspielerin scheinen stärker miteinander zu verschmelzen. Dennoch, Batson schreibt – und hier sehe ich einen Berührungspunkt der beiden Herangehensweisen –, dass die Fähigkeit, sich in das Wesen eines anderen Menschen einzufühlen, wesentlicher Bestandteil der Schauspielkunst sei. Voraussetzung dafür wiederum sei die Lust, das Gute und das Schlechte in sich selbst für die Erschaffung einer fiktiven Figur zu nutzen. »Es sind die alten Wunden, die tiefen Ängste, die heiligen Hoffnungen, die Taten und Gegebenheiten unseres Lebens, die anzeigen, wer wir sind. Schauspieler untersuchen all diese Dinge in sich und den Figuren, die sie spielen. Ein Schauspieler untersucht die Essenz dessen, was uns zu den Menschen macht, die wir sind.« Und diese Essenz ist gespeist von drei Dimensionen: »Need«, »Public Persona« und »Tragic Flaw«. Auch in der deutschen Übersetzung des Buches werden die englischen Begriffe verwendet, sie bedeuten Folgendes:

• **Need** – ein verborgenes, unerfülltes Bedürfnis

• **Public Persona** – der Anteil einer Figur, den diese nach außen zeigt oder zeigen will und der gut an die soziale Umwelt angepasst ist

• **Tragic Flaw** – entsteht aus der Reibung zwischen Need und Public Persona, denn das Bedürfnis sucht nach Erfüllung; gerät es in Konflikt mit der Persona und lässt sich von dieser nicht mehr verbergen, dann entsteht ein destruktives Abwehrverhalten, der »tragische Fehler«. Im weiteren Verlauf der Geschichte kann es durch diesen Fehler dann zum Untergang oder zur Erlösung der Figur kommen.

Denkt man an Margaretes Heldinnenreise (siehe Seite 156–165), wird deutlich: Bei ihr gehen am Ende Untergang und Erlösung Hand in Hand. Ihr Need könnte lauten: »Ich will meine Sinnlichkeit leben«, ihre Public Persona ist ein braves, sittsames Mädchen. Ihren Tragic Flaw bilden die Verbrechen, in die sie sich verstrickt – das Mitwirken am Tod der Mutter und die Tötung des eigenen Kindes.

Und wie sieht es mit Mephisto aus? Seine Public Persona könnte man zusammenfassen in dem Satz: »Ich bin viele/jeder«, sein verborgenes Need könnte daher sein: »Ich will ein eigenes Ich.« Sein Tragic Flaw wäre dann, andere Ichs durch Ironie und Zynismus zu verunsichern, manche auch physisch zu vernichten – »Zerstörung« ist sein Element (Vers 1343). Er weiß allerdings, dass seine Vernichtungs-

Die Persona

Im antiken Theater – dem griechischen wie dem römischen – trugen Schauspieler grundsätzlich Masken. Das lateinische Wort dafür ist »persona«. Mit dem Anlegen der Maske nahm der Schauspieler die Identität der Figur an, die er spielte. Persona steht deshalb auch für »Rolle«. In dem Wort steckt das lateinische Verb »sonare« für »erklingen, erschallen«. Die großen Mundöffnungen der Masken waren trichterförmig, sodass die Stimme des Schauspielers trotz Maske gut hörbar war.

Durch C. G. Jung kam der Begriff in die (Tiefen-) Psychologie. Die Persona ist hier der nach außen dargestellte und von anderen sichtbare Teil von uns. Er ist geprägt von den Erwartungen, welche die Umwelt an uns stellt. Demgegenüber steht der Schatten. Das ist derjenige Anteil, der mit den gesellschaftlichen Erwartungen nicht gut vereinbar ist und deshalb im Unbewussten ein Eigenleben führt. Der Schatten kann sich auf destruktive Weise bemerkbar machen, muss aber keineswegs nur negativ gesehen werden und zu verwerflichen Handlungsweisen führen. Aus unserem Schatten speisen sich auch normale, instinktive und zweckmäßige Reaktionen sowie kreative Impulse. Das Böse am Schatten entstehe, so Jung, häufig durch »Verdrehung, Verkrüppelung, Missdeutung und missbräuchliche Anwendung an sich natürlicher Tatsachen«.

macht begrenzt ist, und zeigt sich deshalb oft auch selbstironisch – wodurch der Flaw eine komische Seite erhält. Am Ende ist er selbst ein Tor (Vers 11842), als den sich Faust am Anfang des Dramas (Vers 358) bezeichnet.

Ich möchte hier kurz betonen, dass sich meine Ausführungen zu Mephisto auf die darstellende Kunst des Schauspiels beziehen und keine literaturwissenschaftliche Interpretation der Fausttragödie darstellen. Es geht darum, die literarische Figur so zu erfassen, dass sie überzeugend verkörpert werden kann. Aber wie könnte man das auch für sich selbst und das eigene Leben nutzen? Jeder Mensch habe, schreibt Batson zu Public Persona, Need und Tragic Flaw, diese drei Dimensionen. Und wer sich daran macht, sie zu entdecken, könne auf diesem Weg auch die eigene Persönlichkeit bilden.

PERSÖNLICHKEITSBILDUNG STATT SELBSTOPTIMIERUNG

Der Tragic Flaw und dessen Konsequenzen schlagen in Dramen und dramatischen Filmen meist mit großer Wucht ein. Das gibt es sicher auch manchmal im wirklichen Leben, aber in den meisten Fällen geht es nicht gleich um Verbrechen und Hinrichtung, wie zum Beispiel bei Margarete. Das Dreigestirn Need, Public Persona und Tragic Flaw lässt sich jedoch auch an uns heutigen Menschen ganz gut nachvollziehen. Letzterer beispielsweise kann sich in destruktiven Glaubenssätzen zeigen, mit denen man sich selbst klein macht (siehe Seite 96–103). Diese negative Haltung sich selbst gegenüber kann bis zur handfesten Selbstsabotage gehen – wenn man sich also zum Beispiel ständig so stark selbst kritisiert und abwertet, dass man weder Ziele erreichen noch wichtige Bedürfnisse erfüllen kann. Auch Wutausbrüche gegenüber einem Partner oder Beleidigungen (die man später dann bitterlich bereut) können auf einen sabotierenden Tragic Flaw hinweisen, hinter dem nicht selten das Need »geliebt zu werden« steckt, das auf diese Weise durch die Fassade der Public Persona bricht.

Diese wiederum ist unabdingbar dafür, dass wir uns in der Gesellschaft, in der wir leben, sozialverträglich verhalten. Die Persona kann mehr oder weniger bewusste destruktive Anteile in Schach halten und schützt andererseits unser Innenleben vor Angriffen von außen. Bei allzu großer Anpassung an gesellschaftliche Normen können wir allerdings an Individualität einbüßen und im schlimmsten Fall völlig aufgehen in dem, was erwartet wird. Etwa in den Anforderungen einer ergebnisorientierten Leistungsgesellschaft. Das zeigt sich zum Beispiel in Dresscodes: Ab einer bestimmten Managementebene sind Anzug oder Kostüm, weißes Hemd oder Bluse sowie Lederschuhe (für Frauen natürlich mit Absätzen) als Uniform kaum wegzudenken. Auch die vielen Ratgeber, die darauf abzielen, dass man als Leistungsträger gut funktioniert, und die zur sogenannten Work-Life-Balance beitragen (als stände unsere Arbeit außerhalb unseres Lebens), zielen auf die Public Persona ab. Würden wir allein auf dieser Ebene an uns arbeiten, dann hätte das allerdings wenig mit Persönlichkeitsentwicklung oder -bildung zu tun, sondern wäre reine Selbstoptimierung.

MENSCHLICHE GRUNDBEDÜRFNISSE

Beim Need oder unerfüllten Bedürfnis geht es in der Regel um die individuellen Ausprägungen grundlegender menschlicher Bedürfnisse, die bereits bei der Mettameditation auf Seite 78 zusammengefasst sind. Verschiedene Wissenschaftler und Forscherinnen haben sich mit den Grundbedürfnissen des Menschen beschäftigt. Sehr bekannt ist die Bedürfnishierarchie des Psychologen Abraham Maslow. Häufig findet man sie als fünfstufige Pyramide dargestellt. Anders als dieses Bild nahelegt, ging Maslow nicht davon aus, dass das Bedürfnis einer unteren Stufe immer erst voll erfüllt sein muss, bevor das nächste zum Tragen kommt. Maslow hat sein Modell später außerdem erweitert (darauf komme ich im nächsten Kapitel noch einmal zurück). Hier seine achtstufige Variante jeweils mit einigen Beispielen:

- **Physiologische Bedürfnisse** (Luft, Wasser, Nahrung),
- **Sicherheitsbedürfnisse** (Wohnung, Einkommen),
- **Soziale Bedürfnisse** (Familie, Freunde, Gemeinschaften),
- **Individualbedürfnisse** (Ansehen, Anerkennung, Selbstbestätigung, Selbstwert, Identität),
- **Kognitive Bedürfnisse** (Wissen, Verstehen, Neues kennenlernen, Kompetenzen erwerben),
- **Ästhetische Bedürfnisse** (Schönheit, Kunst, Musik, Kreativität),
- **Selbstverwirklichung** (eigenes Potenzial anwenden, Ziele erreichen, Träume erfüllen),
- **Transzendenz** (Spiritualität, Fragen nach dem Sinn des Lebens).

Der Kommunikationspsychologe Friedemann Schulz von Thun teilt die Grundbedürfnisse folgendermaßen ein: frei sein, wertvoll sein, verbunden sein, geliebt sein. Als weitere Grundbedürfnisse werden von anderen Forschern manchmal noch genannt: Spontaneität, Spiel, Selbstbestimmung, Spannung/Aufregung.

WURZELN UND FLÜGEL

Wie immer die Modelle im Einzelnen aussehen, man kann bei den Grundbedürfnissen zwei Pole erkennen, die sich in unterschiedlichen Gegensatzpaaren ausdrücken lassen, wobei jeweils die linken und die rechten Pole korrespondieren:
- **Sicherheit – Wagnis**
- **Stabilität – Veränderung**
- **Verbundenheit – Abgrenzung**
- **Zugehörigkeit – Unabhängigkeit**

Oder bildhaft ausgedrückt: Wurzeln und Flügel. Der Spruch »Zwei Dinge sollten Kinder von ihren Eltern bekommen: Wurzeln und Flügel« wird sehr häufig Goethe zugeschrieben – fälschlicherweise. Jedenfalls habe ich noch nie, wo immer das Zitat auftaucht, eine Quellenangabe dazu gefunden, und auf einem Zitatencheck im Internet, wird Goethes Urheberschaft auch widerlegt. Falsch ist die Aussage dennoch nicht, verweist sie doch auf die Entwicklung in der Kindheit. Als Säugling ist ein Kind auf Gedeih und Verderb der Fürsorge durch Erwachsene ausgeliefert, es braucht Zuwendung, Nahrung und Schutz. Im Lauf der Zeit löst es sich mehr und mehr aus den ursprünglichen Beziehungen und wird immer autonomer. Dabei handelt es sich nicht um eine lineare Entwicklung, die Kinder und Jugendlichen pendeln immer wieder zwischen »Das kann ich« und »Hilf mir, bitte«, zwischen Selbermachen und Schutzsuche hin und her. Für eine gesunde Entwicklung ist es wichtig, dass Eltern und Bezugspersonen beide Bedürfnisse gleichermaßen achten. Dazu gehört, dass die »Gefühle, Empfindungen und deren Ausdruck« ernst genommen werden, wie die Psychoanalytikerin Alice Miller schreibt. Nehmen wir als Beispiel ein Kind, das wütend wird und weint, weil es nicht auf der Stelle das Spielzeug bekommt, das es im Schaufenster sieht. Dieses Kind braucht das Verständnis von Mutter oder Vater. Das heißt natürlich nicht, dass man ihm sofort das Spielzeug kaufen muss, sondern dass man die Wut des Kindes akzeptiert, es vielleicht auch tröstet. Dann fühlt sich das Kind ange-nommen, lernt, dass Wut okay ist, und lernt, dieses Gefühl irgend-wann auch selbst zu regulieren, ohne Eltern. Da diese aber mit ihren eigenen Needs und Tragic Flaws in der Welt unterwegs sind, ist es mit dem Verständnis oft schwierig. Viel häufiger werden einem Kind Gefühle wie Wut oder auch Traurigkeit aberzogen, indem man es ablenkt oder gar schimpft oder ihm auf sonst eine Weise klar macht, dass sein Verhalten und damit auch es selbst so nicht gewünscht ist. Dieser Art von Liebesentzug begegnen Kinder dann mit Anpassung an die Wünsche der Erwachsenen, und die sogenannten »negativen« Gefühle werden abgespalten. Viele von den Anpassungen wandern in die Public Persona, die Abspaltungen in den Bereich der Needs.

Das Beispiel vereinfacht wie alle Beispiele die komplexen Zusammenhänge natürlich etwas, im Kern kann dadurch aber deut-lich werden: Das, was unsere Persönlichkeit ausmacht, ist stark von unserer Geschichte geprägt, davon, wie wir aufgewachsen sind. Und dass zur Persönlichkeit eines Menschen seine Persona, sein Need und gegebenenfalls auch sein Tragic Flaw gehören. Um uns weiterzuentwickeln im Sinne einer bewussten Persönlichkeit, kann es wichtig und hilfreich sein, die drei Dimensionen unserer Persönlichkeit genauer anzuschauen beziehungsweise unbewussten, aber einflussreichen Anteilen auf die Spur zu kommen. Im Folgenden finden Sie einige Tipps dazu.

Die drei Dimensionen erkunden

- **Die eigene Persona beleuchten:** Beschäftigt man sich mit der eigenen Persönlichkeit, lohnt sich zunächst ein Blick auf den Anteil, den wir nach außen zeigen. Was ist sichtbar? Bei der Rollenarbeit würde ich dafür alles sammeln, was die Figur charakterisiert, was aus Text und Kontext herauszulesen ist. Im wirklichen Leben ist es zum Beispiel der Beruf, die Kleidung, der Umgang mit anderen Menschen, was Auskunft über unsere Persona gibt. Darin drückt sich aus, wie wir sein wollen und gesehen werden wollen. Doch stimmt unser Selbstbild nicht unbedingt und in allen Punkten mit dem überein, wie andere uns einschätzen. Um das Bild, das man abgibt, realistisch abzurunden, ist also auch das Fremdbild interessant.

Schritt 1: Schreiben Sie auf maximal einer DIN-A4-Seite auf, was Ihre äußere Persönlichkeit ausmacht. Inwiefern passt Ihr Beruf zu Ihnen? Was sagen Ihre Lieblingsoutfits über Sie? Wie verhalten Sie sich Menschen gegenüber, die Sie neu kennenlernen? Wie reagieren Sie auf eine Beleidigung oder auf ein Kompliment? ...

Schritt 2: Bitten Sie mehrere Leute, Sie auf einem Blatt Papier in zwei bis drei Sätzen zu beschreiben und zusätzlich je zwei bis drei gute und schlechte Ihrer Eigenschaften zu notieren. Wichtig dabei ist zum einen, dass Sie nicht nur sehr nahestehende Personen befragen, da die sich Ihr Selbstbild vielleicht ein wenig zu eigen gemacht haben. Zum anderen sollten diese Fremdcharakterisierungen für Sie anonym bleiben und die

Befragten daher keine Scheu haben, ehrlich zu sein. Händigen Sie deshalb allen einen neutralen, unbeschrifteten Umschlag aus, in den sie das Blatt stecken sollen, bevor sie es Ihnen zurückgeben. Sammeln Sie die Antworten und öffnen Sie die Umschläge erst, wenn alles zurück ist.

Schritt 3: Vergleichen Sie Selbst- und Fremdbild. Wo sind Übereinstimmungen? Welche Abweichungen fallen Ihnen auf? Was sollten Sie an Ihrem Selbstbild korrigieren, damit es kein Trugbild ist? Was würden Sie gerne an sich verändern, damit das Fremdbild sich mit der Zeit an Ihr Selbstbild annähert?

• **Das innere Bedürfnis aufspüren:** Dass ein verborgenes Bedürfnis erfüllt werden möchte, zeigt sich häufig darin, dass wir über längere Zeit das Gefühl haben, etwas stimmt nicht mehr in unserem Leben. Obwohl wir vielleicht einen angesehenen Beruf ausüben, genügend Geld verdienen, in einer stabilen Partnerschaft leben und wunderbare Kinder haben – allem Anschein nach scheint etwas zu fehlen.

Schritt 1: Um nicht in der eigenen Entwicklung stecken zu bleiben und Gefahr zu laufen, dass ein ignoriertes Bedürfnis sich irgendwann doch noch und dann vielleicht auf zerstörerische Weise Luft macht, sollten Sie das Gefühl von »etwas stimmt nicht mehr« und entsprechende Gedanken nicht unterdrücken. Oder in Worten der Heldenreise ausgedrückt: »Hören Sie auf den Ruf!« Dieser kann sich auch darin zeigen, dass Sie im Alltag plötzlich etwas tun, was Sie vorher nie getan haben. Vielleicht betreten Sie zum ersten Mal eine Kirche, an der Sie vorher schon x-mal vorbeigelaufen sind. Oder Sie geben dem Bettler, der immer am Gehsteig vor dem Supermarkt sitzt, nun jedes Mal einen Euro, wenn Sie zum Einkaufen gehen. Vielleicht wollen Sie Ihre Haare wachsen lassen oder abschneiden, kochen plötzlich exotische Gerichte statt der üblichen Hausmannskost.

Schritt 2: Zu spüren, dass sich etwas ändern sollte, ist die eine Geschichte, herauszufinden, worum es dabei eigentlich geht, die andere. Dazu kann man sich an den menschlichen

Grundbedürfnissen orientieren (siehe Seite 187). Die Beispiele Kirche und Bettler etwa könnten ein Hinweis darauf sein, dass Sie Ihrem jetzigen Leben noch einen tieferen Sinn – spiritueller oder sozialer Art – hinzufügen wollen. Eine neue Frisur oder Ähnliches weist womöglich darauf hin, dass Sie Ihr Selbstbild ändern möchten. Fragen Sie sich in diesem Fall, was daran für Sie nicht mehr stimmt, welche Persona Sie nun sein wollen und welches Bedürfnis in dem Wunsch nach äußerer Veränderung steckt. Vermutlich geht es um Anerkennung als die Person, die Sie sein wollen. Und Ihre Kochexperimente könnten ein Hinweis darauf sein, dass Sie Ihren Horizont und Ihre Kompetenzen erweitern wollen. Dabei müssen Sie aber nicht unbedingt im Küchendunst verharren. Vielleicht gibt es ja noch andere Bereiche, in denen Sie sich unterfordert fühlen? Wenn Ihnen bewusst ist, worum es im Kern geht, dann können Sie entsprechende konkrete Veränderungen bewusst ansteuern. Das bedeutet auch, dass ein Bedürfnis Sie nicht einfach so vor sich hertreiben kann und Sie sich deshalb auch weniger in tragischen Fehlern verstricken.

- **Tragische Fehler erkennen:** Ein inneres Bedürfnis muss sich nicht unbedingt in dem Gefühl zeigen, dass etwas nicht mehr passt. Entstanden durch Prägungen in der Kindheit, bleibt es oft lange Zeit unbewusst, kann aber in Form von immer gleichen Verhaltens- oder Reaktionsmustern aufpoppen. Spätestens wenn solche Muster Sie wiederholt in Schwierigkeiten bringen und zu einem echten tragischen Fehler werden, lohnt sich ein Blick hinter die Kulissen. Dazu können Sie auf die Arbeit an Ihren Glaubenssätzen (siehe Seite 97–103) und auf Ihr Gefühlstagebuch (Seite 119/120) zurückgreifen:

Möglichkeit 1: Schauen Sie sich noch einmal die Grundbedürfnisse auf Seite 187 an und dann die **Glaubenssätze**, die Sie für sich gefunden haben. Wer gelernt hat, sich selbst für einen Toren zu halten, unterschätzt vermutlich seine Fähigkeiten und verkauft sich unter Wert. Darunter verborgene Bedürfnisse könnten sein, das wahre Potenzial zu erweitern (kognitives Bedürfnis) und einzusetzen (Bedürfnis nach Selbstverwirklichung) und den eigenen Selbstwert zu steigern (Individualbedürfnis). Der Glaubenssatz »Immer ich!« schreibt uns eine Opfer- und Außenseiterrolle zu. Dahinter steckt womöglich ein soziales Bedürfnis, etwa der Wunsch, dazuzugehören und anerkannt zu sein. Bedenken Sie aber: Es gibt hier kein Schema F nach dem Motto, dieser Glaubenssatz verweist auf genau dieses Bedürfnis. Weder bei der Erarbeitung einer Rolle noch bei der Arbeit an sich selbst. Es kommt auf die individuellen Facetten und die individuelle Geschichte an. Entsprechend konkret formulieren Sie Ihr Need, etwa: »Ich will wachsen dürfen«, »Ich will bemuttert werden«, »Ich will respektiert werden« ... Die wichtigste Konsequenz ist dann, nicht von anderen zu erwarten, dass sie Ihr Bedürfnis erfüllen. Sich weiterzuentwickeln, gut zu sich selbst zu sein, sich selbst mit Respekt zu begegnen – all das sind unsere eigenen Aufgaben. Die Übungen in diesem Buch können dabei helfen, sie zu erfüllen.

Möglichkeit 2: Schauen Sie auch in Ihr Gefühlstagebuch. Dort haben Sie notiert, in welchen Situationen welche **Gefühle** auftauchen, ebenso, wie heftig Sie diese Emotionen empfinden. Wenn Sie dieses Tagebuch eine Zeit lang geführt haben, können Sie vermutlich Muster erkennen: Unter welchen Umständen Sie immer wieder in eine emotionale Ausnahmesituation geraten. Auch darin kann sich die Tendenz zu einem Tragic Flaw zeigen und damit auch zu einem wichtigen Bedürfnis. Gehen Ihnen beispielsweise Personen, die sehr selbstüberzeugt auftreten, schrecklich auf die Nerven, und neigen Sie dazu, diese Menschen dann abzuwerten und Bescheidenheit zu predigen? Verspüren Sie womöglich – Hand aufs Herz – vielleicht auch Neid? Dann könnte es durchaus sein, dass Sie sich nach Bestätigung und Selbstbestätigung sehnen. Aber: Auch im Gewühle der Gefühle gibt es kein Schema F, sondern nur Ihren persönlichen Weg.

Möglichkeit 3: Sie können auch der **Schauspielmethode** von Susan Batson folgen. Sie rät für die Erarbeitung einer Film- oder Theaterfigur, sich die Persona genau anzuschauen. Das Gegenteil davon verweist auf das innere Need, den geheimen Kern der Persönlichkeit. Wer eine absolut sozialverträgliche Persona aufzuweisen hat – Erfolg im Beruf und im Ehrenamt, eine wunderbare Familie und für jedes Mitglied die passende Versicherung, Ansehen im Freundeskreis und in der Gemeinde – wird womöglich getrieben vom Wunsch nach Freiheit und Unabhängigkeit. Er oder sie findet vielleicht einen Weg, dieses Bedürfnis zu leben – bei Solo-Auszeiten in der Wildnis etwa –, statt in einen tragischen Fehler zu schlittern und beispielsweise ein ausschweifendes Parallelleben zu führen oder einzelne Mitmenschen immer wieder brutal von sich zu stoßen.

Die drei Dimensionen Persona, Need und Fehler zu durchleuchten, hilft zu erkennen, wer wir sind und wer wir (nicht) sein wollen.

Ich hatte mir eine Persona zurechtgelegt, die sich dem, was gesellschaftlich und in meinem Umfeld von mir erwartet wurde, völlig entgegenstand. Ich wollte keinen typisch weiblichen Beruf erlernen, der sich später stundenweise gut mit der Familienarbeit verbinden lassen sollte. Mein Selbstkonzept war das einer unabhängigen, unkonventionell lebenden Frau. Irgendwie zwischen Karriere und Bohème angesiedelt. Viel später habe ich erkannt, wie sehr das Gegenteil dieses Konzeptes, nämlich das Bedürfnis nach Sicherheit, mich getrieben hat: Ich bin eine Verbindung mit einem gut verdienenden Mann eingegangen, durch die ich sozial abgesichert war. Zwar habe ich zum Lebensunterhalt beigetragen, allerdings nicht entscheidend, zur Hausarbeit nur unwesentlich. So konnte ich meine »Künstlerpersönlichkeit«, die sich mit Büchern und Theater beschäftigt, aufrechterhalten. So begab ich mich aber auch in eine große Abhängigkeit, und Persona und Need gerieten ziemlich in Konflikt, der sich irgendwann in heftigen Panikattacken äußerte. Hinzu kam noch, dass ich viel zu selbstunsicher war, um so wild zu leben, wie ich mir das vorstellte. Beruflichen Herausforderungen bin ich aus dem Weg gegangen, sodass Kunst und Karriere zwar in meinem Kopf herumspukten, aber nicht so richtig verwirklicht wurden. Das verstärkte die materielle Abhängigkeit noch, und ich verharrte viel zu lange in einer Beziehung, die nicht mehr stimmte.

Irgendwann war klar, dass es so nicht weitergehen konnte, ich erhörte den Ruf der Panikattacken, und es folgte ein langer Ablösungs- und Veränderungsprozess. Schließlich suchte ich mir einen Job in einer Arztpraxis, den ich über viele Jahre circa 15 Stunden die Woche ausübte. So hatte ich in kleines, aber fixes Einkommen, den Rest verdiente ich als freiberufliche Lektorin. Ich schloss auch eine spießige Lebensversicherung ab und kümmere mich heute um den Haushalt. Ja, meine jetzige Persona ist sogar verheiratet. Mein Mann und ich führen zusammen ein Leben, das uns beiden Sicherheit und Freiheit bietet, wir machen zusammen Theater, veranstalten kulturelle und kulinarische Abende in unserer Wohnung ... und wissen, dass es so stimmt.

WIE DAS ICH ENTSTEHT

Mit der Frage, was das Ich oder das Selbst eigentlich ist, haben sich Philosophen über die Jahrhunderte hinweg beschäftigt. Auch in diesem Buch sind Sie dem Thema schon einmal begegnet, nämlich im Kapitel über Faust und den Buddhismus (siehe Seite 59–80). Da man davon ausgehen kann, dass bewusst und aktiv betriebene Persönlichkeitsentwicklung sowie das zentrale Besteck dafür, nämlich die Selbsterfahrung und die Selbstbeobachtung, ohne ein Ich keinen Bezugspunkt hätte und gar nicht möglich wäre, gehe ich kurz der Frage nach: Was ist eigentlich unser Ich oder unser Selbst?

Heutzutage bemühen sich nicht nur Philosophen, sondern vor allem Psychologen und Hirnforscherinnen um die Beantwortung dieser Frage. Zusammenfassend haben meine Recherchen zu dem

Thema Folgendes ergeben: Das, was wir gemeinhin als unser Ich oder unser Selbst bezeichnen, ist nicht einfach vorhanden. Es bildet sich im Lauf von Kindheit, Jugend und jungem Erwachsenenalter heraus. Dieser entwicklungspsychologisch und neurobiologisch komplizierte Prozess beginnt schon mit der Geburt: Ein Baby erlebt seinen Körper, beispielsweise weil es Hunger hat, friert oder sich wohlfühlt. Ab dem dritten Lebensmonat etwa macht es die Erfahrung, gezielt greifen – also handeln – zu können. Mit etwa anderthalb Jahren erkennt ein Kleinkind sich selbst im Spiegel, und mit etwa vier Jahren ist es in der Lage, sich in die Gedanken eines anderen hineinzuversetzen und dessen Verhalten vorherzusagen. Diese Fähigkeit zum Perspektivwechsel bedeutet letztlich, dass wir zwischen einem Innen und einem Außen unterscheiden. Oder anders gesagt: Das Ich erlebt sich als von anderen Ichs getrennt. (Das zeigt sich auch im menschlichen Gehirn: Forschungen haben zu dem Ergebnis geführt, dass unterschiedliche Hirnregionen aktiv sind, je nachdem, ob wir ein Bild von uns selbst oder das von anderen betrachten.) Im Schulalter und der Pubertät kommen dann mehr und mehr das Vergleichen mit anderen (vor allem Gleichaltrigen) und die Abgrenzung von anderen (insbesondere den Eltern) ins Spiel, wobei Letzteres sich in neuen Verhaltensweisen und sprachlichen Auseinandersetzungen zeigt. Schließlich bildet sich nach vielen Entwürfen und Verwerfungen (im zweifachen Wortsinn) die Vorstellung von einem eigenen Selbst heraus.

VERANLAGUNG UND EINFLÜSSE VON AUSSEN

Auch wenn die Ich-Werdung bereits im Babyalter einsetzt, haben wir zunächst noch keine Vorstellung davon, wer wir sind. Deshalb werden wir in der frühen Phase unserer Entwicklung stark von außen und durch andere geprägt. Je nachdem, welche positiven und negativen Erfahrungen uns auf den ersten Etappen unseres Lebensweges begegnen (Erfolge, Niederlagen, Lob, Tadel, Kränkungen, Zuwendung ...), bilden und verfestigen sich entsprechend Unmengen an neuronalen Verknüpfungen im Gehirn – die biologische Grundlage unserer Individualität. Und es entsteht mit diesem Prozess in uns ein Bild von uns selbst, ein »Selbstkonzept«. Es umfasst alles, was wir über uns denken, wie wir uns einschätzen, beurteilen und bewerten. Das Ich ist also das Empfinden, DASS wir uns von anderen unterscheiden, das Selbst beschreibt unsere Identität, also das, WORIN wir uns unterscheiden. Wobei dieses Selbst(-konzept) nicht frei von uns erfunden, sondern stark geprägt ist vom Umfeld und unserer Auseinandersetzung damit.

Nicht zuletzt spielen aber auch genetische Anlagen eine Rolle für die Persönlichkeit. So haben zwar alle Kinder einen Drang, ihre Umgebung zu erforschen, aber sie tun es auf sehr verschiedene Weise, gehen also zum Beispiel forsch oder schüchtern auf die Welt zu, reagieren mehr oder weniger abweisend auf Fremde. Solche Eigenschaften haben Einfluss darauf, wie ein Kind mit den Gegebenheiten und Anforderungen seines Umfeldes umgeht, wie es darin agiert und wie es darauf reagiert. Und sein Verhalten wiederum beeinflusst das Umfeld – ein ängstliches Kind beispielsweise wird bei seinen Eltern ein anderes Verhalten hervorrufen als ein draufgängerisches Kind. Man kann also von einer Wechselwirkung ausgehen: Die Umwelt beeinflusst unsere Entwicklung, und wir beeinflussen auch die Welt um uns herum.

WANDLUNGSFÄHIGER ALS LANGE GEDACHT

In der Forschung gilt heute als gesichert, dass unsere Persönlichkeit zu 30 bis maximal 50 Prozent auf Veranlagung beruht. Das heißt, unsere Gene haben einen Einfluss darauf, wie die Kommunikation zwischen den Nervenzellen im Gehirn abläuft, und damit darauf, wie wir Dinge erleben oder wie wir uns verhalten. Allerdings weiß man heute, dass unser Erbgut wesentlich flexibler ist, als Genforscher lange Zeit angenommen haben. Denn was von unserer genetischen

Ausstattung tatsächlich in uns zum Tragen kommt, darauf hat die Umwelt erheblichen Einfluss, wie der relativ junge Forschungszweig der Epigenetik zeigt (siehe Seite 198).

Menschen sind also bis ins Genom und ins Gehirn hinein stark biografisch geprägt, auch was unsere Persönlichkeit betrifft. Und die ist damit ebenfalls flexibler als lange gedacht.

Früher sind Psychologen davon ausgegangen, dass die Persönlichkeitsentwicklung spätestens zum 30. Lebensjahr abgeschlossen ist. Tatsächlich aber verändern wir uns im Lauf des gesamten Lebens und passen uns immer wieder an neue Situationen und sich wandelnde Gegebenheiten an. Unsere Persönlichkeit ist ständig im Fluss, weil wir ständig mit der äußeren Welt im Austausch stehen. Jede Entscheidung, die wir treffen, und alles, was uns widerfährt, hat Einfluss auf unsere Eigenschaften, unser Verhalten und unser Selbstkonzept. Wer Vater wird oder Chefredakteurin, Rentnerin oder Arbeitsloser – in allen Fällen verändert er (oder sie) sich. Bestimmte Eigenschaften treten in den Vordergrund, andere werden weniger wichtig oder sie zeigen sich auf eine andere Art. Mit allem, was wir tun oder nicht tun, nehmen wir Einfluss auf unser Umfeld, und das, was wir dort auslösen, wirkt wiederum auf uns zurück. So sind nicht nur Körper, Geist und Seele in ständiger Wechselbeziehung miteinander verbunden, sondern diese – und damit wir selbst – stehen auch in dauerndem Austausch mit der Außenwelt.

IM FLUSS UND DOCH AUCH STABIL

Wenn der Mensch sich Zeit seines Lebens so stark im Wandel befindet, wie es neuere Forschungen nahelegen, kann man sich fragen, ob deren Ergebnisse zwei wesentliche Annahmen des Buddhismus (siehe Seite 69) – nämlich Anicca (alles ist im Fluss) und Anatta (das Ich/Selbst ist reine Illusion) – untermauern. Im ersten Fall zumindest nähern sich wissenschaftliche Erkenntnisse und buddhistisches Denken stark aneinander an. Denn dass wir uns auch im Erwachsenenalter noch entwickeln und immer wieder verän-

Was ist Epigenetik?

Lange Zeit hielten Wissenschaftler und Forscherinnen die genetische Veranlagung des Menschen für gegeben und unbeeinflussbar, auch die Anlage für unsere Persönlichkeit und unser Verhalten. Epigenetische Forschungen zeigen jedoch, dass oberhalb (griechisch: »epi«) der Ebene unseres Erbgutes biochemische Prozesse die Aktivität einzelner Gene steigern oder drosseln, ja sogar an- oder abschalten. Diese Steuerungsprozesse wiederum sind stark von der Umwelt beeinflusst. »Mit anderen Worten: Das Leben hinterlässt epigenetische Spuren«, schreibt der Biologe, Musiker und Autor Bernhard Kegel im Zusammenhang mit der Forschung zu eineiigen Zwillingen. Und weiter: »Ältere Zwillingspaare sind genetisch identisch, aber epigenetisch verschieden, und die Abweichungen sind umso größer, je unterschiedlicher das Leben der beiden Zwillinge verlaufen ist.« Solche epigenetischen Unterschiede bei eineiigen Zwillingspaaren sind zwar nicht ausschließlich, aber doch zu einem sehr großen Teil durch unterschiedliche Umwelterfahrungen bedingt. Es besteht eine Wechselwirkung zwischen Genen und Lebensumständen.

dern – wenn auch in weniger ausgeprägtem Maße als in der Zeit des Heranwachsens, des Berufseinstieges und der Familiengründung –, steht außer Frage. Wir befinden uns nachgewiesenermaßen ständig im Fluss. Dennoch lässt sich nicht leugnen, dass wir uns als relativ stabile innere Einheit erleben, obwohl wir einem ständigen Wandel unterliegen. Bei allen Veränderungen sind wir uns doch unser Leben lang sicher, immer der- oder dieselbe zu sein. (Wobei es natürlich Ausnahmen gibt, etwa bei Drogenkonsum oder psychiatrischen Krankheiten.) Auch unsere Außenwelt mag zwar Veränderungen unserer Persönlichkeit wahrnehmen, die Aussage »Sie ist ein ganz anderer Mensch geworden« weist aber maximal auf einen starken Wandel hin, nicht auf einen Zweifel an der Identität der Betreffenden. Die Vorstellung von einem stabilen Ich hat eine wichtige Funktion: Sie verschafft einen Fixpunkt und damit Orientierung in einer hochkomplexen und ständig sich wandelnden Welt. Diese innere Stabilität ist für ein psychisch gesundes Leben wesentlich. Das sogenannte »wahre« Ich oder Selbst, das irgendwo in uns verborgen wäre, das wir freilegen und von allem Äußeren lösen müssten, um glücklich zu sein, ist nach heutigem Stand der Wissenschaft allerdings tatsächlich eine Illusion. An dieser festzuhalten würde bedeuten, etwas außer Acht zu lassen, was uns Menschen zu einem großen Teil ausmacht, nämlich die Fähigkeit, sich auf die unterschiedlichen Anforderungen des Lebens einzustellen, sich Situationen anzupassen oder sich ihnen zu widersetzen. Wer die eigene Flexibilität anerkennt, tut sich leichter im Leben als diejenigen, die ein wahres Ich annehmen oder ein starres Selbstkonzept entwerfen und permanent danach suchen und danach leben wollen. In diesem Sinne kann das Anhaften am eigenen Ich tatsächlich Leid verursachen, wie es die buddhistische Lehre nahelegt.

»Wer fertig ist, dem ist nichts recht zu machen;
Ein Werdender wird immer dankbar sein.«
VERS 182–183 (LUSTIGE PERSON IM VORSPIEL AUF DEM THEATER)

Aber auch die Verleugnung eines Ichs scheint nicht von Leid zu befreien: Ein Forscherteam hat herausgefunden, dass Buddhisten, im Vergleich zu einer Kontrollgruppe aus Christen und Hindus, sich umso mehr vor dem Tod fürchteten, je weniger sie von der Existenz eines Ichs überzeugt waren – am meisten tibetische Mönche und Nonnen. Die Forscher schließen daraus, dass die Betreffenden sehr wohl ein Ich-Gefühl haben und lebenslang eine Identität empfinden. Untermauert wird die Schlussfolgerung damit, dass es zahlreiche Autobiografien von hochspirituellen Tibetern gibt und diese sich in ihrer Rückschau klar mit sich selbst in der Vergangenheit identifizieren. Offenbar sind Ich-Gefühl und Identität durch die Lehre vom Nicht-Ich nicht wegzukriegen. Diese triggert anscheinend die Angst vor dem Verschwinden sogar noch. Ebenfalls interessant hier: Die Nonnen und Mönche erwiesen sich in der Studie auch als besonders egozentrisch.

Zusammenfassend könnte man also sagen, Anicca entspricht erstaunlich gut neuesten Erkenntnissen aus der Persönlichkeitsforschung, Anatta eher weniger, denn das Selbst ist zwar durchaus ein Konstrukt, das unser Gehirn unter dem Einfluss und im Austausch mit der Umwelt erschafft, und es ist nichts Starres, sondern fluide, also im Fluss. Daraus zu schließen, dass Ich und Selbst gar nicht existieren, wäre aber über das Ziel hinausgeschossen. Nicht zuletzt auch deshalb, weil sich unsere Persönlichkeit auch im Körper manifestiert.

EMBODIMENT ODER: WIR SIND VERKÖRPERLICHT

Im ersten Kapitel des Buches wurde der enge Zusammenhang zwischen Körper, Geist und Seele ausführlich beschrieben (siehe Seite 8–25). In den hier vorhergehenden Abschnitten ist deutlich geworden, dass unsere Persönlichkeit und damit unser Denken und Fühlen in ständigem Austausch mit der Umwelt steht. Ein Konzept aus der Psychologie, das diesen beiden Punkten gerecht wird, ist das »Embodiment«, was man mit »Verkörperung« übersetzen kann. Interessant ist, dass die Psychologin und Psychoanalytikerin Maja Storch, eine Pionierin der Embodiment-Forschung und -Anwendung, in dem Buch *Embodiment. Die Wechselwirkung von Körper und Psyche verstehen und nutzen* unter vielen anderen auch die Untersuchungen von Susana Bloch (siehe Seite 129–143) vorstellt, um das Embodiment-Konzept zu untermauern. Und sie verweist kurz auch auf die Schauspielmethode von Michael Chekhov. Das Konzept des Embodiments ist durch folgende Punkte definiert:

• Geist und Psyche stehen immer in Bezug und Wechselwirkung zum gesamten Körper, und geistige Leistungen, psychische Zustände und der Körper wiederum sind eingebettet in die uns umgebende Umwelt und stehen mit dieser in Bezug und Wechselwirkung.

• Wegen dieses wechselseitigen Zusammenhangs von Geist, Seele, Körper und Umwelt bedeutet Embodiment, dass sich psychische Zustände ebenso wie Lebenserfahrungen nicht nur im Gehirn, sondern auch körperlich – etwa in Haltung und Mimik – niederschlagen.

• Aufgrund der gegenseitigen Einflüsse zwischen Körper, Geist, Seele und Umwelt ergibt sich außerdem, dass unsere Ich-Werdung und die Herausbildung unseres Selbsts unabdingbar an Körperempfindungen und Handlungen gebunden sind. Hunger und Greifen (siehe Seite 195) sind Beispiele dafür. Aber auch mentale Fähigkeiten erwerben wir nicht rein geistig, sondern über den Körper: Jedes Kind lernt das Zählen, indem es zunächst seine Finger dafür zu Hilfe nimmt. Und würde es sich nicht von Anfang an aktiv bewegen, könnte es keine räumliche visuelle Wahrnehmung entwickeln.

Aus all dem ergibt sich, dass Persönlichkeitszüge und psychische Zustände am besten zu beeinflussen sind, wenn der Körper einbezogen wird. Denken Sie an die Abschnitte über das Einverleiben von Gedanken und das Verkörpern von Zielen zurück (siehe Seite 106–112) oder an die über das Eratmen von Gefühlen (siehe Seite 136/237). Dort haben Sie mit Embodiment bereits praktische Bekanntschaft gemacht, theoretische im Abschnitt über psycho-physische Zusammenhänge (siehe Seite 12–16).

Kleine Körperschulung

So manches Ziehen, Stechen oder Kribbeln im Bewegungsapparat resultiert aus einer Haltung, die wir uns im Lauf des Lebens angewöhnt haben. Sei es aufgrund unserer Persönlichkeit, sei es aufgrund unseres Lebensstils (langes Sitzen am Schreibtisch zum Beispiel). Vor jeder Arbeit an einer Rolle und vor jeder Probe mache ich deshalb eine Körperübung, die diese individuelle Körperlichkeit bewusst macht und bis zu einem gewissen Grad neutralisieren kann. Sie können das für sich im Alltag ebenfalls anwenden.

Den Körper neutralisieren:

- Stellen Sie die Fersen so aneinander, dass die Füße einen rechten Winkel bilden. Verlagern Sie dann das Gewicht auf die Fußballen und drehen Sie die Fersen so weit nach außen, dass die Füße fast parallel stehen – sie bilden ein ganz leichtes V, wobei die Fersen ein klein wenig näher beieinanderstehen als die großen Zehen. Verteilen Sie dann das Gewicht gleichmäßig auf Fersen und Ballen.

- Die Knie nicht durchstrecken und so ausrichten, dass die Kniescheiben nach vorne zeigen. Das Becken ist aufgerichtet, fällt also nicht nach vorne oder hinten. Die Oberschenkelmuskulatur ist ganz leicht nach außen gedreht.

- Stellen Sie sich nun vor, wie sich Sitzbeinhöcker und Steißbein Richtung Boden ausdehnen, während Sie vom höchsten Punkt des Kopfes aus leicht Richtung Decke gezogen werden. Die Vorstellung überträgt sich auf den Körper und die Wirbelsäule richtet sich auf natürliche Weise auf.

- Der Brustkorb befindet sich genau über dem aufgerichteten Becken. Die Arme hängen leicht angewinkelt nach unten, die Muskeln der Oberarme sind ganz leicht nach außen gedreht. Stellen Sie sich vor, die Ellenbogen dehnen sich nach unten aus (ohne es aktiv zu versuchen).

- So ausgerichtet findet der Kopf fast von selbst seine natürliche Haltung: Er schwebt über dem Hals, wie auf einem Luftkissen. Eine hilfreiche Vorstellung für das Aufrichten der Wirbelsäule und das Schweben des Kopfes ist ein dünner Faden, der vom Oberkopf aus behutsam Richtung Decke zieht.

- Die Gesichtsmuskulatur ist entspannt, aber nicht schlaff.

- Verbinden Sie zur Unterstützung die neutrale Haltung mit dem neutralen Atemmuster, wie Sie es auf Seite 133 kennengelernt haben.

Körperbewusstsein und Aufmerksamkeit trainieren:

- Wenn Sie die neutrale – weder erschlaffte noch angespannte – Körperhaltung eingenommen haben, dann bleiben Sie einige Minuten so. Lösen Sie dann die Haltung auf und lassen Sie „Ihre" Körperhaltung wieder zu.

- Wechseln Sie mehrmals zwischen der neutralen Körperhaltung (die sich vermutlich zunächst unnatürlich anfühlen wird) und Ihrer persönlichen Körperhaltung. Beobachten Sie, was passiert, wo die Unterschiede liegen.

- Wenn Sie diese Übung einige Male gemacht haben, gehen Sie in der neutralen Körperhaltung im Raum umher. Bleiben Sie aufmerksam bei Ihrem Körper. Gehen Sie – falls sie verloren geht – immer wieder in die neutrale Haltung zurück.

- In einem nächsten Schritt versuchen Sie beim Herumgehen, die Dinge im Raum bewusst wahrzunehmen und die neutrale Körperhaltung beizubehalten. Anfangs wird Ihre Aufmerksamkeit wahrscheinlich stark hin und her springen, mehr und mehr wird jedoch diese getrennte zu einer geteilten Aufmerksamkeit und Ihr Bewusstsein kann Körper und Raum fast gleichzeitig im Blick haben.

Wenn Sie im Alltag merken, dass Sie gestresst und angespannt sind, können Sie mit Ihrem nun gut trainierten Körperbewusstsein und Ihrer geschulten Aufmerksamkeit in die neutrale Körperhaltung zurückgehen – ohne dass Sie Ihre Tätigkeit oder ein Gespräch unterbrechen müssen. Im Zusammenspiel von Körper und Bewusstsein entspannen Sie sich. KGS und Achtsamkeit lassen grüßen.

Schauspieler und Schauspiellehrer Michael Chekhov wusste nichts vom Embodiment-Prinzip und den dazugehörigen Forschungen auf dem Gebiet der Psychologie und Neurowissenschaften. Intuitiv hat er aber genau nach diesem Prinzip gearbeitet. Körperzentrum (siehe Seite 76) und psychologische Geste (siehe Seite 108/109) sind Beispiele dafür, wie stark er den Körper in die schauspielerische Arbeit einbezieht. In einem meiner letzten Chekhov-Workshops bei Sarah Purcell (Chekhov International Academy, Berlin) sollten wir Teilnehmerinnen – unter anderem – für Anfang und Ende eines kurzen Monologes jeweils eine psychologische Geste finden und diese beiden fließend miteinander verbinden. Die Bewegung haben wir häufig wiederholt, modifiziert und verfeinert, erneut wiederholt ... Am Ende des zweiten Tages ging es dann darum, den Monolog vorzutragen. Die gefundene Geste haben wir davor noch ein paarmal ausgeführt, beim Vorspiel dann natürlich nicht mehr. Genauer gesagt, wir haben sie nur noch Kraft unserer Vorstellung mit unserem inneren, imaginären Körper ausgeführt.

Der Sinn dieses Vorgehens – das dem Schauspiel erwiesenermaßen Tiefe verleiht, wodurch es erst nach außen wirkt – kann heute wissenschaftlich untermauert werden. So wurde in zahlreichen Untersuchungen nachgewiesen, dass geistige Fähigkeiten und psychische Zustände auch motorisch (als Bewegung) im Gehirn abgebildet sind: Beispielsweise rechnen auch Erwachsene innerlich und unbewusst noch mit den Fingern. Lesen wir Buchstaben, sind dieselben Hirnareale aktiv wie beim Schreiben. Beim Anblick eines Werkzeuges und sogar beim Gedanken daran wird innerlich die Bewegung simuliert, die wir bei der Verwendung des Werkzeugs ausführen. Und selbst moralische Werte scheinen an eine Handlung und die entsprechende Bewegung gebunden zu sein. Das legen jedenfalls Studien nahe, die an der University of Toronto durchgeführt wurden. Eine davon verlief folgendermaßen: Die Probanden sollten sich an eine eigene unmoralische Tat erinnern. Als Belohnung für die Teilnahme an der Studie wählten sie dann eher ein Desinfektionstuch als einen Stift, und sie fühlten sich weniger schlecht, nachdem sie sich die Hände gereinigt hatten. Hier haben wir es mit dem Macbeth-Effekt zu tun, benannt nach Shakespeares schottischer Tragödie. Darin versucht Lady Macbeth – allerdings vergeblich – ihre Schuld zu tilgen, indem sie einen imaginären Blutfleck von ihren Händen reibt.

Und Mephisto? Der hat als Teufel und Trickster, wie wir gesehen haben, kein Problem mit Moral und Schuld und muss sich daher auch nicht die Hände in Unschuld waschen.

WIE VIEL MEPHISTO STECKT IN UNS?

Was kann uns nun dieser Mephisto fürs wirkliche Leben sagen, wenn wir ihn mit dem Thema Ich, Selbst und Persönlichkeit in Zusammenhang bringen? In jedem Fall kann diese Figur als literarisches Bild für unsere Wandelbarkeit stehen. Wenn man bedenkt, dass wir stetig im Austausch mit unserer Umgebung agieren und reagieren – sowohl emotional als auch in Handlungen –, dann könnte man schon auf die Idee kommen, dass wir Menschen ein klein wenig als Trickster angelegt sind. Kommt noch hinzu, dass wir momentane Zustände auch bewusst beeinflussen und Persönlichkeitszüge ein Stück weit verändern können, wenn äußere Umstände oder innere Triebfedern uns dazu auffordern. Flexibilität und Wandlungsfähigkeit sind nicht nur des Pudels, sondern auch des Menschen Kern. Insofern steckt eine ganze Menge Mephisto in uns. Jedoch stehen uns, anders als ihm, keine Zauberkünste zur Verfügung. Wir können nicht einfach Siebenmeilenstiefel anziehen oder uns auf einen Zaubermantel setzen, um uns in eine andere Wirklichkeit zu katapultieren. Und wir schaffen es nicht, uns kurzerhand in ein Tier zu verwandeln – auch wenn wir alle wohl Situationen kennen, in denen wir uns am liebsten in ein Mausloch verkrochen hätten. Die vorhergehenden Kapitel und Abschnitte haben es gezeigt: Ob wir uns von Gedanken befreien, unsere Gefühle regulieren, die eigene Biografie unter die Lupe nehmen oder unseren Bedürfnissen nachspüren – wir können uns verändern und lernen, mit Veränderungen, die wir nicht in der Hand haben, zurechtzukommen. Doch muss man dazu sehr viel mehr Energie und Zeit aufwenden als ein Trickster. Mephisto steht indirekt also auch für die Grenzen unserer eigenen Veränderungsmöglichkeiten. Weder sind wir allmächtig wie ein Gott (und wie Faust es so gern wäre), noch sind wir trick- und listenreich wie der Teufel. Weder Gott noch Teufel – das gilt auch für die Frage nach Gut und Böse.

WIR SIND DIVERS UND KOMPLEX

Wie die Ausführungen zum Need beziehungsweise zu Bedürfnissen und zur Entwicklungspsychologie gezeigt haben, besteht unsere Persönlichkeit nicht nur aus dem, wofür wir uns halten. Wir alle haben unsere unbewussten Anteile, die sich auf unsere Weltsicht, unsere Emotionen und unser Handeln auswirken – nicht immer nur zum Besten für andere und uns selbst. Wir alle haben eben auch unsere dunklen Seiten und unsere Fehler. Der Teufel ist – logisch – kein Heiliger, der Mensch aber ebenso wenig. Zwar sehen wir uns selbst manchmal so (siehe Kasten Seite 207), aber damit machen wir es uns zu einfach. In moralischer Hinsicht steckt also ebenfalls ein wenig Mephisto in uns. Das heißt auch, wir sind wesentlich komplexer gestrickt, als wir wahrhaben (wollen). Und das gilt genauso für diejenigen, die statt der rosa eine schwarze Brille tragen und sich hartnäckig für minderbegabt oder moralisch verwerflich halten.

Komplex sind auch die dargestellten Zusammenhänge zwischen Körper, Geist, Seele und Umwelt (siehe Seite 200–201). Die Ausführungen dazu haben gezeigt, dass die Persönlichkeit vielfältige Facetten aufweist, oder zumindest aufweisen kann, wenn

Selbstwahrnehmung

Wissenschaftliche Erkenntnisse aus der Persönlichkeitsforschung zeigen, dass es nicht so einfach ist, sich selbst objektiv wahrzunehmen. Das liegt unter anderem an folgenden Phänomenen.

Better-than-Average-Effekt: Er besagt, dass viele Menschen dazu neigen, wünschenswerte Eigenschaften und Fähigkeiten bei sich selbst als überdurchschnittlich einzuschätzen (englisch average = Durchschnitt). Das heißt, wir halten uns gern für besser als alle anderen – klüger, moralischer, begabter … (Sogar bei inhaftierten Straftätern ist das so.) Dabei messen wir uns selbst eher an unseren herausragenden Leistungen, also den Ausreißern nach oben, und ignorieren die weniger guten.

Dunning-Kruger-Effekt: Die beiden Sozialpsychologen David Dunning und Justin Kruger sind diesem Phänomen auf die Spur gekommen. Dahinter steckt die Neigung mancher Menschen, sich gerade in solchen Wissensfeldern zu überschätzen, in denen sie keinerlei Expertise aufweisen. Mit der Selbstüberschätzung geht gleichzeitig das Unterschätzen der Kompetenzen von Fachleuten einher sowie die Unfähigkeit, die eigene Inkompetenz – aufgrund eben dieser mangelnden Kompetenz – zu erkennen.

man sich nicht an ein bestimmtes Selbstbild klammert. Dieser Facettenreichtum ist wichtig, da im Leben nicht immer dieselben Eigenschaften gefragt sind: Eine Firmenchefin wird tagsüber als Führungsperson andere Register ziehen müssen als am Abend, wenn sie ihr Kind zu Bett bringt; ein Fußballfan wird sich im Stadion anders zeigen als in der Kirche, der Moschee oder der Synagoge.

Alles in allem sind wir also komplexe und diverse Persönlichkeiten. Vieles spricht dafür, das anzuerkennen, obwohl es natürlich so manche inneren und äußeren Widersprüche und Konflikte mit sich bringt. Zu starke Vereinfachung hat nämlich viele Nachteile für die Gemeinschaft und für die Einzelnen. Der Psychologe, Journalist und Autor Heiko Ernst beschreibt die zunehmende Polarisierung unterschiedlicher gesellschaftlicher Gruppen dahingehend, dass sich deren Angehörige durch nur eine einzige zentrale Überzeugung, genau einen Lebensstil oder eine bestimmte Regel definieren. Auch die Identität von anderen schreiben sie auf nur einen Punkt fest. Diese »Selbstverzwergung« und »Schubladisierung« führt nicht nur dazu, sich immer noch intoleranter und feindseliger gegen andere abzugrenzen. Auch wesentliche Anteile der eigenen Persönlichkeit werden ausgeblendet und können nicht gelebt werden. Bezugnehmend auf eine Studie der Psychologin Patricia W. Linville führt Ernst aus: Unterkomplexität macht Menschen emotional anfälliger, denn jedes Hinterfragen der eigenen Position von außen wird als Angriff auf das gesamte Ich empfunden. Wenn man dagegen die Diversität und Komplexität der eigenen Persönlichkeit akzeptiert und sogar kultiviert, ist man besser gefeit gegen Rückschläge und Niederlagen in einem Bereich, weil man aus anderen Bereichen nach wie vor innere Stärke ziehen kann. Und – auch nicht ganz unwichtig – man kann respektvoller miteinander umgehen.

SELBSTAKZEPTANZ UND WEITER-ENTWICKLUNG – EIN WIDERSPRUCH?

Nun hat uns Mephisto also zu einem Thema geführt, das wichtig ist für die eigene Persönlichkeitsentwicklung, auch wenn der Begriff erst mal gar keine Entwicklung zuzulassen scheint: Selbstakzeptanz. Heißt Selbstakzeptanz nicht, »am besten bleib ich, wie ich bin«? Das ist natürlich gar nicht möglich, weil wir uns ja im Lauf des Lebens und durch vielfältige Erfahrungen automatisch verändern und weil wir auch im Alltag ständig im Fluss sind und jeden Tag verschiedenste Persönlichkeitsfacetten durchlaufen. Die Frage ist aber: Lasse ich alles einfach geschehen oder will ich darauf Einfluss nehmen – etwa weil ich mir selber auf die Nerven gehe, wenn ich bei jeder kleinsten Gelegenheit zum Dramababy mutiere, weil ich in Gruppen zu schüchtern bin oder wahlweise zu viel rede, weil ich mit einem Kollegen Probleme habe oder weil …

Wie aber gehören nun bewusste Einflussnahme auf mich selbst und Selbstakzeptanz zusammen? Ich setze zur Beantwortung dieser Frage noch einmal am Punkt Diversität und Komplexität an: Indem wir akzeptieren, dass wir weder eine durchweg moralisch hochstehende noch eine durch und durch homogene Persönlichkeit sind, erkennen wir uns selbst an, so, wie wir sind – unvollkommen und widersprüchlich –, und nicht als die, die wir gerne wären – nämlich überdurchschnittlich begabte Gutmenschen. Eine solche Haltung mag zwar so manch innere und äußere Konflikte mit sich bringen, aber die gilt es auszuhalten und auszubalancieren. Von dieser Art von Selbstakzeptanz ausgehend lässt sich erkennen, wo vielleicht Korrekturbedarf besteht, ob wir etwas an uns verändern wollen, und wenn ja, was.

»Allwissend bin ich nicht, doch viel ist mir bewusst!«

VERS 1582 (MEPHISTO)

209

Selbstakzeptanz heißt also keinesfalls Kritiklosigkeit mir selbst gegenüber, weil ich mich für die Beste halte (das wäre Selbstüberschätzung). Sie legt den Fokus aber auch nicht in erster Linie auf meine Fehler und Unzulänglichkeiten (das käme einer Selbstverachtung gleich). Eher geht es um ein wohlwollendes Annehmen. Die bisherigen Übungen in diesem Buch können dabei helfen, zwischen rosa und schwarzer Brille zu balancieren: Durch die Achtsamkeitsmeditation (siehe Seite 90–91) kann man Abstand von sich selbst gewinnen und sich selbst mit mehr Offenheit betrachten. Das Feedback von anderen (siehe Seite 189) kann auf blinde Flecken – Stärken wie Schwächen – hinweisen und zu einem objektiveren Selbstbild führen. Auch die Übungen in den Kapiteln über Gedanken, Gefühle und Held(inn)enreise können dabei unterstützen, mit den eigenen schwierigen Seiten umzugehen. Schließlich und endlich kann auch die Mettameditation (siehe Seite 74-79) mit ihren positiven Wünschen für uns selbst zur mehr Selbstakzeptanz führen.

Doch wie geht es nun weiter mit unserem Titelhelden? Das lesen Sie nach einem kleinen Exkurs im letzten Kapitel dieses Buches.

HOMUNKULUS UND HELENA
ODER: WISSENSCHAFT UND KUNST

Zeit seines Lebens war Goethe nicht nur Dichter, sondern auch
Wissenschaftler. Naturerforschung und Sprachkunst, Erkenntnis und
kreatives Schaffen waren ihm gleichermaßen wichtig und haben
sich wechselseitig befruchtet. Das schlägt sich auch im *Faust* nieder.
Am Anfang des ersten Teils beschäftigt sich Faust ja intensiv mit
Wissenschaft und Erkenntnis. Am Ende des zweiten Teils, im fünften
Akt, kommt auch noch die Technik ins Spiel. Der zweite und dritte
Akt des zweiten *Faust*-Teils dagegen sind wohl das Fantastischste,
was die Dramenliteratur (nicht nur der Goethezeit) aufzubieten hat.
Der Dichter selbst nennt zwar nur den dritten Akt, wenn Helena und
Faust beziehungsweise Antike und Mittelalter aufeinandertreffen, eine
»Phantasmagorie«, doch auch schon die »klassische Walpurgisnacht«,
die den allergrößten Teil des zweiten Aktes umfasst, lässt an Fantasy
nichts zu wünschen übrig, trifft man hier doch auf einen riesigen
bunten Reigen an mythologischen Gestalten. Umfassend auf diese Teile
einzugehen würde definitiv den Rahmen dieses Buches sprengen. Ich
möchte aber die entsprechenden Szenen nicht einfach unterschlagen.
Da sie auch im Faustdrama eine Sonderstellung einnehmen, finden sich
die folgenden Ausführungen dazu außerhalb der übrigen Kapitel auf
Sonderseiten.

OPTISCHE ILLUSION

Alles fängt an mit einer optischen Projektion: Faust, den Mephisto
nach dessen Burnout am Ende des ersten Teils in die Schaltzentralen
der Macht einführt, nämlich an einen Kaiserhof, wird dort zu einer
Art Eventmanager. Der Kaiser wünscht, die schöne Helena leibhaftig
vor sich zu sehen, und Faust greift zu einem damals probaten Mittel,
nämlich zur Laterna magica (Zauberlaterne). Was zur damaligen
Zeit wie Zauberwerk erscheinen mochte, ist physikalisch-technisch
schnell erklärt: Im Inneren eines Kastens mit Loch befindet sich eine

Lichtquelle, etwa eine Öllampe, die durch einen Spiegel verstärkt wird. Ein Linsensystem vergrößert auf Glasplatten gemalte Bilder, die zwischen dem Kasten und den Linsen hindurchgeführt werden. Durch die Aneinanderreihung einzelner Bilder entsteht die Illusion von sich bewegenden Figuren. Im Theater der Goethezeit war es üblich, diese Bilder auf Rauch zu projizieren, sodass der Eindruck entstand, die Figuren befänden sich leibhaftig im Raum. Dieses Verfahren wurde »Phantasmagorie« genannt. Faust ist so ergriffen von der realistisch wirkenden, aber künstlich erzeugten Helena, dass er sie fassen will. Illusion und Wirklichkeit geraten ihm durcheinander. Durch sein (Ein-) Greifen verflüchtigt sich der Rauch und mit ihm die Projektion der schönen Dame. Faust geht dann auch noch auf Paris los, der Helena rauben will, und stößt dabei vermutlich in die Laterna magica. Jedenfalls endet die Szene mit einer Explosion.

HOMUNKULUS, DIE KÜNSTLICHE INTELLIGENZ

Mephisto, ziemlich sauer, bringt den ohnmächtigen Faust zurück in dessen altes Studierzimmer. Dem ehemaligen Assistenten Wagner ist es in der Zwischenzeit gelungen, im Laboratorium einen Menschen zu erschaffen. Genauer gesagt, ein Wesen zu erzeugen, das sprechen kann und einen hellen Geist, aber keinen Körper hat. Dieser Homunkulus ist jedoch nicht nur eine leuchtende künstliche Intelligenz im Glasbehälter, sondern auch ein begabter Psychoanalytiker. Jedenfalls kann er Fausts Traum sehen und deuten, und erkennt, dass unser Titelheld dringend der Therapie bedarf.

Interessant ist, dass ausgerechnet das körperlose Retortenbaby Homunkulus ein starkes erotisches Verlangen entwickelt und sich danach sehnt, einen Körper zu bekommen. Der Naturphilosoph Thales und der Meeresgott Proteus raten ihm, sich auf das Meer hinaus zu begeben. Dort nähert Homunkulus sich der schönen Nymphe Galatee. Der Glasbehälter zerschellt aber an ihrem Muschelwagen, und in einer orgiastischen Vereinigung ergießt sich das Homunkulus-Feuer ins Meer.

Es lebe der »Eros« (Vers 8479) und das »Wasser« (Vers 8435) – die Ursprünge des menschlichen Lebens!

Homunkulus` Wunsch, sich zu verkörperlichen, geht also nicht in Erfüllung. Vielleicht weil Goethe ahnte, dass Körper, Geist und Seele sich nun mal gemeinsam entwickeln müssen? Womit wir wieder beim Embodiment angelangt wären, das teilweise auch in die moderne KI-Forschung Einzug gehalten hat.

> *»Er ist, wie ich von ihm vernommen,*
> *Gar wundersam nur halb zur Welt gekommen.*
> *Ihm fehlt es nicht an geistigen Eigenschaften,*
> *Doch gar zu sehr am greiflich Tüchtighaften.*
> *Bis jetzt gibt ihm das Glas allein Gewicht,*
> *Doch wär er gern zunächst verkörperlicht.«*
>
> VERS 8247–8252 (THALES ÜBER HOMUNKULUS)

Einige Wissenschaftler beginnen bei der Erforschung und Entwicklung von automatisierter Intelligenz und Robotern nicht mehr mit Computerprogrammen, also, einfach ausgedrückt, mit dem Gehirn. Solche Programme sind dem Menschen bei bestimmten Tätigkeiten, etwa beim Schachspielen, zwar weit überlegen. Sie sind auf der anderen Seite aber auch sehr spezialisierte Fachidioten, oder netter gesagt: Inselbegabungen. Robotik-Forscherinnen und -Forscher gehen heute davon aus, dass ein physisches System notwendig ist, das durch Sensoren, Kameras und Mikrofone Informationen von außen aufnehmen und das sich bewegen kann. So könne sich durch die Interaktion von Körper, Umwelt und Software eine generalisiertere künstliche Intelligenz entwickeln, die der menschlichen näher kommt.

Goethes Faust erweist sich mit der »Figur« des Homunkulus also auch für das Gebiet der Künstlichen Intelligenz – auch der körperlosen – als hoch aktuell. Denn in diesem Bereich sind noch umwälzende Entwicklungen zu erwarten, und es bleibt zu hoffen, dass die Menschheit hier einen brauchbaren Weg findet zwischen unkritischem Fortschrittsoptimismus und abwehrender Wissenschafts- und Technikfeindlichkeit. Würde ich den *Faust* noch einmal inszenieren, sollte ich auf diesen Aspekt des Dramas wohl noch deutlicher eingehen, als dies 2018 der Fall war.

HELENA, DIE KÜNSTLERISCHE FANTASIE

Zurück zu Fausts Ohnmacht: Nach der Explosion am Kaiserhof liegt der Held also in seinem alten Studierzimmer und träumt. Wovon? Natürlich von der schönen Helena. Und es ist Homunkulus, der den Traum deutet und dazu rät, Faust mit dieser Frau zu konfrontieren und so von seiner fixen Idee zu heilen. Faust würde sich nämlich nur allzu gern mit diesem Idealbild, das der griechischen Mythologie und Dichtkunst entspringt, im wirklichen Leben vereinigen – obwohl er schon zwei Hinweise bekommen hat, dass das unmöglich ist. Er hat jedoch aus seiner Erfahrung in der Hexenküche und am Kaiserhof noch nichts gelernt: Im ersten Fall erscheint ihm Helena in einem Zauberspiegel, und je mehr er sich diesem nähert, umso verschwommener wird das Bild. Und als er die Projektion der Laterna magica ergreifen will, löst sich die Schöne in Rauch auf.

Der ohnmächtige Faust wird also zwecks Konfrontationstherapie kurzerhand von Mephisto und Homunkulus per Flug auf dem Zaubermantel in die Antike verfrachtet. Kurz bevor Mephisto ihn auf der Erde absetzt, weist Homunkulus darauf hin, dass Faust das Leben im »Fabelreich« suche (Vers 7055), und als dieser schließlich aus seiner Ohnmacht auftaucht, fragt er nicht, wie zu erwarten wäre: »Wo bin ich?«, sondern: »Wo ist sie?« (Vers 7056) – für mich deutliche Hinweise darauf, dass Faust sich nicht in der Wirklichkeit des Dramas, sondern innerhalb des Dramas in einer Fantasiewelt befindet – oder eben weiterhin in einem Traum. Die Häufigkeit, mit der in den folgenden Szenen das Wort »Traum« verwendet wird, weist ebenfalls in diese Richtung.

Faust selbst fragt sich: »Sind´s Träume?« (Vers 7275), und später sagt er zu Helena: »Es ist ein Traum, verschwunden Zeit und Ort.« (Vers 9414) Helena bezeichnet sich als »Idol« und frühere Erlebnisse als »Traum« (Vers 8879–8880). Und kurz bevor sich die fantastische Verbindung zwischen Faust und Helena auflöst, fragen sich beide: »Ist der holde Bund ein Traum?« (Vers 9883)

DICHTERISCHE UND PSYCHOLOGISCHE PROJEKTION

Die Phantasmagorie des Helena-Aktes knüpft an die physikalische Phantasmagorie der Laterna magica an, mit der die Zeitreise in Gang gesetzt wurde. Sie ist nach Albrecht Schöne jetzt zu verstehen als die »Projektion der dichterischen Einbildungskraft«. Zu Ende geht dieses »Drama im Drama« mit dem Tod des gemeinsamen Sohnes Euphorion, der sich – ganz der Vater – maßlos überschätzt und bei seinem Versuch zu fliegen abstürzt. Helena und Euphorion verschwinden in die Unterwelt, Faust kehrt ins wirkliche Leben zurück.

Auf der einen Seite lässt sich die ganze Helena-Geschichte also als Therapie lesen, bei der eine dritte Art von Projektion bearbeitet wird, nämlich Fausts Sehnen nach Vollkommenheit, die er auf die schöne Helena projiziert. Andererseits verbirgt sich darin auch die Auffassung, dass das Unmögliche, das Faust begehrt – sei es Gottgleichheit, sei es sein Wunsch, Wohl und Weh der ganzen Menschheit in sich zu fassen, oder sei es die absolute Schönheit in Gestalt der Helena – dass das Unmögliche also nur in der Kunst, in der Fantasie, in der Fiktion zu finden ist. Mephisto weist ihn bereits ganz am Anfang des Dramas, kurz nachdem die beiden ihren Pakt geschlossen haben, darauf hin (Vers 1780–1809). Und auch Chiron geht auf diesen Punkt ein (Vers 7428–7433). Dieser Kentaur trägt Faust auf seinem Rücken zur Sibylle Manto, damit sie ihn einer »Kur« unterziehen möge (Vers 7485). Die hat einen Narren an Leuten gefressen, die Unmögliches begehren (Vers 7488), und begleitet Faust in die Unterwelt – oder noch tiefer in sein Unbewusstes. Goethe verrät uns nicht auf welche Weise Helena nach oben gelangt. Das ist sein gutes Recht, genannt dichterische Freiheit. Es könnte aber erneut ein Hinweis darauf sein, dass die ganze Helena-Geschichte im Unterbewusstsein, im Traum, in der Fantasie, in der Fiktion stattfindet und Faust durch die benannte Kur vom Helena-Zwang befreit wird und sich weiteren Zielen zuwenden kann.

»Ganz eigen ist´s mit mythologischer Frau;
Der Dichter bringt sie, wie er´s braucht zur Schau:
Nie wird sie mündig, wird nie alt,
Stets appetitlicher Gestalt,
Wird jung entführt, im Alter noch umfreit;
G´nug, den Poeten bindet keine Zeit.«

VERS 7428–7433 (CHIRON ZU MANTO)

VOM STREBEN ZUM STERBEN
VERANTWORTUNGSVOLL
UND GLAUBWÜRDIG HANDELN

Ziemlich zu Beginn des Dramas macht Faust sich daran, das Neue Testament, genauer, das Johannesevangelium aus dem Griechischen ins Deutsche zu übertragen. In verschiedenen Bibelübersetzungen heißt es: »Im Anfang war das Wort ...«, wobei sich das deutsche »Wort« auf den griechischen Begriff »logos« bezieht. Dieser aber hat eine viel umfassendere Bedeutung, er meint auch: Sprache, Lehre, Sinn, Vernunft, geistige Fähigkeit. Weiter heißt es in der Einheitsübersetzung der Bibel: »... und das Wort war Gott« und »Alles ist durch das Wort geworden ...« Dies verweist auf den Beginn des Alten Testaments, wo zu lesen ist: »Gott sprach: es werde Licht. Und es wurde Licht. [...] und Gott nannte das Licht Tag und die Finsternis nannte er Nacht.« Und so geht es weiter in der Schöpfungsgeschichte – Gott spricht, es entsteht etwas und er benennt es: Himmel, Land, Meer, Pflanzen, Sonne, Mond und Sterne (samt ihrer Bewegungen zur Einteilung der Zeiteinheiten), Tiere und schließlich der Mensch. Vom Urknall bis zur Gattung Homo. Zum Logos scheinen, zumindest im biblischen Kontext, also auch das Erschaffen, das Tätigsein, die Kreativität zu gehören, was den Begriff noch komplexer macht.

Und was tut Faust? Er verwirft als Erstes das »Wort«, versucht es dann mit »Sinn« und mit »Kraft« und übersetzt schließlich: »... im Anfang war die Tat!« (Vers 1236). Er ignoriert die Vielfältigkeit des Begriffes von dessen griechischer Herkunft her und verschwendet keinen Gedanken auf die Frage, ob seine Version auch anderen Bibelstellen standhalten kann – wie eben der Schöpfungsgeschichte, wo eindeutig das Wort am Anfang steht. Damit verweigert er, so der Germanist Albrecht Weber, die wissenschaftliche Auseinandersetzung, ebenso die sorgfältige Abwägung, die für gute Übersetzer und Übersetzerinnen selbstverständlich ist. Hier zeigt sich einmal mehr Fausts Wissenschafts- und Wissensüberdruss.

Mit seiner ziemlich willkürlichen Übersetzung trennt Faust das Handeln von jeglichem Sinn, von Vernunft, von der Reflexion. Und er macht sich selbst zum allein gültigen Maßstab: In den vierzehn Zeilen, in denen Faust nach dem scheinbar richtigen deutschen Wort sucht (Vers 1224–1237), kommt siebenmal das Wort »ich« vor, zweimal »mir« und einmal »mich«. Zweimal spricht er sich selbst an mit »deine« und »bedenke«. Hier sind wir also wieder beim Ichling Faust gelandet, wie Sie ihn schon in einem früheren Kapitel kennengelernt haben (Seite 69–74).

SELBSTVERWIRKLICHUNG UND IHRE KOLLATERALSCHÄDEN

Fausts Überbetonung der »Tat«, wie sie sich in seiner Übersetzung zu Beginn des Dramas kundtut, wird in den letzten beiden Akten des zweiten Teils der Tragödie augenscheinlich. Tatsächlich vollbringt er eine eindrucksvolle Leistung, gelingt ihm doch die Gewinnung von Neuland aus dem Meer. Er verwandelt, wenn schon nicht Wasser in Wein, so doch Wasser in Land und kann sich wieder ein bisschen gottgleich fühlen. Erst einmal aber hat er die Idee zu diesem Projekt. Davon erzählt er Mephisto, nachdem er, von jeglichem Interesse an Frauen geheilt, aus seinem geplatzten Helenatraum in die Wirklichkeit zurückgekehrt ist. Am Anfang stand also nicht die Tat. Dem Handeln geht eindeutig das Planen im Geiste voraus (Vers 10227), ebenso die Worte, in denen sich die Gedanken zeigen. Faust allerdings blendet diese Zusammenhänge aus. Er ist völlig auf die Tat fixiert, und das, obwohl er selbst kaum einen Finger rührt. Es sind letztlich die Arbeiter, die sich abschuften, während er griesgrämig in seinem Palast sitzt. Und es sind die drei Gewaltigen, die als Piraten den Schiffen aus Übersee die dort geraubten Schätze abjagen und zu Faust bringen.

Das Ideal der Tat steht bei unserem Dramenhelden also in deutlichem Widerspruch zu dem, wie er sich tatsächlich verhält.

Ein Widerspruch zeigt sich auch, wenn er behauptet, dass Ruhm ihm überhaupt nichts bedeute (Vers 10188). Denn sterbend ist er dann doch fest davon überzeugt, mit seinem Werk einen ewigen Fußabdruck in der Menschheitsgeschichte hinterlassen zu haben – und damit doch ein wenig allmächtig und unsterblich zu sein. Es ist ihm nicht möglich, auch nur ein Stück weit von sich selbst abzusehen. Anders ausgedrückt, es geht ihm in erster Linie um seine Selbstverwirklichung, mit deutlicher Betonung auf dem »Selbst-«. Bei Faust und seinem Landgewinnungsprojekt dreht sich alles nur um das Resul-Tat, das er untrennbar mit sich selbst verbindet. (Dass sich in »Resultat«, das von lateinisch »resultatum« herrührt, was so viel wie »Widerhall, Erfolg, das, was sich aus einer Tat ergibt« bedeutet, das germanische Wort »Tat« versteckt, ist reiner Zufall – allerdings ein so schöner, dass ich auf das kleine Wortspiel nicht verzichten wollte.)

LOGOS AUCH ALS SINN UND KRAFT

Der österreichische Psychiater Viktor Frankl ist Begründer der Logotherapie, die den »Logos« als »Sinn« ins Zentrum ihres Menschenbildes und ihrer Behandlung stellt. Sinn bedeutet dabei nicht, willkürlich zu definieren, was ich gerade für sinnvoll erachte. Frankl geht vielmehr davon aus, dass wir Sinn nicht bestimmen, sondern nur finden können. Jede Lebenslage, ja jede Alltagssituation, der wir begegnen, hält Fragen und Herausforderungen bereit, in denen ein Sinn verborgen ist und auf die wir zu antworten haben, und zwar ganz individuell, denn da jede Person einzigartig und jede Situation einmalig ist, gibt es nicht den einen Lebenssinn.

> *»Wenn Lorbeer deine Stirne schmückt*
> *Hab' ich ihn nicht mit Sinn und Hand geflochten?«*
> VERS 5620–5621 (KNABE LENKER ZU PLUTO/FAUST)

Eindrucksvolle
Selbstdistanzierung

Abraham Maslow (siehe Seite 186) hatte in seiner Bedürfnishierarchie ursprünglich die Selbstverwirklichung als oberste von fünf Stufen gedacht. Aus eigenem Unbehagen und durch Viktor Frankls Kritik an der herausragenden Stellung der Selbstverwirklichung hat Maslow sein Modell überarbeitet und die Transzendenz – also die Fähigkeit des Menschen, von sich abzusehen und Sinn außerhalb von sich selbst zu finden – eingeführt. Auch die beiden anderen neu hinzugekommenen Kategorien, das kognitive und das ästhetische Bedürfnis (Bedürfnis nach Wissen und Verstehen, Bedürfnis nach Kunst und Schönheit), weisen über das eigene Selbst hinaus. Maslow war zu der Zeit, als er sein Modell änderte, ein berühmter Wissenschaftler, und es zeugt von Bescheidenheit und Größe zugleich, die eigenen »Taten« nicht als absolut und endgültig anzusehen.

Leider begegnet man auf sehr vielen Internetseiten, die etwas mit Karriere und Coaching zu tun haben, fast ausschließlich dem fünfstufigen Pyramidenmodell mit der Selbstverwirklichung an der Spitze. Mag sein, dass dies etwas mit dem heutigen Hang zum Ego (siehe Seite 69–74) zu tun hat und vielleicht auch mit einem um sich greifenden Gefühl von Ohnmacht und Sinnverlust, angesichts der Unwägbarkeiten des wissenschaftlichen und technischen Fortschritts und bedrohlicher Entwicklungen wie Radikalisierung, Klimawandel, Pandemien und Krieg.

Für alle Menschen gilt jedoch, dass das Streben nach Sinn eine Grundmotivation oder einen inneren Antrieb für unser Tun darstellt, dass uns der Sinn weg von uns selbst (Distanzierung) und über das, was im Moment ist, hinauszieht (Selbsttranszendenz). So gesehen hätte Faust durchaus alle vier Begriffe – Wort, Sinn, Kraft und Tat – in seiner Übersetzung für »logos« zusammendenken können.

FREIHEIT ZUR VERANTWORTUNG

Zwei weitere Punkte der Frankl´schen Philosophie und Therapie sind mir bei der Beschäftigung mit Faust immer wieder in den Kopf gekommen. Zum einen, dass es bei der Realisierung von Sinn um die Verwirklichung von Werten (nicht von sich selbst) geht. Und zum anderen: Wir haben zwar alle aufgrund unserer Gene und unserer Geschichte ein bestimmtes Päckchen, nämlich unsere Persönlichkeit, zu tragen. Dennoch hat der Mensch prinzipiell die Möglichkeit, sich in jeder Lebenslage, in jeder Situation zu entscheiden – für das eine oder andere Verhalten, die eine oder andere Haltung. In einem Vortrag sagte Viktor Frankl einmal, dass Menschsein nicht heißt, »so und nicht anders sein zu müssen«, sondern immer bedeutet, »anders werden zu können«. Als Mensch, der drei nationalsozialistische Konzentrationslager überlebt hat, weiß Frankl das aus eigenem Erleben: Auch unter Lagerführern und Aufsehern gab es ein paar wenige, die menschlich handelten – heimlich Medikamente besorgten oder einem Häftling ein Stück Brot zusteckten. Und es gab Häftlinge, die anderen das Brot klauten oder als Helfershelfer der SS zu Unmenschen wurden. Viktor Frankl selbst übernahm die Aufgabe, sich – bei allem eigenen Leid – psychologisch um seine Mithäftlinge zu kümmern.

Wir Menschen verfügen, so Frankl, über eine intuitive Instanz, die im Unbewussten wurzelt: das Gewissen. Es kann unsere Entscheidungsfreiheit so leiten, dass unser Handeln für uns persönlich stimmig und gleichzeitig verantwortungsvoll ist. »Denn Freiheit ist nicht das letzte Wort. Sondern Freiheit droht in Willkür auszuarten, wofern sie nicht in Verantwortlichkeit gelebt wird. Und jetzt werden Sie vielleicht verstehen, warum ich meinen amerikanischen Studenten so oft empfehle, sie sollten ihre Freiheitsstatue mit der Verantwortlichkeitsstatue ergänzen.«

WIE GROSS IST DIE FREIHEIT?

Inwieweit wir wirklich frei sind in unseren Entscheidungen, darüber wird viel diskutiert und geforscht in Philosophie und Psychologie. Manche finden Argumente dafür, dass es überhaupt keinen freien Willen gibt. Andere sehen es als unerheblich an, ob ein freier Wille tatsächlich existiert oder wir ihn lediglich empfinden. Und wieder andere sehen eine prinzipiell gegebene Willensfreiheit, die den Menschen in seinem Wesen ausmacht. Der springende Punkt ist wohl das Wörtchen »prinzipiell«. Denn natürlich leugnet auch Viktor Frankl nicht, dass der Mensch Triebe und Gene hat und von den Umständen seines Aufwachsens geprägt ist und dass diese Gegebenheiten seine Handlungen und seine Reaktionen beeinflussen. Letztendlich können wir uns davon auch nicht einfach befreien. Aber, so Frankl, wir müssen uns nicht in erster Linie als Produkt dieser Verhältnisse begreifen. Wir haben vielmehr die Möglichkeit, eine Haltung zu diesen Verhältnissen einzunehmen, uns so oder so dazu zu stellen. Etwa uns von einer Angst beherrschen zu lassen oder trotz dieser Angst das zu tun, was wir gerne tun würden. Viktor Frankl etwa ist trotz seiner Höhenangst ein passionierter Kletterer geworden. Und Goethe ist seiner Höhenangst begegnet, indem er mehrmals in kurzen Abständen immer wieder auf den Turm des Straßburger Münsters stieg und von dort über die Gegend schaute.

Vor einigen Jahren haben mein Mann und ich in Wien das Viktor Frankl Museum in der Mariannengasse besucht, das die eindrucksvolle Persönlichkeit dieses Arztes und Menschen vermittelt. Von dort habe ich mir eine Postkarte mitgebracht. Sie zeigt eine Karikatur von Frankl und darüber steht: »Ich muss mir nicht alles von mir selber gefallen lassen.« Die Postkarte habe ich an mein Bücherregal gepinnt, und der Satz kann mich immer wieder daran erinnern, dass ich nicht unbedingt so handeln muss, wie mich meine momentanen Gefühle und antrainierten Verhaltensweisen steuern, sondern dass ich mich auch anders verhalten und über mich hinauswachsen kann.

Wie sieht es bei Faust damit aus? Wächst er durch seine Taten und wächst er gar über sich und seine persönlichen Begrenztheiten hinaus? Eher nicht. Ein Über-sich-Hinauswachsen würde ja bedeuten, sich von seinem Selbst, so wie es ist, wegzubewegen, sich ein Stück weit zu verändern. Das tut er aber nicht, kann er nicht, weil er sich ständig selbst überhöht, das heißt, einem unrealistischen, idealen Selbstbild anhaftet. Und ein zu starres Selbstbild verhindert Veränderung. Das gilt umso mehr für das Selbstbild von Narzissten, die sich notorisch allzu wichtig nehmen, sich ganz großartig finden und Fantasien von Erfolg und Macht, der eigenen Schönheit und der idealen Beziehung pflegen. Faust ist so ein Narzisst (siehe auch Seite 51), der sich viel Freiheit erlaubt und wenig verantwortungsvoll mit anderen umgeht.

FAUSTS AUFFASSUNG VOM TÄTIGSEIN

Bereits das Gespräch zwischen dem Herrn und Mephisto im Himmel weist auf Fausts Dilemma hin, nämlich einerseits Mensch zu sein und andererseits nach Übermenschlichem zu streben. Fausts Willen zur Gottgleichheit, sein Übermensch-Selbstbild haben Sie in früheren Kapiteln schon kennengelernt. Das muss hier also nicht noch weiter ausgeführt werden – auch wenn sich noch viel mehr als die genannten Belege dafür finden ließen und jede neue Lektüre des Textes immer wieder Erstaunliches zutage fördert. Der *Faust* ist eben nicht nur Goethes Lebenswerk – der Dichter hat 60 Jahre lang daran gearbeitet –, sondern auch ein Lebenswerk für die Leserschaft und das Theater.

Im jetzigen Zusammenhang ist interessant, dassdas Tätigsein nicht als natürliche Eigenschaft des Menschen ansieht, sondern sich damit über sein Menschsein erheben will. Schon mit der

Beschwörung des Erdgeistes wird der Hang zur Tat deutlich, denn Faust sucht sich genau den Geist aus, der »im Tatensturm« (Vers 501) unterwegs ist und den er als »Geschäftigen Geist« (Vers 511) bezeichnet. Und als Faust im Begriff ist, sich das Leben zu nehmen, sind nicht nur Verzweiflung und Kränkung – Sie erinnern sich an den »Wurm« (siehe Seite 115)? – die Triebfedern. Er verspricht sich davon anscheinend auch, zu unbekannten, den Menschen verschlossenen Bereichen vorzudringen und »zu neuen Sphären reiner Tätigkeit«, ja sogar »durch Taten zu beweisen, dass Manneswürde nicht der Götterhöhe weicht« (Vers 705–713).

Faust lässt dann wegen des österlichen Glockenklangs und Chorgesangs von seinem Vorhaben ab. Und es entbehrt nicht einer gewissen Ironie, dass der ungläubige Faust gerade dann beschließt, am Leben zu bleiben, als der Chor die Auferstehung von Gottes Sohn besingt und mit den Worten endet: »Euch ist der Meister nah´, Euch ist er da!« (Vers 806–807). Die Erde hat ihn, Faust, also wieder, samt seiner Überheblichkeit und seinem Willen zur Tat.

Gut nachvollziehbar also, dass Faust etwas später zu seiner ganz persönlichen Übersetzung der ersten Evangeliumszeile gelangt. Und es ist wohl auch kein Zufall, dass Mephisto just in diesem Augenblick auf den Plan tritt: Gerade als Faust das Zauberwort »im Anfang war die Tat« gefunden hat, beginnt der Pudel, der Faust beim Osterspaziergang zugelaufen ist, sich zu verwandeln. Und als der Pakt geschlossen und mit Blut besiegelt ist, kann Faust mithilfe seines Knechts und Alter Ego sich selbst als rastlos tätiges Übergenie verwirklichen.

»... dieser Erdenkreis
Gewährt noch Raum zu großen Taten.«

VERS 10181–10182 (FAUST)

Um noch einmal auf Viktor Frankl zurückzukommen – Fausts Streben nach Taten und Tätigsein folgt nicht einem Sinn, sondern ist von Wollen getrieben – vom unbedingten Willen, die eigene Großartigkeit zu beweisen und sich über Mensch und Natur zu erheben.

TATMENSCH ODER TÄTER?

Schauen wir uns nun an, wohin Fausts Fixierung auf das eigene Selbst und die eigene Tat am Ende führt. Dazu möchte ich aber drei Dinge vorausschicken, die mir wichtig erscheinen, um die Beschäftigung mit Fausts Persönlichkeit ins rechte Licht zu rücken.

• Die Geschichte zeigt, und wir wissen es von uns selbst: Oft handelt der Mensch nicht verantwortungsvoll und wohlwollend. Wir können uns eben gut und schlecht verhalten, manchmal schaden wir anderen, weil wir gekränkt sind und uns rächen wollen. Selbst gut Gemeintes kann verletzen, ohne dass uns das bewusst wäre. Und jede Erfindung kann Vor- und Nachteile haben, Probleme lösen und andere Probleme hervorrufen. Neueste wissenschaftliche Erkenntnisse können Irrtümer enthalten und müssen später verworfen oder relativiert oder präzisiert werden. Dasselbe gilt für politische Entscheidungen. Für den Menschen sind, wie Mephisto einmal so treffend feststellt, »Tag und Nacht« gemacht (Vers 1784). Und es gilt, wie der Herr im Prolog sagt: »Es irrt der Mensch, so lang´ er strebt« (Vers 317).

• Damit das Zusammenleben im Alltag – in Beruf, Familie, Gruppen und der gesamten Gesellschaft – einigermaßen gut funktioniert, versuchen wir, uns verträglich zu verhalten: Wir folgen (mal mehr, mal weniger) Gesetzen, Regeln, Umgangsformen, Normen und Werten. Beispielsweise gehen wir rücksichtsvoll mit anderen um und entschuldigen uns, wenn wir es nicht getan haben. Wir stellen persönliche Interessen auch mal zurück, wenn es einer Sache oder einer Gruppe dient ...

• Auf dem Theater haben wir eine völlig andere Situation: Stücke zeigen nicht den gut organisierten, verträglich gestalteten Alltag. Und wenn, dann nur, um etwas Außergewöhnliches hereinbrechen zu lassen, etwas, das alles bisher Geglaubte, Geplante, Gelebte infrage stellt. Das Theater zeigt uns außerdem Menschen von ihrer schwierigen, manchmal von ihrer schlechtesten Seite, Figuren, die in einem Dilemma stecken, in Konflikte verstrickt sind und die menschliche Abgründe offenbaren. Theaterfiguren sind selten vorbildliche

Charaktere, und gerade deshalb laden sie ein zur Reflexion über sich selbst, über Gott und die Welt.

Es geht hier also nicht darum, Goethe zu kritisieren, weil er uns einen so fragwürdigen Charakter vor die Nase setzt. Im Gegenteil, wir sollten ihm dankbar sein für dieses Drama und seine Figuren, an denen wir uns reiben können. Schauen wir also noch einmal auf Fausts Handeln und Verhalten, diesmal am Ende seines Lebens.

DER ZWECK HEILIGT DIE MITTEL

Am Anfang des vierten Aktes im zweiten Teil der Tragödie erklärt Faust, wie er auf die Idee seines Landgewinnungsprojektes gekommen ist: Er hat das Meer beobachtet, das Wellen ans Ufer wirft und das Wasser dann wieder in sich zurückzieht. Mit dieser Urgewalt will er sich messen, sie will er besiegen und beherrschen. Was ihm missfällt, ist einerseits die ständige Wiederholung des immer Gleichen, das Vor-und-Zurück der Wellen und die ewige Abfolge der Gezeiten. Andererseits ist es die Beobachtung, dass diese natürlichen Abläufe keinerlei Zweck verfolgen und die Kraft des Wassers letztlich nichts leistet. Deshalb will er es zurückdrängen, sich das gewonnene Land aneignen und dort herrschen. Hier zeigt sich in Faust deutlich das anbrechende Zeitalter der Industrialisierung und des technischen Fortschritts, ebenso der moderne Mensch, der sich von Gott emanzipiert hat und selbst eine neue Welt erschafft. Eine Welt, in der die Dreieinigkeit von »Krieg, Handel und Piraterie« (Vers 11187) bestimmendes Element ist. Eine Welt, die außerdem die Augen vor dem Preis des Fortschritts gerne verschließt.

Noch kann Faust allerdings nicht einfach loslegen. Er muss sich erst das Recht erwerben, am Meeresufer Dämme zu bauen und das eingedeichte Land trockenzulegen. Dazu braucht er den Kaiser, dessen Reich er zuvor mit der Erfindung des Papiergeldes in eine verheerende Inflation getrieben hat, die wiederum in einen Bürgerkrieg mündet. Ein Gegenkaiser wird ausgerufen. Faust mag eigentlich keinen Krieg. Eigentlich. Doch spricht auch eine andere innere

Stimme – in Form des Einflüsterers Mephisto – zu ihm, und Faust verfolgt einen Plan nach dem Motto: Der Zweck heiligt die Mittel.

> *»Krieg oder Frieden. Klug ist das Bemühen*
> *Zu seinem Vorteil etwas auszuziehen.«*

VERS 10236–10237 (MEPHISTO ZU FAUST)

Um diese Haltung vor sich selbst zu rechtfertigen, bekommt er plötzlich Mitleid mit dem »guten« Kaiser (Vers 10291), den er eben noch wortreich als unfähig beschrieben hat, und eilt ihm zu Hilfe. Faust, Mephisto und dessen Helfer greifen in den Krieg ein, der alte Kaiser siegt und Faust erhält einen Uferstreifen als Lehen mit der Verpflichtung, Abgaben an die Kirche zu entrichten. Später ist von Abgaben allerdings nicht mehr die Rede. Faust wird zum unabhängigen Unternehmer und Alleinherrscher. Auch hierin zeigt sich der Übergang in eine neue Welt.

Soweit die Vorgeschichte, in welcher sich kalte Berechnung zeigt, ebenso eine Skrupellosigkeit, die wir bereits aus der Margaretentragödie kennen und die sich im Folgenden fortsetzt.

MAFIOSE METHODEN

Zu Beginn des fünften Aktes hat sich die Welt bereits stark verändert: Hinter der Düne liegt nicht mehr das Meer, sondern eine blühende Landschaft mit »... Wiese, Anger, Garten, Dorf und Wald« (Vers 11095–11096). Der Hafen befindet sich in weiter Ferne, auf einem Kanal gelangen Schiffe ins neu geschaffene Land, und Faust hat sich hier einen Palast bauen und einen weiten Ziergarten anlegen lassen.

Das Werk ist vollendet. Fast. Wäre da nicht der kleine Lindenhain mit einer Kapelle und einer Hütte, in der ein altes Paar lebt. Faust will ihn unbedingt für sich haben. Doch die beiden weigern sich, ihre Gefilde zu verlassen und irgendwo anders hinzuziehen. Insbesondere Baucis, die Frau, lehnt es ab, dem neuen Nachbarn »untertänig« (Vers 11134) zu sein. Fast könnte man an ein gewisses kleines gallisches Dorf denken, doch die beiden haben keinen Zaubertrank zur Verfügung.

Wie sehr es Faust quält, dass dieses kleine Stückchen Land nicht in seinem Besitz ist, zeigen eindrucksvoll zunächst zwölf Monologverse am Anfang der Szene »Palast« und bald darauf weitere 26 Verse, als er Mephisto seinen übermäßigen Verdruss schildert. Getrieben von Gier und Neid sowie von der Wut darüber, dass die beiden Alten sich seinem Willen widersetzen, erteilt er Mephisto schließlich den Auftrag, Philemon und Baucis zu beseitigen.

»Natürlich, daß ein Hauptverdruß

Das Leben dir vergällen muß«

VERS 11259–11260 (MEPHISTO ZU FAUST)

Faust schämt sich wohl ein wenig dafür, doch gibt er unumwunden zu, dass die »grimmige Pein« (Vers 11271), die er empfindet, ihm keine andere Wahl lässt, als ungerecht zu handeln. Das Angebot einer alternativen Wohnmöglichkeit erscheint vorgeschoben, denn er weiß ja bereits, dass Philemon und Baucis auf einen solchen Tausch nicht eingehen werden. Gewalt liegt also schon in der Luft. Und ihm muss auch klar sein, dass Mephisto und seine Gesellen ihren Auftrag gnadenlos ausführen werden – sie legen ein Feuer, in dem die beiden Alten umkommen. Faust gibt sich hinterher höchst empört darüber und weist alle Schuld von sich. Schließlich hätte er ja »nur« eine Zwangsenteignung und -umsiedlung gewollt, keinen Mord. Mittlerweile muss ihm Mephisto solche Rechtfertigungen gar nicht mehr einflüstern, Faust hat dessen Argumentationsweise bereits verinnerlicht, die dunkle Seite hat die Oberhand gewonnen, und so heiligt einmal mehr der Zweck die Mittel. Wobei hier nicht mehr nur die Mittel moralisch fragwürdig erscheinen, sondern auch der Zweck.

delt das Land in einen Sumpf. Aus der Hütte des Paares aber erwächst ein Tempel, in dem Philemon und Baucis dem Gott viele Jahre als Priester dienen. Dann sterben sie und werden in zwei Bäume verwandelt, deren Äste sich ineinander verschlingen.

Faust erweist sich in den Anfangsszenen des fünften Aktes nicht in erster Linie als Tatmensch oder gar als Mensch, der mit verantwortungsvollem Tätigsein einen Sinn verwirklicht. Vielmehr ist er Täter im kriminellen Sinn und handelt wie ein Mafiapate, der die Fäden zieht, sich selbst aber die Hände nicht schmutzig macht. Und das alles nur, weil er vom Lindenhain aus den besten Blick auf sein Werk hat. Von dort aus kann er es – und damit sich selbst – am besten bewundern.

FAUST ALS AUTOKRATISCHER WILLKÜRHERRSCHER

In Bezug auf Philemon und Baucis verdrängt Faust jeglichen Anflug von Unrechtsbewusstsein. Allein sein Wille geschehe. Obwohl er mithilfe seiner Schiffe und Piraten (Mephisto, Habebald, Haltefest und Raufebold) von seinem Palast aus quasi »die ganze Welt umfasst« (Vers 11226), muss er sich auch noch das kleine Anwesen der beiden Alten aneignen, das ihm – so lange es nicht ihm gehört – seinen »Weltbesitz« (Vers 11242) verdirbt.

Fausts Handeln ist geleitet vom Wollen, von Macht und Gewalt. Das entspricht seiner selbstgerechten und selbstherrlichen Persönlichkeit und darauf fußt auch seine Vorstellung vom Zusammenleben der Menschen. Seines »allgewaltigen Willens Kür« (Vers 11255) darf von nichts und niemandem ausgebremst werden. Er ist der unumschränkte Herrscher in dem von ihm geschaffenen Land. Verknüpft mit neuer Technik wie der Dampfmaschine, auf welche die »Flämmchen« und »Feuergluten« (Vers 11125 und 11129) verweisen, erhält er Züge eines kapitalistischen Ausbeuters des anbrechenden Industriezeitalters. Gleichzeitig wirkt er, wenn er vom Balkon des Palastes aus seine Befehle erlässt, wie ein absolutistischer König.

Nicht einmal seine eigenen Leute – die drei gewaltigen Gesellen Habebald, Haltefest und Raufebold – will Faust angemessen entlohnen. Sie fordern zwar, als wären sie keine Seeräuber, sondern Gewerkschafter, »gleichen Teil« (Vers 11204) der herbeigeschafften Schätze, Mephisto stellt ihnen aber lediglich ein paar Feste mit Prostituierten in Aussicht. Und die soll es auch erst geben, nachdem Faust den Wert der Ware genau berechnet hat.

Die unpersönliche Masse an Arbeitskräften schließlich, die Faust zunächst für die Eindeichung und dann für die Trockenlegung des Sumpfes benötigt, ist für ihn lediglich Menschenmaterial, das er nach Belieben auspressen kann. Mitten in der Nacht scheucht er die Arbeiter von ihrem Lager auf, denn sein Wort allein zählt. Alle haben ihm jederzeit zu Diensten zu sein und seinen Anordnungen unverzüglich und mit vollem Einsatz zu folgen.

»Menschenopfer mussten bluten,

Nachts erscholl des Jammers Qual«

Da hilft es auch nichts, wenn Faust kurz vor seinem Tod visionär vom »freien Volk« auf »freiem Grund« (Vers 11580) fantasiert. Denn frei ist dieses Volk nicht. Es darf wohl auf dem – durch seiner eigenen Hände Arbeit trockengelegten (!) – Land wohnen, soll dann aber vor allem dazu dienen, Fausts Lebenswerk zu erhalten: Da nämlich die Natur – sprich: das Meer – die Deiche immer wieder beschädigen wird und die hereinbrechenden Fluten Fausts Wunderwerk zerstören könnten, muss das hier angesiedelte Volk ständig die Löcher im Deich wieder zustopfen. Darin sieht Faust die künftige Hauptaufgabe der »kühn-emsigen Völkerschaft« (Vers 11568). Nur so kann sein Werk »nicht in Äonen untergehen « (Vers 11584). Und durch »solch ein Gewimmel« (Vers 11579) überdauert auch das Faust-Prinzip: Rastlosigkeit und permanentes Arbeiten und Leisten sowie die Illusion von der Unsterblichkeit und Gottgleichheit.

Faust weist wohl auf die Vorteile seines Landgewinnungsprojektes hin, dass es nämlich am Ende Wohn- und Lebensraum für viele Menschen bietet. Allerdings wirkt dieser scheinbare Einsatz zum Wohle aller recht aufgesetzt und vorgeschoben. Schließlich geht es ihm, wie er selbst sagt, um »Herrschaft« und »Eigentum« (Vers 10187). Und es wirkt reichlich übertrieben, wenn er von »der Völker breitem Wohngewinn« spricht und vom Raum für »viele Millionen« (Vers 11250 und 11563). Da kommt durchaus der Verdacht auf, dass Faust zum Größenwahn neigt und nur die Kollateralschäden seines Projektes, ja vielleicht seines ganzen Lebens, rechtfertigen will.

VERMEINTLICH SORGLOS – BIS ZUM REALITÄTSVERLUST

Im beschriebenen fünften Akt des zweiten Teils ist Faust schon sehr, sehr alt, und er spürt, dass es mit ihm zu Ende geht. Das Läuten der kleinen Glocke im Lindenhain erinnert ihn an »Kirch und Gruft«

(Vers 11254). Und nach dem Mord an Philemon und Baucis suchen ihn vier graue Weiber auf. Schattengestalten, die sich als Mangel, Schuld, Sorge und Not vorstellen. Drei verflüchtigen sich wieder (auch die Schuld kommt nicht an ihn ran!), allerdings nicht, ohne auf den nahenden Bruder Tod hinzuweisen. Nur die Sorge bleibt, mit der Faust nun Zwiesprache hält. Sie taucht im Stück als Figur auf, ist aber als eine innere Stimme zu verstehen, die sich ihm aufdrängt – und die er massiv abwehrt. Er behauptet, die Sorge nie gekannt zu haben. Das ist gelogen oder verdrängt. Denn ziemlich am Anfang des Dramas spricht er von der Sorge, die in seinem Herzen nistet und schlimmes Leid verursacht (Vers 644–651). Seither allerdings hat Faust durch seine Rastlosigkeit und seinen Tatendrang alle Sorgen und Ängste verbannt. Und in altersstarrsinnig anmutender Manier verteidigt er wortreich seinen Lebensstil.

> *»Ich habe nur begehrt und nur vollbracht,*
> *Und abermals gewünscht und so mit Macht*
> *mein Leben durchgestürmt … «*
>
> VERS 11437–11439 (FAUST)

Wenn man sich sorgt, dann ist dies immer auf die Zukunft gerichtet: Wir befürchten, dass etwas passieren oder auch nicht passieren könnte, etwas, das uns in irgendeiner Form bedroht und damit immer auch auf unsere Endlichkeit verweist. Sorge wäre demnach eng mit dem Tod verknüpft, wie uns ja auch Goethe zeigt, indem er sie am Ende von Fausts Leben wieder auftauchen lässt.

Durch die Verbindung zu Tod und Endlichkeit ist die Sorge aber auch etwas, was unweigerlich zum menschlichen Leben dazugehört. Auch dies zeigt uns das Drama. Auf Fausts Frage, wer sie denn sei, antwortet die Sorge: »Bin einmal da« (Vers 11423), und sie beschreibt sich selbst als ewigen Gesellen des Menschen, an dem niemand vorbeikommt. Schließlich führt sie Faust vor Augen, was sie bewirken kann, auch wenn oder gerade weil er sie ignoriert: Da Faust die meiste Zeit seines Dramenlebens die Sorge abgewehrt und abgelehnt hat, konnte sie heimlich von ihm Besitz ergreifen, und somit zeigt sie ihm vor allem auch seine eigene innere Ödnis. Wären die von ihr gesprochenen Verse (11453–11466 und 11471–11486) nicht in Reimform abgefasst, könnten sie glatt in einem psychiatrischen Lehrbuch als Beschreibung depressiver Symptome stehen.

Vielleicht kann man das Drama hier als Aufforderung verstehen, Sorgen und Befürchtungen als etwas wesentlich Menschliches zu erkennen und zu akzeptieren – und sie nicht durch unsere Leistungs-, Konsum- und Spaßkultur zu ertränken oder mithilfe von entsprechenden Ratgebern gänzlich aus unserem Leben zu verbannen. Gleichzeitig sollte die Sorge uns aber auch nicht völlig in Beschlag nehmen. Das ist zum Beispiel möglich, indem wir unserem Leben einen Sinn geben, etwas finden, wofür es sich lohnt zu leben, und uns dafür einsetzen. Nehmen sorgenvolle Gedanken überhand, können Übungen aus den beiden Kapiteln über Denken und Fühlen (Seite 86–113 und Seite 114–144) wieder eine Balance herstellen. Bei ausgeprägten Sorgen und Ängsten sollte aber unbedingt professionelle Hilfe in Form einer Psychotherapie in Anspruch genommen werden.

Faust allerdings hält nichts von Akzeptanz und setzt weiterhin voll auf Aktivität. Auch jetzt, am Lebensende, weist er die Sorge brüsk zurück, was er mit dem Verlust seines Augenlichtes bezahlt. Diese Blindheit ist aber nicht (nur) physisch gemeint, sondern steht bildhaft für Fausts Realitätsverlust. Er bäumt sich noch einmal auf, trommelt alles zusammen für die Sumpftrockenlegung – und sitzt einem makabren Irrtum auf: Das Klirren der Spaten schreibt er fälschlicherweise den fleißigen Arbeitern zu, die einen großen Entwässerungsgraben ziehen; tatsächlich aber sind es ein paar von Mephisto herbeigerufene Kreaturen, die Fausts Grab schaufeln. Und während er sich in seiner Zukunftsvision verliert, sinkt er zusammen und stirbt. Selbst im Sterben hält er an seinem Streben fest, am (vermeintlichen) Fortschreiten seines grandiosen Werkes. Doch damit ist nun Schluss. In der letzten Szene des Dramas, genannt

»Bergschluchten«, wird Fausts »Unsterbliches« zunächst von Engeln in immer höhere Sphären getragen und schließlich von Margarete/ Gretchen hinaufgezogen. Es muss nicht mehr wollen und machen und tun, es bleibt passiv – und vielleicht liegt ja darin die Erlösung, von der in der Schlussszene auch die Rede ist: in der Befreiung von der Rastlosigkeit und der Egozentriertheit, die so bestimmend für Fausts irdisches Dasein und seine Lebensphilosophie waren.

Deutungswandel

Lange Zeit herrschte in der Faustinterpretation die Meinung vor, dass Goethe uns mit dem Dramenhelden dessen Höherentwicklung vor Augen führt. Zum einen bezieht sich diese Ansicht auf Fausts Landgewinnungsprojekt, das als Dienst an der Menschheit gedeutet wurde. Damit verbunden war auch die Vorstellung von einer ständigen gesellschaftlichen Weiterentwicklung – technische Errungenschaften wurden als zivilisatorischer Fortschritt zum Besseren gesehen. Neben diesem Fortschrittsoptimismus sah man auch eine persönliche Entwicklung der Faustfigur hin zum Besseren oder Höheren, nicht zuletzt deshalb, weil er gegen Ende den Wunsch äußert, sich von der Magie, also von seinen dunklen, durch Mephisto repräsentierten Seiten trennen zu wollen. Aber nicht nur unter diesen Aspekten wurde die Faustfigur positiv beurteilt. Sie diente auch als nationale, später als nationalsozialistische Identifikationsfigur. Man sah in ihr den geistig überlegenen, germanisch-deutschen Atmenschen.

Auch eine buddhistische Deutung des *Faust* lässt sich in diese positiven Sichtweisen einreihen: Der deutschstämmige Priester der buddhistischen Tendai-Schule, Bruno Petzold, schreibt in seinem Werk *Goethe und der Mahayana Buddhismus*, dass Faust sich zunächst abseits vom Leben nach Erkenntnis verzehre, sich dann aber zum wirklichen Leben und »zum sittlich tätigen Charakter« durchringe. Es mag vielleicht sein, dass Goethes pantheistische Religionsauffassung Parallelen zum Mahayana Buddhismus aufweist. Der Dichter aber mit seinem Helden gleichzusetzen, ist generell fragwürdig und nach intensiver Beschäftigung mit dem Drama und moderner literaturwissenschaftlichen Untersuchungen in diesem Fall auch nicht nachvollziehbar.

Spätestens um die Wende vom 20. zum 21 Jahrhundert hat man einen Blick auf die Kollateralschäden des Fortschritts im Faustdrama geworfen, etwa auf die Verelendung der Arbeitermassen und die Zerstörung der Natur. In Bezug auf Fausts Persönlichkeit hat sich die Lesart durchgesetzt, dass er bis zum Schluss ein um sich selbst kreisender Ichling bleibt (siehe auch Seite 69–74). Und auch im buddhistischen Sinn ist keine Höherentwicklung festzustellen, treten doch gerade im letzten Lebensabschnitt Fausts die Geistesgifte Gier (Anhaftung), Hass (Ablehnung) und Verblendung besonders deutlich hervor

Rennen, begehren, vollbringen, wünschen, durchstürmen, groß, mächtig, tüchtig, weiterschreiten, unbefriedigt – das sind Schlüsselwörter, die in Fausts Lebensrückblick, den er der Sorge entgegenhält, aufscheinen. Wer will so gelebt haben? Faust, ja, er wollte es von Anfang an so und will es weiter so. Man kann sich angesichts seiner Unfähigkeit loszulassen nun fragen, ob man selbst im »höchsten Alter« immer noch eine To-do-Liste des Haben-Wollens (Lindenhain), des Erreichen- und Sich-verewigen-Wollens (Sumpfprojekt) abarbeiten möchte. Oder ob es nicht sinnvoller wäre, sich beizeiten an den Gedanken zu gewöhnen, dass man in nicht allzu ferner Zeit einfach nicht mehr hier sein und irgendwann auch sämtliche persönlichen Spuren verwischt sein werden. Und auch, ob es nicht sinnvoll wäre, nicht erst im Angesicht des Todes zu schauen, wie man lebt und gelebt hat.

Eine Möglichkeit, der eigenen Endlichkeit einmal tiefer in die Augen zu blicken und das Leben, das noch vor einem liegt, jetzt schon mal vom Ende her anzuschauen, besteht darin, die eigene Grabrede zu schreiben. Ich habe diese Übung in dem Buch *Shaolin. Das Geheimnis der inneren Stärke* von Thomas Späth und Shi Yan Bao kennengelernt. Fragen Sie sich, wie Sie gelebt haben möchten, wie Sie gewesen sein wollen, und legen Sie los. Ihr Nachruf kann Ihnen deutlich machen, was wirklich wichtig für Sie ist und wo Ihre Stärken liegen. Er kann im Abgleich mit Ihrem aktuellen Alltag aber auch Hinweise darauf geben, was Sie vielleicht in Zukunft anders machen wollen und vielleicht an sich verändern möchten.

DIMENSIONEN STATT SCHUBLADEN

In den vorhergehenden Kapiteln haben wir uns mit einzelnen Aspekten dessen beschäftigt, was Persönlichkeit ausmacht: Gedanken, Emotionen, die eigene Biografie, das Unbewusste, der Körper. Bei allen lassen sich Verbindungen zur Schauspielkunst herstellen und Übungen ableiten, mit denen man auf die eigene Persönlichkeit einwirken kann. Schauen wir jetzt auf Modelle, welche die individuelle Persönlichkeit als Ganzes in den Blick nehmen.

Das bekannteste Modell, mit dem heute in der Psychologie vielfach gearbeitet wird, setzt sich zusammen aus fünf Faktoren, den »Big Five«: Openness to Experience – Offenheit für Erfahrungen, Conscientiousness – Gewissenhaftigkeit, Extraversion – Extravertiertheit (der Außenwelt zugewandt), Agreeableness – Verträglichkeit, Neuroticism – Neurotizismus (emotional labil). Die Ursprünge dieses Modells liegen in den 1930er-Jahren, und sie zeigen einen engen Zusammenhang von Sprache und Persönlichkeit. Wir kommen jetzt also mal wieder auf das zweite S der KGSS-Formel (siehe Seite 22–25) zurück und knüpfen damit auch an den Anfang dieses Kapitels, die Abschnitte über das »Wort« an.

THE BIG SIX

Schon in der ersten Hälfte des 20. Jahrhunderts kamen Forscher auf die Idee, dass sich Persönlichkeitsmerkmale und damit auch Persönlichkeitsunterschiede in den Wörtern einer Sprache niederschlagen. Die Psychologen Gordon Allport – der Viktor Frankl in den USA förderte – und sein Kollege Henry Odbert durchforsteten ein dickes englisches Wörterbuch nach Adjektiven, die menschliche Eigenschaften beschreiben. Wörter, die sich auf Äußerlichkeiten oder momentane Gefühlsregungen oder Stimmungen bezogen, sortierten sie nachträglich aus. Im Folgenden wurde dieser lexikalische Ansatz (von »Lexikon« für Wörterbuch) von anderen Wissenschaftlern weiterverfolgt. Eigenschaften, die bei Menschen häufig gemeinsam auftraten, wurden jeweils zu einem der fünf Faktoren zusammengefasst. Federführend waren hierbei die Psychologen Paul Costa, Robert McCrae und Lewis Goldberg.

Weitere Sprachanalysen ergaben dann, dass es tatsächlich sechs Faktoren oder Dimensionen sind, mit denen sich die Persönlichkeit eines Menschen umreißen lässt, und dies relativ kulturübergreifend. Die neu hinzugekommene Dimension bekam den Namen

»Honesty-Humility« – Ehrlichkeit-Bescheidenheit. Der Begriff »Neurotizismus«, der ja etwas abwertend klingt, wurde durch die neutralere »Emotionalität« ersetzt. Auf diese Weise entstand das HEXACO-Modell, das im Wesentlichen durch die Psychologen Kibeom Lee und Michael C. Ashton geprägt ist. Der Name des Modells bezieht sich einerseits auf das griechische Wort für sechs, nämlich »hexa«, andererseits auf die Anfangsbuchstaben der Faktoren (wobei in einem Fall ein bisschen geschummelt und nicht auf die Schreibweise, sondern auf die englische Aussprache – »ex« für X – Bezug genommen wird).

Denken wir an unseren Dramenhelden Faust, dann ist leicht nachzuvollziehen, dass die neue Dimension nicht ganz unwichtig in der Beschreibung von Persönlichkeiten ist: Bescheidenheit oder Demut (wie man den Begriff »humility« ebenfalls übersetzen könnte) ist sicher keine von Fausts Stärken, und er würde hier im Falle eines Tests wohl schlecht abschneiden. Auch mit der Ehrlichkeit hat er es nicht so, weder gegenüber anderen – zum Beispiel Margarete – noch gegenüber sich selbst – denken Sie etwa an seinen Umgang mit der Sorge. (Sie können ja spaßeshalber anhand der Tabelle auf der gegen-über liegenden Seite Fausts Persönlichkeit unter die Lupe nehmen.)

Den sechs Begriffen können jeweils mehrere positive und negative Eigenschaften zugeschrieben und an den zwei Polen »schwach« oder »stark ausgeprägt« angesiedelt werden. Der Test wird üblicherweise mit einem Fragebogen aus 60 oder 100 Fragen durchgeführt. Damit lässt sich ein ganz individuelles Persönlichkeitsprofil erstellen. Die ermittelten Werte geben an, wie stark oder schwach Eigenschaften beziehungsweise Dimensionen ausgeprägt sind. In diesem graduellen Ansatz unterscheiden sich Modelle wie die »Big Five« oder »Big Six« von typologischen Ansätzen. Und sie werden der Einzigartigkeit jedes einzelnen Menschen viel eher gerecht.

DAS HEXACO-MODELL

schwach ausgeprägt	Faktor	stark ausgeprägt
egoistisch, manipulativ, habgierig, überheblich, auf eigenen Vorteil bedacht	H (Ehrlichkeit -Bescheidenheit)	aufrichtig, fair, genügsam, sozial eingestellt, zurückhaltend
emotional stabil, innerlich ruhig, gelassen, resilient, ausgeglichen	E (Emotionalität)	emotional labil, stressanfällig, ängstlich, unsicher, besorgt, empathisch
zurückgezogen, schüchtern, wenige soziale Kontakte, wenig unternehmungslustig	X (Extravertiertheit)	gesellig, selbstsicher, kommunikativ, begeisterungsfähig, aktiv, führungsstark
konfliktbereit, kompromisslos, auf der eigenen Meinung beharrend, streitsüchtig, aggressiv	A (Verträglichkeit)	umgänglich, kooperativ, wohlwollend, hilfs- und kompromissbereit, verständnisvoll, freundlich
unbekümmert, unbeschwert, spontan, chaotisch, leichtsinnig, nachlässig	C (Gewissenhaftigkeit)	ordentlich, sorgfältig, ausdauernd, organisiert, besonnen, selbstkontrolliert, zuverlässig, vorausschauend
konventionell, konservativ, vorsichtig bis skeptisch gegenüber Neuem, auf Bewährtes setzend	O (Offenheit für Erfahrungen)	wissbegierig, kreativ, hinterfragend, experimentierfreudig, fantasievoll

TYPISCH UND DOCH WIEDER NICHT

Bei typologischen Persönlichkeitsmodellen geht es nicht um den Ausprägungsgrad verschiedener Eigenschaften, sondern darum, ob man sich dem einen oder dem anderen Typen zuordnet. Vielleicht kennen Sie noch die Lehre von den vier Temperamenten: Sanguiniker, Choleriker, Melancholiker und Phlegmatiker. Sie fußt auf der Humoralpathologie, jener Krankheitslehre, die von der Antike bis ins 19. Jahrhundert hinein als gültig angesehen wurde. Ebenfalls auf die Antike gehen die zwölf Tierkreiszeichen zurück, die laut Astrologie unser Leben und unsere Persönlichkeit (mit)bestimmen sollen. Für Letzteres gibt es bis dato keine belastbaren Belege, für das Gegenteil schon: Ein dänisch-deutsches Forscherteam untersuchte im Jahr 2005 die Daten von 15 000 Personen im Hinblick auf einen Zusammenhang zwischen Sternzeichen und Persönlichkeit – mit dem Ergebnis: Es gibt keinen.

Irgendwann zwischen Spätpubertät und Erwachsenwerden habe ich mich für Astrologie interessiert und mich zusammen mit einer Freundin, die am selben Tag Geburtstag hat wie ich, eingehender damit beschäftigt. Das hat Spaß gemacht, und auch wenn ich letztlich nicht nachvollziehen kann, wie Sternen- und Planetenkonstellationen unser Schicksal und unsere Persönlichkeit beeinflussen sollen – etwas habe ich doch gelernt. Die Bücher, die wir gewälzt haben, beschrieben teilweise sehr differenziert Charaktereigenschaften der zwölf Tierkreiszeichen. Und durch die Beschäftigung damit ist mir klar geworden, wie unterschiedlich Menschen in der Welt unterwegs sein können. Dass beispielsweise der eine sein Umfeld mehr als Großes und Ganzes wahrnimmt, ein anderer hingegen sehr auf Details achtet, die eine eher geradlinig ein Ziel verfolgt, eine andere mehr auf das reagiert, was ihr gerade begegnet. Dass der eine gern viele Menschen um sich hat und das Abenteuer sucht, die andere nur wenig von sich preisgibt und viel Ruhe braucht ... Solche Unterschiede dann auch im wirklichen Leben zu beobachten – unabhängig davon, wann jemand geboren ist –, hat bei mir schließlich dazu geführt, Diversität unter den Menschen anzuerkennen, und damit letztlich zu mehr Toleranz und Respekt anderen gegenüber sowie zu der Einsicht, dass niemand allein der Maßstab aller Dinge ist. Man kann also auch in der Beschäftigung mit wissenschaftlich nicht fundierten Modellen zu gewissen Erkenntnissen gelangen.

Auch C. G. Jung hat ein Typenmodell entwickelt, das heute aber als überholt und teilweise unwissenschaftlich eingestuft wird. Jung geht nämlich davon aus, dass jeder Mensch sich in einem Individuationsprozess auf ein bestimmtes Ziel, nämlich sein »wahres Selbst« hin entwickelt. Diese Annahme ist durch neuere Forschungsergebnisse nicht haltbar und wird dem flexiblen, dynamischen Charakter unserer Persönlichkeit nicht gerecht. Allerdings ist Jung die nützliche Unterscheidung von »introvertiert« und »extravertiert« zu verdanken, die in der Persönlichkeitspsychologie nach wie vor eine Rolle spielt, auch im HEXACO-Modell.

Moderne Typenmodelle werden heute gern bei beruflichem Coaching und bei Teambuilding-Maßnahmen eingesetzt, weshalb ich hier nicht näher darauf eingehe. (Ein Beispiel dazu wäre das DISG-Modell, benannt nach vier Eigenschaften: dominant, initiativ, stetig und gewissenhaft.) Typen kommen im Leben auch nicht in reiner Form vor und sind deshalb weder für die schauspielerische Arbeit noch für die Arbeit an uns selbst von Bedeutung. Wir alle haben ja ein bisschen von dieser und etwas mehr von jener Eigenschaft, und je nach Situation kommt das eine oder das andere mehr zum Tragen. Typenlehren dagegen bergen immer die Gefahr des Schubladendenkens, was der Individualität von Menschen nicht gerecht wird und uns selbst an der Weiterentwicklung hindern kann.

ZIEMLICH ÜBERTRIEBEN: EIN BRÜLLENDER WURM

Wenn man etwas an sich ändern will, dann meist eher eine Facette der eigenen Persönlichkeit, eine oder zwei bestimmte Eigenschaften. Oder man will seine Haltung ändern, etwa hin zu mehr Selbstakzeptanz. In den allerseltensten Fällen wünscht sich jemand, völlig anders zu werden. Außer Faust natürlich, der gerne Gott sein möchte. Unsere Ziele sollten bei Veränderungswünschen schon realistisch sein. Beziehungsweise sollten wir sie anpassen, wenn wir merken, dass sie nicht stimmig sind. Ein Bücherwurm wird sich wohl kaum jemals in einen Partylöwen verwandeln oder umgekehrt. Aber sich etwas mehr Geselligkeit oder Offenheit anzutrainieren, wäre schon möglich. Und darauf zu achten, dass auch andere mal im Rampenlicht stehen, könnte man ebenfalls lernen. Aber: Auch wenn der brüllende Löwe von vielen bewundert wird, kann der Wurm mit seinen Büchern trotzdem zufrieden und glücklich sein. Und wer Geselligkeit und den großen Auftritt liebt, wird mit der Stille einer Bibliothek, wo Menschen sich gegenseitig kaum wahrnehmen, wenig anfangen können. In beiden Fällen gibt es keinen Grund, sich ganz radikal zu ändern.

Damit wären wir bei der Frage angekommen: Was muss eigentlich gegeben sein, wenn wir Persönlichkeitseigenschaften ändern wollen, und wie stellen wir es am besten an?

ZIELVEREINBARUNG MIT SICH SELBST

Im vorhergehenden Kapitel haben wir uns mit der Frage beschäftigt, wie wir geworden sind, wer wir sind. Und wir haben gesehen, dass unsere Persönlichkeit ziemlich flexibel ist und wir uns deshalb auch ändern können. Wenn Sie sich an die Übungen erinnern, mit denen man negative Glaubenssätze bearbeiten oder eine wohlwollende Haltung erreichen kann, dann ist aber auch klar, dass bewusste Persönlichkeitsänderung und -entwicklung nicht einfach hopplahopp geht, sondern Zeit und Einsatz erfordert. Dasselbe gilt für die Erarbeitung einer Film- oder Theaterrolle.

Das vorhergehende Kapitel hat außerdem gezeigt, dass wir ständig in Interaktion mit der Umwelt sind. Das bedeutet, dass wir uns immer auch mit einem Außenblick betrachten, mit dem Blick derer, auf die wir wirken wollen. Dabei versuchen wir, uns so zu verhalten, dass wir die von uns gewünschte Wirkung auch erzielen. Wir setzen uns also auch im wirklichen Leben immer in Szene. Der Soziologe Erwing Goffman hat zur Beschreibung unserer Selbstdarstellung Begriffe aus der Welt der Schauspielerei herangezogen. Der Titel der deutschen Übersetzung seines Buches lautet deshalb auch: *Wir alle spielen Theater*. Der wesentliche Unterschied zwischen Alltag und Bühne besteht darin, dass im echten Leben die Ensemblemitglieder (etwa in einem Team oder in der Familie) gleichzeitig auch Publikum der jeweils anderen Darsteller und Darstellerinnen sind. Im Theater dagegen sind die Zuschauer dritter Partner im Bunde. Gemeinsam ist den beiden Situationen, dass Darsteller/Schauspieler und soziale oder Theaterrolle in einer Person vereinigt sind, alle sich ständig verbal und nonverbal Rückmeldung geben und ein soziales Gefüge bilden. Die entscheidende Frage ist, ob die Verkörperung einer Figur auf der Bühne oder die Selbstdarstellung im Leben glaubwürdig ist oder nicht. Um Glaubwürdigkeit zu erreichen, können Sie in einem ersten Schritt die »geteilte Aufmerksamkeit« (siehe Seite 203/204) weiter trainieren. Diesmal setzen Sie dazu auch Ihre Vorstellungskraft ein.

Eine silberne Kugel – zum Beispiel

Es geht bei dieser Übung darum, dass wir unsere Aufmerksamkeit auf zwei oder mehrere Dinge richten, etwa auf unseren Körper und den Raum um uns herum, auf eine Bewegung und die Empfindung, die sie auslöst. Oder auf etwas, das wir uns vorstellen, und darauf, wie diese Vorstellung auf unseren Körper und unsere innere Einstellung wirkt.

Die Wirkung von Minibewegungen spüren: Stellen Sie sich mit schulterbreit voneinander entfernten Füßen, die ein ganz leichtes V bilden (Fersen etwas näher zusammen als die großen Zehen), und aufrecht hin. Die Knie zeigen nach vorne und sind nicht durchgestreckt, Becken und Oberkörper sind aufgerichtet, der Kopf balanciert auf dem Hals und die hängenden Arme sind leicht angewinkelt. Ihr Blick ist nach vorne gerichtet.

- Verlagern Sie nun das Gewicht auf Ihr rechtes Bein, sodass der ganze Körper etwas nach rechts schwankt (ohne in der Taille einzuknicken). Schauen Sie nach links und nach rechts, stellen Sie sich dabei vor, Sie schauen jemanden an. Beobachten Sie, was diese Haltung mit Ihnen und Ihrer Einstellung dem anderen gegenüber macht. Sie können das Ganze natürlich auch zusammen mit einem echten Menschen ausprobieren.
- Wiederholen Sie die Übung mit nach links geneigtem Körper, ebenso nach vorne und nach hinten geneigt. Erspüren Sie die Unterschiede.

Körperregionen und Umgebung aufmerksam wahrnehmen: Gehen Sie zunächst im Raum umher (das kann auch eine Wiese unter freiem Himmel sein), nehmen Sie den Raum und die Dinge um Sie herum wahr – Gegenstände, Gerüche, Geräusche ...

- Richten Sie nun Ihre Aufmerksamkeit (nicht den Blick!) auf Ihre Füße, während Sie weitergehen. Spüren Sie nach, welche Empfindungen dieser Fokus auf die Füße auslöst. Nach einiger Zeit nehmen Sie auch wieder den Raum wahr, während gleichzeitig Ihre Aufmerksamkeit bei den Füßen bleibt. Nach ein paar Minuten lösen Sie den Fokus von Füßen und Raum, gehen aber weiter.
- Richten Sie dann Ihre Aufmerksamkeit auf Ihren Kopf. Nehmen Sie wahr, ob sich etwas an Ihrer Körperhaltung oder Ihrer Stimmung ändert. Spüren Sie dem Unterschied nach – je nachdem, ob Ihre Aufmerksamkeit oben beim Kopf oder unten bei den Füßen ist. Versuchen Sie auch jetzt wieder, den Raum wahrzunehmen und gleichzeitig mit der Aufmerksamkeit bei Ihrem Kopf zu bleiben.
- Wiederholen Sie die ganze Prozedur, indem Sie dabei Ihre Aufmerksamkeit auf die Brust lenken.

Sie können anschließend gerne Ihre Erlebnisse für sich in Worte fassen, wichtiger jedoch sind das Erspüren und das Wahrnehmen.

Ungewöhnliches imaginieren: Auch bei dieser Übung bewegen Sie sich durch den Raum. Ihre Aufmerksamkeit richtet sich nun aber nicht mehr allein auf eine Körperregion, sondern zusätzlich auf etwas, das Sie sich vorstellen – zum Beispiel eine silberne Kugel, die um Ihren Kopf kreist. (In der Chekhov-Methode spricht man von »Körperzentrum« oder von »imaginärem Zentrum«.) Machen Sie die Übung ansonsten genauso wie die vorhergehende.

- Gehen Sie umher und lenken Sie Ihre Aufmerksamkeit auf die kreisende Kugel. Vermutlich werden Sie diese vor Ihrem inneren Auge sehen, also visualisieren. Sie gibt aber vielleicht auch ein leises surrendes Geräusch von sich und/oder verursacht einen leichten Luftzug. Nehmen Sie sie mit allen Sinnen wahr, sodass sie mit der Zeit fast zu einem Teil von Ihnen selbst wird.
- Wenn die Kugel in Ihrer Vorstellungskraft entstanden ist, versuchen Sie, auch wieder den Raum um sich herum wahrzunehmen – und trotzdem die Kugel nicht zu verlieren.
- Beenden Sie die Übung nach ein paar Minuten und spüren Sie nach, was die Vorstellung bewirkt hat.

Ich verrate Ihnen, wie es mir mit der silbernen Kugel erging: Ich hatte ein sehr klares Gefühl von Reinheit und moralischer Überlegenheit und war der Überzeugung, auf der richtigen Seite zu stehen. Ein Hang zur Hochnäsigkeit war zu spüren, aber auch der Wunsch, andere von (m)einem („richtigen") Weg zu überzeugen. Das ist natürlich meine ganz individuelle Auslegung der silbernen Kugel, aus einem Schauspielkurs weiß ich aber, dass viele Teilnehmerinnen eine im Grunde vergleichbare Wirkung verspürten.

- Variieren Sie die Übung, indem Sie die Kugel mal schneller, mal langsamer kreisen lassen, mal eher um die Stirn, mal mehr unten am Kinn – und achten Sie auf die Unterschiede.
- Setzen Sie die silberne Kugel auch mal in Alltagssituationen ein: Lassen Sie sie beim Spülen oder auf dem Hometrainer um sich kreisen, an der Bushaltestelle oder während Sie mit einem Freund Kaffee trinken.

- Machen Sie die Übung unbedingt auch mit ein paar anderen Imaginationen. Lassen Sie Ihrer Fantasie freien Lauf. Falls diese einen Anstupser braucht – hier ein paar Vorschläge: Gelbe Schmetterlinge flattern im Bauch, Champagner sprudelt in den Beinen, bunte Konfetti schwirren um den Körper, Goldmünzen fliegen aus dem Herzen ...

Ich habe hier bewusst nur Dinge ausgewählt, die eine eher positive Wirkung erwarten lassen. Schließlich wollen wir – wenn wir etwas an unserer Persönlichkeit ändern wollen – ja nicht zu Loosern, Mörderinnen oder Opfern werden. Bei der schauspielerischen Rollenarbeit kann man natürlich auch mit heftigen Imaginationen arbeiten, zum Beispiel »ein rostiger Nagel steckt im Herzen«. Hier ist es aber auch besonders wichtig, aus der Übung und später aus der Rolle wieder auszusteigen, durch Abklopfen und Ausschütteln des Körpers, eine neutrale Atmung und ein individuelles Ausstiegsritual, etwa aus der Figur förmlich rauszutreten, ihre Hülse im Probenraum oder auf der Bühne zurückzulassen und zur nächsten Probe oder Aufführung wieder in die Figur hineinzuschlüpfen – imaginär und körperlich. Sollten bei einer Ihrer Imaginationsübungen unangenehme Gefühle und Empfindungen auftauchen, können Sie ähnlich verfahren: die Schmetterlinge zum Fenster hinausfliegen lassen und das Fenster schließen, oder die Konfetti im Geiste mithilfe eines Wasserschlauchs nass spritzen, sodass sie nicht mehr schwirren können.

Solche Übungen beziehungsweise die geteilte Aufmerksamkeit helfen Ihnen dabei, sich selbst und andere (deren Verhalten und Reaktionen auf Sie) sowie die Situation insgesamt bewusster wahrzunehmen und letztendlich dann auch Ihr eigenes Verhalten bewusst zu ändern.

Wenn man sich verändern und weiterentwickeln will, ist es außerdem gut zu wissen, wie der Mensch an sich tickt, also WIE wir werden, wer wir sind, und WAS uns als Individuum ausmacht – zum Beispiel Glaubenssätze oder Denkmuster, emotionales Profil, Needs,

Persönlichkeitsprofil. Klar, wir können niemals alles hundertprozentig erfassen und sollten das auch gar nicht erst versuchen, sonst wäre Frust angesagt. Wir kennen das ja von Faust, der zwar nicht sich selbst, dafür aber gleich die ganze Welt bis ins tiefste Innerste hinein begreifen will. Und so, wie es keine allumfassende Selbsterkenntnis gibt, ist auch kein totaler Wandel möglich und sinnvoll (siehe Löwe und Wurm Seite 241/242) und schon gar keine Idealpersönlichkeit. Blinde und dunkle Flecken gehören immer zu uns dazu.

Ein gewisses Maß an Selbst-Bewusstsein ist jedoch die Voraussetzung dafür, Persönlichkeitsentwicklung nicht einfach nur geschehen zu lassen durch aufeinanderfolgende Entwicklungsstufen und Lebensereignisse. Und nur, wenn wir uns selber einigermaßen kennen, spüren wir auch, was für uns stimmig ist, welche Ziele zu uns passen und in welche Richtung wir uns verändern wollen. Damit wären wir bei der Frage angelangt: Was muss gegeben sein, damit Veränderung gelingt?

WAS IST DAS ZIEL?

Oft ist es gar nicht so einfach, zu formulieren, was wir eigentlich ändern wollen. Wir sind zwar mit diesem oder jenem Charakterzug unzufrieden, können aber nicht so genau sagen, wohin die Reise gehen soll. In dieser Situation hilft wieder das HEXACO-Modell weiter. Denn das, was uns missfällt, und das, was wir entsprechend anstreben, lässt sich einer dieser Dimensionen zuordnen. Diese sind ja bei jedem und jeder von uns angelegt und mehr oder weniger deutlich ausgeprägt, wobei die Ausprägung je nach Situation auch variieren kann. Wer zum Beispiel in der gewohnten Umgebung emotional stabil und selbstsicher wirkt, kann in fremden, fernen Ländern womöglich ängstliche oder streitsüchtige Seiten – und so die eigene Verunsicherung – zeigen. Wenn etwas in uns nach Veränderung verlangt, dann geht es in den allermeisten Fällen natürlich nicht um Ausnahmesituationen, sondern um unseren Alltag, also um unser Verhalten und unsere innere Haltung im Berufs- oder Privatleben.

Werfen Sie also einen Blick auf das Modell (Seite 239): In welcher Dimension soll die Veränderung stattfinden? Um welche Eigenschaften, Haltungen und Einstellungen geht es? Fühlen Sie sich zwar mit allem, was sich bewährt hat, wohl, aber das Gewohnte wird Ihnen auch langsam langweilig? Dann werden Sie auf dem Gebiet der Offenheit operieren und lernen wollen, Neues zu wagen. Ecken Sie häufig mit Ihrer Kompromisslosigkeit an und leiden darunter, dass andere Sie für streitsüchtig halten? Dann wollen Sie vielleicht versuchen, verträglicher und wohlwollender im Umgang mit anderen zu werden. Und wer zu Dramatik und Tränenausbrüchen neigt, wünscht sich für sich vermutlich mehr innere Ruhe und Gelassenheit. Wohin auch immer Ihr persönlicher Weg gehen soll, folgende Punkte sind wesentlich für die Arbeit an sich selbst.

DAS ZIEL BENENNEN

Ihr Ziel sollte immer positiv formuliert sein. Aussagen wie »Ich möchte nicht mehr so leicht ausrasten« oder »Ich will weniger gestresst sein« sind sehr ungünstig, da sie in Ihnen diejenige unerwünschte emotionale und körperliche Verfassung anstoßen, die Sie ja eigentlich loswerden wollen. Die KGSS-Formel (siehe Seite 22–25) würde sich bei solchen Vermeidungszielen negativ auswirken. Sie haben diesen Effekt bei den Glaubenssätzen bereits kennengelernt.

Es geht also um Ziele wie »Ich möchte selbstbewusster werden«, »Ich möchte in Stresssituationen Ruhe bewahren«, »Ich will mich besser konzentrieren« oder »Ich möchte die Menschen bezaubern«. Psychologen sprechen hier gerne von »Annäherungszielen«, also von positiv formulierten »Hin-zu-Zielen«. Der Begriff verweist aber auch darauf, dass wir diese Ziele weder schnell noch unbedingt zu hundert Prozent erreichen, sondern wir uns ihnen lediglich mit der Zeit annähern. Und es handelt sich hier um situationsübergreifende, allgemeingültige Ziele. Es geht zum Beispiel nicht darum, in der Examenssituation oder im Stau auf der Autobahn Ruhe zu bewahren, sondern grundsätzlich die Fähigkeit »Ruhe bewahren« auszubauen und in verschiedenen Situationen anwenden zu können.

WENN WIR UNS SELBST ÄNDERN,
ÄNDERN WIR AUCH DAS UMFELD

Auch in der Schauspielerei, bei der Erarbeitung einer Rolle, gehört die Frage nach dem Ziel der jeweiligen Figur an den Anfang des Prozesses. Es geht immer erst einmal darum, was diese Figur bewirken und erreichen will, damit ein lebendiges und überzeugendes Stück auf die Bühne kommt. Würden wir uns vor allem auf die Frage konzentrieren, was die Figur denkt oder fühlt, dann würde keine Handlung entstehen und keine Interaktion zwischen den Figuren. Um Handlung und Interaktion geht es aber auf der Bühne – genauso wie im richtigen Leben. Fragen wir also: Wie kann die Figur beziehungsweise wie kann ich das Ziel erreichen?

Hier streife ich nun einen Punkt, der meines Erachtens bei der Zielformulierung ebenfalls eine Rolle spielt. Häufig ist es ja so, dass wir von anderen erwarten, dass sie sich ändern sollen, damit es uns besser geht. Der Ehemann soll bitte schön die (berühmte) Zahnpastatube nicht mehr offen lassen und überhaupt ordentlicher werden. Die Kollegin soll gefälligst nicht immer so viel reden bei den Teamsitzungen, damit ich auch mal zu Wort komme ... Wir merken aber (hoffentlich bald), dass alles Nörgeln und Ärgern, alles Bitten und Augenverdrehen nichts nützt. Wenn man aber selbst mit einer anderen Haltung an die Sache herangeht, kann sich der Knoten lösen. Mehr eigener Humor, mehr Toleranz oder Selbstsicherheit könnten hier festgefahrene Muster auflösen, das Verhalten der anderen unwillkürlich beeinflussen und eine positive Veränderung des gesamten Systems (Partnerschaft, Team) bewirken.

Vielleicht sind Sie ja durch die entsprechenden Übungen den ein oder anderen Glaubenssatz erfolgreich losgeworden (siehe Seite 101–103 und 105/106), dann haben Sie vermutlich nicht nur eine Veränderung Ihrer Stimmungslage festgestellt, sondern auch eine veränderte Haltung anderer Ihnen gegenüber. Wenn ich beispielsweise dem Satz »Ich bin ein Idiot« nicht mehr glaube, sondern mehr auf die Aussage »Ich bin ganz okay« vertraue, dann wirkt sich das nicht nur auf mein Befinden aus, ich werde auch meinen Mitmenschen in anderem Licht erscheinen – selbstsicherer, heller, freundlicher. Und sie werden dann auch anders auf mich reagieren als früher.

Können wir also unterscheiden zwischen Zielen, die nur uns selbst betreffen (wobei Veränderungen im Umfeld dann zufällig auch zustande kommen), und solchen, die sich letztlich auf andere richten? Ich denke, dass immer beides eine Rolle spielt. Denn da alles mit allem zusammenhängt, steckt in jedem Wunsch nach Veränderung ein Bedürfnis oder ein Need (siehe Seite 183). Wer selbstunsicher ist und daran etwas ändern möchte, strebt vermutlich nach Respekt und Anerkennung durch andere. Wer verträglicher werden will, möchte wohl auch sein Bedürfnis nach Zuwendung erfüllen, die ihm wegen seiner Streitsüchtigkeit versagt bleibt. Und wer ruhig und gelassen auftritt, erreicht damit auch, dass andere ihm aufmerksam zuhören und ihn ernst nehmen, auch wenn sie vielleicht gegenteiliger Meinung sind. Denn nach dem Embodiment-Konzept (siehe Seite 200/201) sind nicht nur Körper, Geist und Seele wechselseitig miteinander verbunden, sondern alle Beteiligten einer Situation – also alle KGS-Systeme – befinden sich in ständigem Austausch miteinander. Das sollte man bei der Zielformulierung im Hinterkopf haben, auch wenn es hier um die eigene Persönlichkeitsentwicklung geht und wir deshalb auch bei uns selbst ansetzen. Widmen wir uns im Folgenden also der Frage, wie das gehen könnte.

WIE IST DER WEG?

Einfach nur ein Ziel zu formulieren reicht natürlich nicht aus, um sich nachhaltig zu verändern. Es könnte sogar zu schlechter Stimmung beitragen, denn wir würden uns so nur die Diskrepanz zwischen Ist- und Soll-Zustand, zwischen Wunsch und Wirklichkeit vor Augen führen. Was also braucht es noch?

• Wir müssen uns wirklich ändern WOLLEN: Das bedeutet, dass wir motiviert sein müssen oder dass wir unter einem gewissen Leidensdruck stehen. Daraus resultiert die innere Kraft, die uns antreibt, aber auch das positive Gefühl, das wir mit dem Ziel verbinden.

Die Handlung hinter dem Text

Einige heutige Chekhov-Lehrer arbeiten mit einer Methode, die sich »physical objective« nennt, wörtlich übersetzt »körperliches Ziel«, und auf dem Prinzip der psychologischen Gesten basiert (siehe Seite 108/109). Gemeint ist damit, dass ein Ziel mit einer ganz konkret ausgeführten Geste verknüpft wird, dass ich also etwas tue, UM etwas ZU erreichen oder DAMIT jemand etwas Bestimmtes tut. »Ich ziehe dich auf meine Seite, damit du nicht stirbst«, könnte zum Beispiel ein Physical Objective für Faust sein, wenn er Margarete aus dem Kerker holen will. Beim Proben würde der betreffende Schauspieler zunächst mehrmals den Satz sagen, dann würde er, während er spricht, mit beiden Händen und Armen die Bewegung des Ziehens ausführen. Danach würde er dazu übergehen, den eigentlichen Text der Szene zu sprechen: »... Nur einen Schritt, so bist du frei! ... Du sollst leben!« Die Schauspielerin der Margarete könnte dagegen mit dem Satz »Ich stoße dich von mir, um mein Seelenheil zu retten« und der Geste des Wegstoßens arbeiten.

• Wir müssen daran GLAUBEN, dass wir uns ändern können: Hier hilft zum einen das Wissen über die Flexibilität und Lernfähigkeit des Menschen weiter. Wir müssen aber auch davon überzeugt sein, das Ziel aus eigener Kraft zu erreichen. Deshalb sollte Ihr Ziel nicht allzu umfassend sein (etwa zur Göttin zu werden), sondern eine Facette Ihrer Persönlichkeit oder eine der HEXACO-Dimensionen in den Blick nehmen.

• Wir müssen unseren Änderungswunsch in konkretes Verhalten UMSETZEN: Es genügt nicht, sich vorzustellen, wie es wäre, wenn man selbstbewusster, gelassener, offener ... wäre. Man muss auch in Alltagssituationen üben. Nur wenn man in gewohnten Situationen anders als bisher üblich handelt oder sich in ungewohnte Situationen begibt, kann sich verändertes Verhalten auch festigen.

ACHTUNG! STOLPERSTEINE

Meiner Erfahrung nach gibt es zwei potenzielle Stolpersteine auf dem Weg der bewussten Persönlichkeitsänderung. Das eine sind aufgesetzte Ziele, das andere ist der innere Schweinehund.

• **Aufgesetzte Ziele:** Manchmal wünschen wir uns etwas, was wir bei anderen bewundern. In jungen Jahren habe ich oft jene Freundinnen beneidet, die einen riesigen Freundeskreis hatten oder eine beachtliche Karriere samt hohem Bekanntheitsgrad vorweisen konnten. Irgendwie wollte ich auch so »toll« sein und habe unter meiner vermeintlichen Unzulänglichkeit gelitten. Ich habe die Lebensweise anderer als »die richtige« angenommen und zu wenig bedacht, dass wir Menschen nun einmal sehr, sehr verschieden sind. Etwas zu imitieren, was nicht zu uns passt, hat jedoch nichts mit Persönlichkeitsentwicklung zu tun. Da stimmen weder Ziel noch Weg. Das gilt häufig auch für Erwartungen, die von außen an einen herangetragen werden. Manchmal bleibt einem jedoch nichts anderes übrig, als diese zu erfüllen. Etwa ordentlicher zu werden, um gestellte Anforderungen effektiver zu bewältigen. Dann lohnt es sich, das Ziel – hier »ordentlicher werden« – in den eigenen Augen attraktiv zu machen, positive Aspekte herauszuarbeiten und sich so zu motivieren. Zum Beispiel: Wenn ich ordentlicher bin, vergeude ich weniger Zeit mit Suchen.

• **Innerer Schweinehund:** Sich immer die Vorteile vor Augen zu führen, ist auch bei selbst gesteckten Zielen eine gute Methode, etwa wenn der Elan auf halbem Weg nachlässt. Wer zum Beispiel mehr Offenheit trainieren will und deshalb einen Sprachkurs belegt hat, bei dem er oder sie unbekannte Menschen kennenlernt, mag sich ab und an doch lieber wieder mal zu Hause einigeln. Motivieren Sie sich in solchen Fällen, indem Sie sich ausmalen, wie gut es für Sie ist, offener und neugieriger durch die Welt zu gehen. Oder denken Sie daran, wie schön es an manchen Abenden mit den anderen Kursteilnehmern war. Aber Achtung! Der Schweinehund hat noch eine ganz perfide Strategie auf Lager: Er versucht uns manchmal einzureden, dass das selbst gesteckte Ziel ein aufgesetztes sei, dass es gar nicht zu uns passe (damit er auf der Couch liegen bleiben kann). Sagen Sie ihm, dass Sie sich die Sache noch einmal genau anschauen wollen. Ein »falsches« Ziel erkennen Sie nur, indem Sie dranbleiben, nicht indem Sie dem Schweinehund glauben.

DEN WEG FINDEN UND ÜBEN

Wenn man etwas an sich verändern, sich weiterentwickeln, den Facettenreichtum der eigenen Persönlichkeit erweitern will, dann kann man dazu wieder sehr gut die KGSS-Formel (Seite 22–25) und das Embodiment-Konzept (Seite 200/201) heranziehen. Und man kann dabei ähnlich vorgehen wie bei der Erarbeitung einer Theaterrolle. Die Übung auf der folgenden Seite bringt Sie Ihrem Ziel Schritt für Schritt näher.

Sich dem Ziel annähern

Mit der Übung zu positiven Glaubenssätzen (Seite 105/106 und 111/112) haben Sie eine Aussage verkörpert. Dabei richtete sich Ihre Aufmerksamkeit auf Ihr (zu änderndes) Selbstbild. Jetzt geht es um einen Aspekt Ihrer Persönlichkeit und Ihr mit ihm verbundenes Auftreten im Alltag, also um soziale Situationen oder Interaktion.

- **Zielformulierung:** Durch die Beschäftigung mit dem HEXACO-Modell können Sie Ihren Änderungswunsch schon ziemlich genau verorten. Formulieren Sie Ihr Ziel allgemein sowie kurz und bündig. Zum Beispiel: »Ich will selbstsicher werden.« Sie können diesen Wunsch auch etwas spezifizieren, etwa: »Ich will immer klar und deutlich meinen Standpunkt vertreten.« Wandeln Sie dann Ihren situationsunabhängigen Wunsch »Ich will ...« (Soll-Zustand) um in »Ich bin ...«/»Ich vertrete ...« (Ist-Zustand). Das lenkt ab von der Diskrepanz zwischen Wunsch und Wirklichkeit und setzt den folgenden kreativen Prozess in Gang.

- **Kreative Phase:** Nun geht es darum, für Ihr Ziel einen bildhaften und körperlichen Ausdruck entstehen zu lassen. Was die Bilder betrifft, gibt es keine konkreten Vorgaben, sondern es geht um Ihre ganz persönlichen inneren Bilder. Ich habe zum Beispiel gute Erfahrungen damit gemacht, mich im Geiste auf einen fliegenden Teppich zu setzen und von dort aus mit anderen zu kommunizieren. Mein Ziel war damals gewesen, mich besser abzugrenzen, eine Distanz zu allem, was auf mich einströmte, herzustellen. Für einen anderen Menschen könnte Abgrenzung mit einem Schildkrötenpanzer zu tun haben, den er um sich legt und aus dem heraus er freundlich lächelnd mit anderen spricht. Und wieder eine andere spürt die kuschelige, speziell riechende Decke aus der Kindheit auf ihrer Haut, die sie mit keinem der Geschwister teilen musste. Der Begriff »Bild« ist nicht auf das Sehvermögen und das Visualisieren beschränkt, sondern umfasst alle Sinne. Und wenn im Folgenden von »Bildern« die Rede ist, handelt es sich lediglich um Beispiele, die einzig und allein die Vielfalt der Möglichkeiten zeigen und keine Vorgaben darstellen sollen.

Schritt 1: Sagen Sie sich innerlich Ihren Zielsatz vor (»Ich trete selbstsicher auf«, »Ich öffne mich gegenüber anderen Menschen«, »Ich schütze mich vor zu vielen Ansprüchen« …) und schauen Sie, was die Aussage bei Ihnen auslöst. Auch wenn Sie in diesem Schritt als Erstes eine Veränderung Ihrer Körperhaltung oder ein Gefühl wahrnehmen, wichtig ist auch Ihr ganz persönliches Bild, das Sie mit Ihrem Ziel verbinden.

Schritt 2: Was fällt Ihnen ein, wenn Sie selbstsicher auftreten, sich öffnen oder sich schützen? Unterschiedliche Bilder für Schutz oder Abgrenzung habe ich schon erwähnt. Sich für andere zu öffnen mag mit einem weit geöffneten Tor assoziiert sein oder mit der Weite des Meeres. Selbstsicherheit kann durch eine hochgewachsene, fest verwurzelte Pflanze oder ein starkes Tier symbolisch repräsentiert sein, vielleicht aber auch durch einen Baumstamm, der über einen Bach führt und über den Sie als Kind erstmals selbstständig balanciert sind – voller Stolz. Entscheidend ist, dass Ihr Bild mit einem schönen Gefühl verbunden ist und keine negativen Erinnerungen weckt! Geben Sie sich für diesen Schritt Zeit und lassen Sie Ihr Unterbewusstsein in kreativen Pausen auch mal alleine arbeiten. Es geht darum, Ihre ganz individuelle Ausdrucksform für Selbstsicherheit zu finden.

Schritt 3: Beziehen Sie nun Ihr Bild in Ihre Zielformulierung ein. Wie fühlt es sich an, wenn Sie selbstsicher wie ein Baum stehen, das Tor für Ihre Mitmenschen öffnen oder eine schützende Decke um sich legen? Welche Körperhaltung, welcher Gesichtsausdruck passt dazu. Probieren Sie ruhig ein wenig herum, damit sie spüren, welche Verkörperung sich letztlich richtig anfühlt.

- **Probenphase:** Damit sich Ihr Ziel über Ihr verkörpertes Bild, das Embodiment, möglichst nachhaltig verfestigen kann (in der Sprache der Hirnforschung ausgedrückt: damit sich entsprechende neue neuronale Verbindungen ausbilden), müssen Sie die gefundene Haltung immer wieder bewusst einnehmen, mehrmals täglich über einen längeren Zeitraum. Zunächst am besten, wenn Sie alleine sind, dann immer öfter in verschiedenen unverfänglichen Alltagssituationen, etwa im Supermarkt oder an der Bushaltestelle. So geht Ihnen Ihre Selbstsicherheit, Ihre Offenheit oder Ihre Abgrenzung langsam in Fleisch und Blut (und Hirn) über.

Ihr Auftritt bitte: Nun wird es ernst, und es geht in die Teamsitzung, auf die Party oder zum Besuch bei den Eltern, wo Sie selbstsicher, offen oder sich abgrenzend auftreten. Und hier wird nun wieder die geteilte Aufmerksamkeit wichtig. Denn Sie werden in solchen Situationen Ihr Embodiment bewusst aufrechterhalten müssen wie die silberne Kugel (siehe Seite 243–246) und gleichzeitig mit anderen kommunizieren müssen, und Sie dürfen sich auch von unvorhergesehenen Ereignissen (jemand wirft eine Tasse um) nicht drausbringen lassen. Und Sie müssen auch das Verhalten und die Reaktionen der anderen einigermaßen bewusst wahrnehmen, denn Sie spiegeln Ihnen Ihr Auftreten zurück.

Mit der Zeit wird die nervige Teamkollegin vermutlich zurückhaltender, und falls nicht – einen starken Baum wirft so schnell nichts um. Partykonversation macht Ihnen nach einigen Einsätzen womöglich richtig Freude und die immerwährende Kritik Ihrer Eltern immer weniger zu schaffen. Und bei Rückfällen hilft der Gedanke: »Nobody is perfect.« Seien Sie wohlwollend mit sich und sehen Sie Persönlichkeitsentwicklung immer als einen Prozess mit Annäherungszielen.

Kreativ sein, proben, aufführen – das sind die Stichworte für die schauspielerische Arbeit. Aber nicht nur dafür, sondern auch für die Arbeit an uns selbst, für die bewusste Persönlichkeitsentwicklung. Denn letztlich geht es in beiden Fällen um KGSS und den psycho-physischen Zusammenhang sowie um Embodiment.

• **KGSS/Embodiment:** Durch die Übung ab Seite 254 wird deutlich, dass die Sprache, für die das zweite S in der Formel steht, eine wichtige Rolle spielt beim Änderungsprozess. Denn wir formulieren unser Ziel ja in einem Satz. Wenn wir unser Embodiment erarbeiten, sind Körper (Haltung) und Geist (Imagination, Wahrnehmung) am Werk. Und natürlich hängen sowohl das Ziel als auch das Bild, das wir dafür finden, eng mit der Seele (Erfahrungen, Bedürfnisse, Motivation) zusammen. Das gefundene Embodiment können wir wiederum sprachlich ausdrücken. Für diese Übersetzungsleistung ist wieder der Geist gefragt. Und schließlich führt der Weg zu unserem Ziel in konkrete Alltagssituationen, also zum Austausch mit der Umwelt.

• **Schauspiel:** Parallelen zur Rollenarbeit weist die Übung ebenfalls auf. Denn auch hier arbeiten wir mit dem Körper und unserer Vorstellungskraft, um einen Charakter und sein Handeln zum Ausdruck zu bringen. Ich kann zum Beispiel psychologische Gesten (Seite 108/109) und Körperzentren (Seite 76) – und damit auch Symbole oder Bilder – einsetzen, um der Figur Leben einzuhauchen. Wichtig dabei ist – und das gilt auch für den Alltag –, dass wir nicht einfach eine Geste »machen« oder an ein Körperzentrum »denken« oder dass wir ein Embodiment theoretisch entwerfen und dann praktisch ausführen. Alles muss gemeinsam und aus uns selbst heraus entstehen, aus unserem ganz individuellen KGSS-System. Andernfalls würden wir nicht souverän wirken, unser Verhalten aufgesetzt und unnatürlich erscheinen. Wer nur so tut, als ob, wird weder als Schauspielerin noch als Persönlichkeit überzeugen.

Die vorherige Übung beziehungsweise der psycho-physische Zusammenhang knüpft aber auch an buddhistische Praxis an sowie an die Übersetzungsszene aus dem *Faust*, mit dem dieses Kapitel begann.

Komödienstoff

Es gab einmal eine Krimiserie im Fernsehen (den Titel weiß ich leider nicht mehr), in der ein ziemlich rüpelhafter, stets schlecht gelaunter Hauptkommissar am Werk war. Irgendjemand hat ihm dann geraten, eine Art Verträglichkeitsseminar zu machen. Dort lernte er wohlklingende Sätze mit dem Zauberwort »Bitte«, die er dann auch seinem Team gegenüber aussprach. Zu dessen großer Verwunderung. Allerdings hat er das Anliegen »Verträglichkeit« nie zu seinem eigenen Ziel gemacht. Er war überhaupt nicht motiviert, sich einen angenehmeren Umgang anzueignen. Er hat seine Haltung nicht wirklich geändert, sondern nur Dinge gesagt, die mit ihm nichts zu tun hatten. Seine Mitarbeiter und Kolleginnen haben das natürlich gemerkt und ihn nicht ernst genommen. Letztendlich haben sie ihren Chef gebeten, doch bitte wieder rüpelhaft zu sein. Das war wohl noch leichter erträglich als seine aufgesetzte Freundlichkeit. Unechtes So-Tun-als-ob eignet sich offensichtlich bestens für komische Szenen – überzeugt aber nicht wirklich.

• **Buddhismus:** Damit die Übung tatsächlich Früchte trägt und wir uns der angestrebten Veränderung so tiefgreifend wie möglich annähern, müssen wir ganz im Hier und Jetzt sein. Ohne Achtsamkeit ließen sich die Schritte nicht durchführen. Und obwohl wir an uns selbst arbeiten, entfernen wir uns ein Stück weit von unserem Ego, wie es gerade ist. Denn wir lassen durch die Arbeit mit Bildern und Symbolen unsere ästhetischen Bedürfnisse und Fähigkeiten (siehe Seite 187) zum Zuge kommen und wachsen so über uns selbst hinaus. Und nicht zuletzt können wir uns durch unsere selbst gewählten Ziele von Anhaftung und Ablehnung befreien und der Verblendung entgegenwirken.

• **Faust:** Die Übung beginnt mit unserer Zielformulierung. Im Anfang ist also das WORT, das aber natürlich nicht nur Laute meint, sondern einen SINN hat. Dieser wiederum hängt eng mit unseren Bedürfnissen und unseren Stärken zusammen. Aus diesen Bedürfnissen und Stärken speist sich die innere KRAFT, unsere Motivation, aktiv zu werden, letztlich also auch die TAT. So zeigt sich auch hier die KGSS-Formel des Buches.

WANN IST DAS ZIEL ERREICHT?

Da wir es ja mit Annäherungszielen zu tun haben, können wir nicht erwarten, dass zu einem bestimmten Zeitpunkt ein ganz bestimmtes Ergebnis eintritt. Es gibt kein Messinstrument, an dem sich der erreichte Grad an Selbstsicherheit, Offenheit oder Verträglichkeit eindeutig und objektiv ablesen lässt. Da Sie aber in Selbstbeobachtung und gleichzeitiger Beobachtung Ihrer Umwelt mittlerweile geübt sind, können Sie die Veränderung an zwei Dingen festmachen:

• Wie schon erwähnt, hat es Auswirkung auf unsere Umwelt und unsere Mitmenschen, wenn wir uns verändern. Wir erkennen die eigene Veränderung also an einer veränderten Reaktion anderer auf uns. Wenn sich Situationen im Sinne Ihres Ziels zum Positiven verändern, Sie indirekt oder vielleicht auch mal direkt eine Bestätigung erhalten, dann sind Sie auf dem richtigen Weg. Es ist ein bisschen wie bei einem Echo. Nach dem Motto: »Wie man in den Wald hinein-ruft, so schallt es heraus«, erzeugen wir je nach eigenem Auftreten bei anderen diese oder eben jene Resonanz. Wer im Hausflur mit weit aufgerissenen Augen wie ein scheues Reh aus dem Weg springt, wie ein Panzer daherrollt oder im Vorbeigehen nach Art eines Gentlemans mit dem Kopf nickt, wird jeweils einen sehr unterschiedlichen Eindruck bei seinen Mitmenschen hinterlassen und unterschiedli-che Reaktionen hervorrufen.

• Ein weiteres Anzeichen für Veränderung zeigt sich darin, dass sie sich generalisiert. Das heißt, dass sich die neue Haltung, das neue Verhalten nicht nur in jenen Situationen zeigt, in denen wir sie erprobt haben. Es findet irgendwann ein Transfer auf neues, unge-wohntes Terrain statt. Wer etwa zunächst im Büro übt, sich gegen die Ansprüche der Kollegen abzugrenzen, kann mit der Zeit auch Freunden gegenüber eher mal Nein sagen. Wer freundliche Offenheit auf Partys trainiert, kommt irgendwann auch im Supermarkt, an der Bushaltestelle oder im Theaterfoyer mit Fremden ins Gespräch. Und wer lernt, sich den eigenen Eltern gegenüber zu behaupten, wird mit der Zeit auch anderen Autoritäten gegenüber selbstsicher auftreten.

WACHSEN DURCH AUSWEITUNG DER KOMFORTZONE

Bisher sind wir davon ausgegangen, dass wir an einem bestimmten Aspekt unserer Persönlichkeit arbeiten, etwa am Selbstvertrauen, an der emotionalen Stärke oder am Umgang mit anderen. Aber auch, wenn man kein bestimmtes Ziel verfolgt, muss man nicht an einem Punkt der Entwicklung stehen bleiben oder diese dem Zufall über-lassen. Sich bewusst immer wieder ungewohnten Situationen aus-zusetzen und so neue Erfahrungen zu machen, lässt uns wachsen. Natürlich muss man sich erst mal dazu überwinden, das heißt aus der Komfortzone, in der man sich am wohlsten fühlt, rausgehen und dem inneren Schweinehund einen Maulkorb verpassen. Ist es für Sie vielleicht eine Horrorvorstellung, alleine in einem Restaurant zu sitzen und sich beim Essen mit niemandem zu unterhalten? Dann machen Sie es einfach mal. Sie haben dabei nichts zu verlieren. Oder tun Sie sich schwer, sich spontan mit anderen zu unterhalten und meiden deshalb Geburtstagsfeiern? Dann gehen Sie bei der nächsten Einladung von sich aus auf jemanden zu und fragen nach Namen oder Beruf, oder erkundigen Sie sich nach dem Getränk, das er oder sie gerade zu sich nimmt. Sie haben überhaupt nichts mit Zahlen am Hut? Dann versuchen Sie es doch mal mit einem Sudoku-Rätsel.

Begeben Sie sich also immer wieder in ungewohnte Situationen oder probieren Sie in gewohnten Situationen Neues aus. Solche Erfahrungen können Ihre Kompetenz im Umgang mit anderen oder im Lösen von Aufgaben erweitern. Und Ihre Persönlichkeit bleibt geschmeidig und flexibel, wenn Sie sich kleinen und manchmal grö-ßeren Herausforderungen stellen. Persönlichkeitspsychologen raten dazu, auch im Alltag immer wieder neue Wege zu gehen. Fahren Sie zum Beispiel mal mit dem Bus zur Arbeit statt mit dem Auto, machen Sie einen Spaziergang vor dem Frühstück, rühren Sie mit der linken Hand im Kochtopf, wenn Sie Rechtshänder sind, oder – es darf auch verrückt sein – gehen Sie rückwärts die Treppe hinunter (mit Festhalten!). Eine neue Sportart auszuprobieren oder eine fremde Sprache zu lernen fordert nicht nur Ihren Schweinehund, sondern ebenso Körper und Geist heraus. Auch Schauspielausbildung setzt darauf, sich ungewohnten Situationen zu stellen, ebenso die Verhaltenstherapie. So entwickeln wir uns weiter und erkennen gleichzeitig, dass wir insgesamt wesentlich mehr draufhaben, als wir gemeinhin glauben.

Diese Art Entwicklung, dieses Streben hat nichts mit dem faus-tischen Vorwärtsstürmen zu tun. Es geht nicht um immer schneller, immer mehr und nicht um das eigene Ego. Das ist, wie man weiß und immer im Auge behalten sollte, vergänglich. Aber wir können einiges dafür tun, dass wir am Ende unserer Tage annähernd so gewesen sind, wie wir möchten, und für das Verantwortung übernehmen, was wir falsch gemacht haben. Vielleicht konnte dieses Buch Sie auf dem Weg Ihrer Persönlichkeitsentwicklung hilfreich und unterhaltsam begleiten. Das würde mich natürlich sehr freuen.

»*Wer immer strebend sich bemüht,*
den können wir erlösen.«

VERS 11936–11937 (DIE ENGEL)

DANKE!

Ende des Jahres 2019 saßen wir zu dritt – meine Freundin Gabriele Schleuning, mein Mann Christian Auras und ich – in Baden-Baden auf dem Bett einer Souterrainwohnung und führten, wie immer wenn wir uns treffen, inspirierende Gespräche. Dabei äußerte ich zum ersten Mal die Idee zur »Faust-Therapie«. Die beiden haben das Projekt von Anfang an unterstützt – ideel und materiell. Dafür danke ich ihnen von ganzem Herzen.

Daneben gilt mein Dank Nick Trachte, der mir Gelegenheit gab *Faust im Ring* in seinem Boxstudio zu inszenieren, sowie meinen langjährigen und vertrauten Kolleginnen und Kollegen von der Tollhaus Theater Compagnie, die meinen Faust im BOXWERK zum Leben erweckten und denen ich durch viele andere Theaterprojekte sehr verbunden bin. Namentlich erwähnen möchte ich hier Jonathan Noé sowie Hans und Isabell Schlicht, um mich auf diesem Weg für ihre Beiträge im Buch zu bedanken. Ein großer Dank geht auch an Christopher Fellinger, der seine Fotos für das Faust-Comic zur Verfügung gestellt hat.

Ebenfalls für ihre Beiträge, aber auch für die interessanten Gespräche zum Thema Schauspiel und Persönlichkeit, danke ich Marlene Beck, Ausbildungsleiterin des ARTEMiS Schauspielstudios in München, sowie Amalia Coutinho Altenburg, Schauspielerin und Trainerin für Feldenkrais und Alba Emoting in Wien.

Besonders danken möchte ich Sarah Purcell von der Michael Chekhov International Academy für ihre wunderbare Art, Workshops zu leiten, und für die vielen guten Chekhov-Erfahrungen, die ich dabei machen konnte.

Meine Kollegin Helga Hofmann hat das Manuskript zum Buch nicht nur akribisch korrekturgelesen, sondern mir in ihren Anmerkungen noch wichtige Hinweise zur Verbesserung geliefert. Und ohne meinen Freund Rainer Hübsch, der sich als Art Director um die Gestaltung gekümmert hat, wäre dieser Titel nie veröffentlicht worden. Ganz herzlichen Dank diesen beiden.

Und nicht zuletzt danke ich meiner schon lange verstorbenen Ballettlehrerin, die mir in meinen Kindertagen ein Fenster zur Bühnenwelt eröffnete und die auf den wunderbaren Namen »Margarete Faust« hörte.

THEATERZETTEL

GOETHES FÄUSTE STARK GEKÜRZT

April/Mai 2018 in der Pasinger Fabrik, München

Faust	Hans Schlicht/Daniel Kupp/Jonathan Noé
Mephisto	Ulrike Auras/Barbara Wankerl/Anna-Verena Rapp
Wagner	Anton Demarczyk
Margarete	Anna-Verena Rapp
Marthe Schwerdtlein	Antje Wabnitz
Valentin	Anton Demarczyk
Hexe	Antje Wabnitz
Meerkatzen	Isabell Schlicht/Anna-Verena Rapp
Studenten	Anton Demarczyk/Daniel Kupp/
	Barbara Wankerl/Antje Wabnitz
Hexen auf dem Blockberg	Ulrike Auras/Anton Demarczyk/
	Jonathan Noé/Isabell Schlicht/ Antje Wabnitz
Kaiser	Hans Schlicht
Hofstaat	Ulrike Auras/Anton Demarczyk/Daniel Kupp/
	Anna-Verena Rapp Isabell Schlicht/Antje Wabnitz
Die drei Gewaltigen	Anton Demarczyk/Daniel Kupp/Jonathan Noé
Die schöne Helena	Anna-Verena Rapp
Chor	Ulrike Auras/Antje Wabnitz/Isabell Schlicht
Euphorion	Konstantin Kloppe
Phorkyas (alias Mephisto)	Barbara Wankerl
Philemon	Anton Demarczyk
Baucis	Antje Wabnitz
Sorge	Ulrike Auras

Diskutierende

Schauspieler*innen	Anton Demarczy/Isabell Schlicht u. a.

Regie

	Christian Auras
Textbearbeitung	Hans Schlicht
Choreografie/Kostüm/Maske	Anna-Verena Rapp
Lichtdesign	Jo Hübner
Bühne/Technik	Cornelia Kühnel
Video	Aiko Blank

FAUST IM RING

Mai 2018 im BOXWERK, München

Die Rolle des Faust übernahmen hier Christian Auras und Jonathan Noé. Barbara Wankerl spielte durchgehend den Mephisto, Anna-Verena Rapp war wieder Margarete. In verschiedenen Rollen waren zu sehen: Christian Auras, Philipp Gemes, Simone Kronast, Jonathan Noé, Anna-Verena Rapp, Jestina Schamberger, Antje Wabnitz. Überraschungsgast aus dem Publikum war Anton Demarczyk.
Textbearbeitung/Regie: Ulrike Auras

Schreibweisen und Erklärungen

Bei den Zitaten aus Goethes Faust ist die Schreibweise mit ß beibehalten.

Der Schauspieler und Schauspiellehrer Michael Chekhov ist der Neffe des Dramatikers Anton Tschechow. Ich habe mich für die englische Transkription des russischen Namens entschieden, da Michael Chekhov vor allem in den USA als Schauspieler und Lehrer tätig war und diese englische Schreibweise im Schauspielkontext geläufig ist. Chekhov spielte zum Beispiel Dr. Alexander Brulov in dem Hitchcock-Film *Spellbound* (deutsch: *Ich kämpfe um dich*) von 1945.

Der Nachweis der wörtlichen und indirekten Zitate erfolgt kapitelweise in der Reihenfolge ihres Auftretens auf den folgenden Seiten. Daran schließt sich die Fachliteratur an, die ebenfalls nach Kapiteln geordnet ist.

Wichtiger Hinweis

Die Inhalte dieses Buches wurden sorgfältig recherchiert, und die Übungen haben sich in der Praxis bewährt. Alle Leserinnen und Leser sind jedoch aufgefordert selbst zu entscheiden, ob und inwieweit sie Übungsanleitungen und Anregungen aus diesem Buch umsetzen wollen und können. Autorin und Verlag übernehmen keine Haftung für die Resultate.

ZITATNACHWEIS

Die Faustzitate sind der Textausgabe von Albrecht Schöne entnommen. Frankfurt am Main/Leipzig 2003

Mit Schauspielkunst zu mehr Persönlichkeit

Kellermann, Peter Felix: *Focus Psychodrama*. Duisburg 2005. vgl. S. 97–100 und 117–130

Moreno, Jakob L.: *Psychodrama und Soziometrie. Essentielle Schriften*. hrsg. von Jonathan Fox. Köln 1989. s. S. 77

Wittinger, Thomas: *Psychodrama*. veröffentlicht am 3.10.2023 https://www.socialnet. de/lexikon/Psychodrama#:~:text=Psychodrama%20ist%20ein%20komplexes%20 Rollenspielverfahren,auf%20deren%20künstlerisch%2Dästhetische%20Darstellung

Cechov, Michael: *Die Kunst des Schauspielers*. Moskauer Ausgabe. Stuttgart 1998, 2. Auflage, vgl. S. 123–124

Jelinek, Elfriede: *Es ist Sprechen und aus*. https://www.elfriedejelinek.com (alte Website > Zum Theater).

Ciompi, Luc: *Affektlogik: Das Zusammenspiel von Fühlen und Denken*. www.ciompi.com/de/affektlogik. html

Goethes *Faust*, ein Drama für heute

Rosa, Hartmut: *Weltbeziehungen im Zeitalter der Beschleunigung*. Berlin 2012, s. S. 163

Haller, Reinhard: *Das Wunder der Wertschätzung*. München 2019, vgl. S. 115 f.

Pörksen, Julian: *Verschwende deine Zeit*. Berlin 2013, s. S. 105 und 104

Petit, Lenard: *Die Cechov-Methode*. Leipzig 2014, s. S. 13–14

Heinrich Faust, ein Antibuddhist

Watananguhn, Pornsan: *»Wer immer strebend sich bemüht, den können wir erlösen«? – Eine buddhistische Antwort*. In: Golz, Jochen & Hsia, Adrian: Orient und Okzident. Die Faustrezeption in nicht-christlichen Kulturen. Köln Weimar Wien 2008, s. S. 173 und 174.

Leitfaden für die »Faust-Therapie«

Hegemann, Carl (Hrsg.): *Wie man ein Arschloch wird. Kapitalismus und Kolonisierung*. Berlin 2017. s. Titel

Schöne, Albrecht: *Goethe Faust. Kommentare*. Frankfurt/Main 2003. 6. erneut durchg. u. erg. Auflage. s. S. 190

Der Held, ein selbsternannter Tor

Petit, Lenard a.a.O. vgl. S. 47, 52, 56

Newlove, Jean: *Laban for Actors and Dancers. Putting Laban´s Movement Theory into practice. A Step-by-Step Guide*. Reading (UK) 1993. vgl. S. 24–26.

Im Gewühle der Gefühle

Günyil, Ellen: *Fausts Streben und seine Folgen. »Hast du die Sorge nie gekannt?«*. München 2010. vgl. S. 34

Cechov, Michail A.: *Die Kunst des Schauspielers*. Moskauer Ausgabe. Stuttgart 1998, 2. Auflage. s. S. 121 und 124; vgl. S. 124–125; s. S. 125

Kahan, Maëlle & Kotsou, Ilios: *Das emotionale Profil, das unser Leben prägt*. In: Spektrum Psychologie 05/20, vgl. S. 30

Jacquemont, Guillaume: *Man kann den emotionalen Stil verändern*. Interview mit Richard Davidson. In: Spektrum Psychologie 05/20, vgl. S. 34 und 35

Bloch, Susana: *Alba Emoting. A scientific method for emotional induction*. Hrsg.: Angelin, Patricia & Townsend, Elizabeth Ann. *CreateSpace* Independent Publishing Platform 2017. vgl. S. 153, vgl. S. 93, vgl. S. 108–125, vgl. S. 58–66

Am Ende gerettet

Campbell, Joseph: *Der Heros in tausend Gestalten*. Berlin 1978. vgl. S. 26; s. S. 238; s. S. 26, s. S. 58, s. S. 238

Jung, C. G.: *Über die Archetypen des kollektiven Unbewussten. Gesammelte Werke Bd. 9/1.* vgl. S. 12–14

Knöferl, Eva (heute Eva Forrester): *Mythisches Erzählen bei Hermann Hesse und Thomas Mann. Literarische und philosophische Analysen zu Mythos und Rationalität.* Berlin/Boston 2019. vgl. S 253–259 und 278–280.

Des Pudels vielgestaltiger Kern

Batson Susan: Truth. *Wahrhaftigkeit im Schauspiel. Ein Lehrbuch.* 2. Aufl. der deutschen Erstausgabe 2019. vgl. S. 26; s. S. 27; vgl. S. 31–43

Jung, C. G.: Aion. *Beiträge zur Symbolik des Selbst.* In: *Gesammelte Werke, Band 9/2,* Olten 1976. s. §423, S. 281

Batson a.a.O.: vgl. S. 27 und S. 43

Miller, Alice: *Das Drama des begabten Kindes. Eine Um- und Fortschreibung.* Berlin 2013, 10. Aufl., s. S. 18

Newen, Albert: *Wer bin ich?* In: *Spektrum Direkt.* Die Woche. 07. KW 2011, vgl. Seite 4–5

Herwig, Uwe: *Ich-Bewusstsein, der Blick nach innen.* In: *Spektrum der Wissenschaft Kompakt. Das Selbst. Die Facetten unseres Ich.* 23.07.2018. vgl. S. 17

Nöthen, Markus M.: *Volkskrankheiten. Wie Gene Gesundheit und Verhalten beeinflussen.* In: *Spektrum der Wissenschaft Spezial. Biologie, Medizin, Hirnforschung.* 2/2013 Gene und Umwelt. vgl. S. 39

Kegel, Bernhard: *Genregulation. Das interaktive Buch des Lebens.* In: *Spektrum der Wissenschaft Spezial. Biologie, Medizin, Hirnforschung.* 2/2013 Gene und Umwelt. s. S. 18

Steve Ayan: *Selbsterkenntnis. 10 Dinge, die Sie über sich wissen sollten.* In: *Spektrum der Wissenschaft Kompakt. Das Selbst. Die Facetten unseres Ich.* 23.7.2018. vgl. S.72–73

Weigmann, Katrin: Die Intelligenz des Körpers. In: *Gehirn und Geist 1-2,* 2013 vgl. S. 29. http://www.fzbed.de/intern/images/pdf/Die_Intelligenz_des_Koerpers_gug_2013_1_S26.pdf.

Wolf, Christian: *Embodiment-These. Nur eine Kopfgeburt?* In: *Spektrum der Wissenschaft Kompakt,* 2.12.2019, vgl. S. 57 (zuerst in Gehirn und Geist 7/2018)

Weigmann: Goethe *Faust.* Kommentare. Frankfurt/Main 2003. 6. erneut durchg. u. erg. Auflage vgl. S. 26

Ernst, Heiko: *Sind Sie selbstkomplex?* In: *Spektrum der Wissenschaft Kompakt.* 4.5.2020. S. 39–41. s. S. 40

Homunkulus und Helena

Wolf, Christian: *Intelligenz braucht einen Körper.* https://www.spektrum.de/news/intelligenz-braucht-einen-koerper/1574354

Schöne, Albrecht: a.a.O., s. S. 584

Vom Streben zum Sterben

Neues Testament, Einheitsübersetzung, Freiburg im Breisgau 1999: Joh. 1,1 und 1,3

Altes Testament. Einheitsübersetzung, Freiburg im Breisgau 1999. vgl. Gen. 1,3 bis 1,5

Weber, Albrecht: *Goethes »Faust«. Noch und wieder? Phänomene – Probleme – Perspektiven.* Würzburg 2005. vgl. S. 204

Günyil, Ellen: *Fausts Streben und seine Folgen. »Hast du die Sorge nie gekannt?«.* München 2010. vgl. S. 18

Pfeifer, Eric: *Niemand ist alleine gesund – oder: Wie sagt man seelische Gesundheit auf Systemisch?* In: Systeme, 35/1, 2021. vgl. S. 47

Frankl, Viktor: *E. Das Leiden am sinnlosen Leben. Psychotherapie für heute.* Freiburg/Basel/Wien 1977. vgl. S. 103

Ders.: *Von der Trotzmacht des Geistes.* In: *Im Anfang war der Sinn. Von der Psychoanalyse zur Logotherapie. Franz Kreuzer im Gespräch mit Viktor E. Frankl.* Wien 1982. s. S. 71

Ders.: *Ärztliche Seelsorge. Grundlagen der Logotherapie und Existenzanalyse. Mit zehn Thesen über die Person.* München 2007. vgl. S. 112

Ders.: *Das Leiden am sinnlosen Leben. Psychotherapie für heute.* Freiburg/Basel/Wien 1977. s. S. 114

Weber, Albrecht: a.a.O. vgl. S. 209

Marcelo Diaz: *Die Kunst der Regie. Methodische Ansätze für den Aufbau einer Inszenierung.* 2. Auflage 2017. Dresden. vgl. S. 224

Günyil, Ellen: a.a.O. vgl. S. 40–45

Petzold, Bruno: *Goethe und der Mahayana Buddhismus*. Wien 1982 (1. Aufl. 1936). s. S. 86

Spät, Thomas & Shi Yan Bao: *Shaolin. Das Geheimnis der inneren Stärke*. München 2017. vgl. S. 155

De Raad, Boele: *The Big Five Personality Factors. The Psycholexical Approach to Personality*. Seattle, Toronto, Bern, Göttingen 2000. vgl. S. 16–19

Zsok, Otto: *Menschenbilder der Psychotherapie und Psychologie im 20. Jahrhundert*. Fürstenfeldbruck 2020. vgl. S. 182

Hartmann, Corinna: *Die Facetten unserer Persönlichkeit*. In: *Spektrum Psychologie*, 1/21. vgl. S. 28 und 32–34

Bauer, Liesa: *Können wir uns ändern? Spektrum der Wissenschaft. Psychologie, Hirnforschung. Medizin*. 1/20. vgl. S. 15

Wruzus, Cornelia: *»Es wäre schlimm, wenn wir alle gleich wären«*. Interview mit der Psychologin. In: *Spektrum der Wissenschaft* 1/20. vgl. S. 20

Goffman, Erwing: *Wir alle spielen Theater. Die Selbstdarstellung im Alltag*. 7. Aufl. 1991. München. vgl. S. 3 und 231

Storch, Maja: *Wie Embodiment in der Psychologie erforscht wurde*. In: Dies., Catieni, Benita; Hüther, Gerald & Tschacher, Wolfgang: *Embodiment. Die Wechselwirkung von Körper und Psyche verstehen und nutzen*. Bern 2006. vgl. S. 68

Alfreds, Mike: *Different Every Night. Freeing the Actor*. London 2015, 8. Aufl. vgl. S. 42–63

Bauer, Liesa: a.a.O. vgl. S. 16

Tschacher Wolfgang, Storch, Maja: *Vom Embodiment zur körperzentrierten Psychotherapie. Forschungsberichte der Abteilung für Psychotherapie. Universitäre Psychiatrische Dienste Bern. Nr. 09-1* https://www.majastorch.de/wp-content/uploads/2020/04/1106_Embodiment-Forschungsbericht.pdf vgl. S.12–16

Wruzus, Cornelia: a.a.O. vgl. S. 21–22

LITERATURNACHWEIS

Zu Faust allgemein

Binswanger, Hans Christoph: *Geld und Magie. Eine ökonomische Deutung von Goethes Faust*. Hamburg 2010, 5. Aufl. der 2. vollst. überarb. Ausgabe

Hegemann, Carl (Hrsg.): *Wie man ein Arschloch wird. Kapitalismus und Kolonisierung*. Berlin 2017

Holm-Hadulla, Rainer M.: *Leidenschaft. Goethes Weg zur Kreativität. Eine Psychobiographie*. Göttingen 2008

Jaeger, Michael: *Global Player Faust oder Das Verschwinden der Gegenwart*. Würzburg 2016, 6. Aufl.

Negt, Oskar: *Die Faustkarriere. Vom verzweifelten Intellektuellen zum gescheiterten Unternehmer*. Göttingen 2006

Osten, Manfred: *»Alles veloziferisch« oder Goethes Entdeckung der Langsamkeit*. Göttingen 2017, 2. Aufl.

Schöne, Albrecht: *Johann Wolfgang von Goethe. Faust. Kommentare*. Frankfurt am Main/Leipzig 2003

Mit Schauspielkunst zu mehr Persönlichkeit

Kellermann, Peter Felix: *Focus Psychodrama*. Duisburg 2005.

Moreno, Jakob L.: *Psychodrama und Soziometrie. Essentielle Schriften*. hrsg. von Jonathan Fox. Köln 1989.

Wittinger, Thomas: *Psychodrama*. veröffentlicht am 3.10.2023 https://www.socialnet.de/lexikon/Psychodrama#:~:text=Psychodrama%20ist%20ein%20komplexes%20Rollenspielverfahren,auf%20deren%20künstlerisch%2Dästhetische%20Darstellung

Cechov, Michael: *Die Kunst des Schauspielers. Moskauer Ausgabe*. Stuttgart 1998, 2. Auflage

Knebel, Marija O.: *Michail A. Cechov und sein schöpferisches Erbe*. In: *Cechov, Michael: Die Kunst des Schauspielers. Moskauer Ausgabe*. Stuttgart 1998, 2. Auflage, S. 173–257

Goethes *Faust*, ein Drama für heute

Rosa, Hartmut: *Weltbeziehungen im Zeitalter der Beschleunigung*. Berlin 2012

Haller, Reinhard: *Das Wunder der Wertschätzung*. München 2019

Pörksen, Julian: *Verschwende deine Zeit*. Berlin 2013

Kajitani, Shinya; McKenzie, Colin & Sakata, Kei: *Use It Too Much and Lose It? The Effect of Working Hours on Cognitive Ability*. Melbourne 2016 https://melbourneinstitute.unimelb.edu.au/downloads/working-paper-series/wp2016n07.pdf

Statistisches Bundesamt: *Wöchentliche Arbeitszeit* https://www.destatis.de/DE/Themen/Arbeit/Arbeitsmarkt/Qualitaet-Arbeit/Dimension-3/woechentliche-arbeitszeitl.html. zuletzt aufgerufen am 24.3.2024

Petit, Lenard: *Die Cechov-Methode*. Leipzig 2014

Heinrich Faust, ein Antibuddhist

Mannschatz, Marie: *Buddhas Anleitung zum Glücklichsein*. München, 2016

Otrakul, Amphra: *Interkulturelle Walpurgisnacht: Die »Faust«-Rezeption in Thailand*. In: Golz, Jochen & Hsia, Adrian: *Orient und Okzident. Die Faustrezeption in nicht-christlichen Kulturen*. Köln Weimar Wien, 2008. S. 153–159.

Watananguhn, Pornsan: *»Wer immer strebend sich bemüht, den können wir erlösen«? – Eine buddhistische Antwort*. In: Golz, Jochen & Hsia, Adrian: *Orient und Okzident. Die Faustrezeption in nicht-christlichen Kulturen*. Köln Weimar Wien, 2008. S. 171–180.

Leitfaden für die »Faust-Therapie«

Hegemann, Carl (Hrsg.): *Wie man ein Arschloch wird. Kapitalismus und Kolonisierung*. Berlin 2017

Schöne, Albrecht: *Goethe Faust. Kommentare*. Frankfurt/Main 2003. 6. erneut durchg. u. erg. Auflage

Der Held, ein selbsternannter Tor

Petit, Lenard: *Die Cechov-Methode*. Leipzig 2014

Newlove, Jean: *Laban for Actors and Dancers. Putting Laban´s Movement Theory into practice. A Step-by-Step Guide*. Reading (UK) 1993

Im Gewühle der Gefühle

Günyil, Ellen: *Fausts Streben und seine Folgen. »Hast du die Sorge nie gekannt?«*. München 2010.

Cechov, Michail A.: a. a. O.

Kahan, Maëlle & Kotsou, Ilios: *Das emotionale Profil, das unser Leben prägt*. In: *Spektrum Psychologie* 05/20, S. 24–31

Jacquemont, Guillaume: *Man kann den emotionalen Stil verändern*. Interview mit Richard Davidson. In: *Spektrum Psychologie* 05/20, S. 32–37

Bloch, Susana: *Alba Emoting. A scientific method for emotional induction*. Hrsg.: Angelin, Patricia & Townsend, Elizabeth Ann. CreateSpace Independent Publishing Platform 2017.

Am Ende gerettet

Greiner, Bernhard: *Margarete in Weimar: die Begründung des Faust als Tragödie*. In: *Euphorion 93*, Heft 2 1999, S. 169–191

Campbell, Joseph: *Der Heros in tausend Gestalten*. Berlin 1978

Vogler, Christopher: *Die Odyssee des Drehbuchschreibers*. Frankfurt am Main 2010 (1. Auflage 1997)

Krützen, Michaela: *Dramaturgie des Films. Wie Hollywood erzählt*. 2004

Jung, C. G.: *Über die Archetypen des kollektiven Unbewussten*. Gesammelte Werke Bd. 9/1. Freiburg im Breisgau 1976

Knöferl, Eva (heute Eva Forrester): *Mythisches Erzählen bei Hermann Hesse und Thomas Mann. Literarische und philosophische Analysen zu Mythos und Rationalität*. Berlin/Boston 2019

Des Pudels vielgestaltiger Kern

Sun Wokong. https://de.wikipedia.org/wiki/Sun_Wukong

Die Reise nach Westen. https://de.wikipedia.org/wiki/Die_Reise_nach_Westen

Borchmeyer, Dieter: *Faust - Goethes verkappte Komödie* (24.05.2004). In: Goethezeitportal. http://www.goethezeitportal.de/db/wiss/goethe/faust_borchmeyer

Batson, Susan: *Truth. Wahrhaftigkeit im Schauspiel. Ein Lehrbuch*. 2. Aufl. der deutschen Erstausgabe 2019.

Interview mit Susan Batson in Frankfurter Rundschau 1.12.2014 https://www.fr.de/panorama/kannst-sexualitaet-spueren-11074739.html

Flandorfer, Priska: *Die Bedürfnispyramide von Maslow verstehen und anwenden.* https://www.scribbr.de/modelle-konzepte/beduerfnispyramide-maslow/

Fritz, Patrick: *Bedürfnispyramide nach Maslow: Beispiele und Anwendung* https://www.fritz.tips/beduerfnispyramide-nach-abraham-maslow/

https://falschzitate.blogspot.com/2017/05/zwei-dinge-sollten-kinder-von-ihren.html

Miller, Alice: *Das Drama des begabten Kindes. Eine Um- und Fortschreibung.* Berlin 2013, 10. Aufl., S. 18

Newen, Albert: *Wer bin ich?* In: *Spektrum Direkt. Die Woche.* 07. KW 2011

Herwig, Uwe: *Ich-Bewusstsein, der Blick nach innen.* In: *Spektrum der Wissenschaft Kompakt. Das Selbst. Die Facetten unseres Ich.* 23.07.2018, S. 12–21

Strüber, Nicole: *Wie ich wurde, was ich bin.* In: *Gehirn und Geist.* Dossier 2/2021, S. 30–370k

Nöthen, Markus M.: *Volkskrankheiten. Wie Gene Gesundheit und Verhalten beeinflussen.* In: *Spektrum der Wissenschaft Spezial. Biologie, Medizin, Hirnforschung.* 2/2013 Gene und Umwelt. S. 36–41

Specht, Jule: *Wandelbar. Das flexible Ich.* In: *Spektrum der Wissenschaft Kompakt. Persönlichkeit. Was den Charakter formt* 12.02.2018 (zuerst in *Gehirn und Geist* 7,8/2012. S. 15–23

Ayan, Steve: *Selbsterkenntnis. 10 Dinge, die Sie über sich wissen sollten.* In: *Spektrum der Wissenschaft Kompakt. Das Selbst. Die Facetten unseres Ich.* 23.7.2018. S. 63–74

Nichols, Shaun; Strohminger, Nina; Rai, Arun & Garfield, Jay: *Death an Self.* In: *Cognitive Science. A Multidisciplinary Journal.* Vol. 42, May 2018 https://onlinelibrary.wiley.com/doi/full/10.1111/cogs.12590

Storch, Maja; Catieni, Benita; Hüther, Gerald & Tschacher, Wolfgang: *Embodiment. Die Wechselwirkung von Körper und Psyche verstehen und nutzen.* Bern 2006

Weigmann, Katrin: *Die Intelligenz des Körpers.* In: *Gehirn und Geist* 1-2, 2013. S. 26–31 http://www.fzbed.de/intern/images/pdf/Die_Intelligenz_des_Koerpers_gug_2013_1_S26.pdf

Konrad, Christina; Lindtner, Marlene: *Zählen und Rechnen mit dem ganzen Körper. Embodied Cognition und Fingerverwendung im Unterricht.* https://journal.ph-noe.ac.at/index.php/resource/article/view/881

Dies.: *Fingerrechnen ≠ Fingerrechnen. Erläuterungen zu zielführender Fingerverwendung beim Aufbau numerischer Kompetenzen im mathematischen Erstunterricht.* https://www.research-gate.net/publication/321528592_Fingerrechnen_Fingerrechnen_Erlauterungen_zu_zielfuh-render_Fingerverwendung_beim_Aufbau_numerischer_Kompetenzen_im_mathematischen_Erstunterricht

Wolf, Christian: *Embodiment-These. Nur eine Kopfgeburt?* In: *Spektrum der Wissenschaft Kompakt,* 2.12.2019, S. 53–60 (zuerst in *Gehirn und Geist* 7/2018)

Grèzes, J.; Tucker, M. Armony; J. Ellis, R. & Passingham, R. E. (2003). *Objects automatically potentiate action: An fMRI study of implicit processing. European Journal of Neuroscience,* Vol. 17(12), 2735–2740. https://www.ncbi.nlm.nih.gov/pmc/articles/PMC9577192/

James, Karin H. & Engelhardt, Laura (2012). *The effects of handwriting experience on functional brain development in pre-literate children. Trends in Neuroscience and Education,* 1(1), 32–42. https://www.ncbi.nlm.nih.gov/pmc/articles/PMC4274624/

Zhong, Chen-Bo & Liljenquist, Katie: *Washing Away Your Sins: Threatened Morality and Physical Cleansing. Science* 313(5792):1451-1452 September 2006 https://www.researchgate.net/publication/6830414_Washing_Away_Your_Sins_Threatened_Morality_and_Physical_Cleansing

Alicke, Mark D. & Govorun, Olesya (2005). *The Better-Than-Average Effect* (S. 85–106). In M. D. Alicke, D. A. Dunning, & J. I. Krueger (Eds.), *The Self in Social Judgment.* Psychology Press.

Hargis, Mary B.; Whatley, Mary C. & Castel, Alan D. (2020). *Remembering proper names as a potential exception to the better-than-average effect in younger and older adults.* In: *Psychology and Aging,* https://www.ncbi.nlm.nih.gov/pmc/articles/PMC8363054/ zuletzt aufgerufen am 1.4.2024

Sedikides, Constantine; Meek, Rosie; Alicke, Mark D. & Taylor, Sarah (2014). *Behind bars but above the bar: Prisoners consider themselves more prosocial than non-prisoners.* In: *British Journal of Social Psychology,* 53, 396-403. https://www.southampton.ac.uk/~crsi/Sedikides%20Meek%20Alicke%20%20Taylor%202014%20BJSP.pdf

Kruger, Justin & Dunning, David: *Unskilled and unaware of it. How difficulties in recognizing one's own incompetence lead to inflated self-assessments.* In: *Journal of Personality and Social Psychology.* 77, (6) 2000, S. 1121–1134

Ernst, Heiko: *Sind Sie selbstkomplex?* https://www.spektrum.de/kolumne/psycholgie-mit-ernst-sind-sie-selbstkomplex/1557810 und In: *Spektrum der Wissenschaft Kompakt.* 4.5.2020. S. 39–41.

Linville, Patricia W. (1985). *Self-complexity and affective extremity.* In: *Social Cognition, 3,* 94–120. https://www.uni-muenster.de/imperia/md/content/psyifp/aeechterhoff/wintersemester2011-12/seminarthemenfelderdersozialpsychologie/04_linville_selfcomplexity_socog1985.pdf

Homunkulus und Helena

Wolf, Christian: *Intelligenz braucht einen Körper.* https://www.spektrum.de/news/intelligenz-braucht-einen-koerper/1574354

Schöne, Albrecht: a.a.O.

Vom Streben zum Sterben

Bibel. Einheitsübersetzung. Freiburg im Breisgau 1999

Weber, Albrecht: *Goethes »Faust«. Noch und wieder? Phänomene – Probleme – Perspektiven.* Würzburg 2005

Günyil, Ellen: a.a.O.

Harper, Heather: *Maslow´s Hierarchy of Needs ... an his big Revision.* https://www.thecareerproject.org/blog/maslows-hierarchy-of-needs/

Pfeifer, Eric: *Niemand ist alleine gesund – oder: Wie sagt man seelische Gesundheit auf Systemisch?* In: *Systeme,* 35/1, 2021.

Zsok, Otto: *Menschenbilder der Psychotherapie und Psychologie im 20. Jahrhundert.* Fürstenfeldbruck 2020.

Frankl, Viktor E.: *Was ist Logotherapie?* In: *Im Anfang war der Sinn. Von der Psychoanalyse zur Logotherapie.* Franz Kreuzer im Gespräch mit Viktor E. Frankl. Wien 1982.

Ders.: *Von der Trotzmacht des Geistes.* In: ebd.

Ders.: *Trotzdem Ja zum Leben sagen. Ein Psychologe erlebt das Konzentrationslager.* München 2020. 9. Aufl.

Ders.: *Ärztliche Seelsorge. Grundlagen der Logotherapie und Existenzanalyse. Mit zehn Thesen über die Person.* München 2007.

Ders.: *Das Leiden am sinnlosen Leben. Psychotherapie für heute.* Freiburg/Basel/Wien 1977

Wögner, Sabine: *Charakteristika des Gewissens.* https://www.sabinewoeger.at/wp-content/uploads/2021/09/Charakteristika-des-Gewissens.pdf. Auszug aus Dies.: *Gewissen und Schuld in der psychologischen Beratung. Wissenswertes und Praxiswerkzeuge für psychologisch Beratende.* Norderstedt 20221, S. 23–28

Holzer, Michael & Haslböck, Klaus: *Berg und Sinn. Im Nachsteig von Viktor Frankl.* Salzburg/München 2019. 2. Aufl.

Diaz, Marcelo: *Die Kunst der Regie. Methodische Ansätze für den Aufbau einer Inszenierung.* 2. Auflage 2017. Dresden.

Petzold, Bruno: *Goethe und der Mahayana Buddhismus.* Wien 1982 (1. Aufl. 1936).

Spät, Thomas & Shi Yan Bao: *Shaolin. Das Geheimnis der inneren Stärke.* München 2017

Zsok, Otto: *Menschenbilder in der Psychotherapie und Psychologie im 20. Jahrhundert.* Fürstenfeldbruck 2020

De Raad, Boele: *The Big Five Personality Factors. The Psycholexical Approach to Personality.* Seattle, Toronto, Bern, Göttingen 2000

Mai, John: *Hexaco-Modell: Erkennen Sie Ihre Persönlichkeit?* aktualisiert 2022. https://karrierebibel.de/hexaco-modell/

Hartmann, Corinna: *Die Facetten unserer Persönlichkeit.* In: *Spektrum Psychologie,* 1/21. S. 31–34

Bauer, Liesa: *Können wir uns ändern? Spektrum der Wissenschaft. Psychologie, Hirnforschung. Medizin.* 1/20. S. 14–18

Specht, Jule: *Wandelbar. Das flexible Ich.* In: *Spektrum der Wissenschaft Kompakt. Persönlichkeit. Was den Charakter formt* 12.02.2018 (zuerst in Gehirn & Geist 7,8/2012. S. 15–23

Wunder, Edgar: *Die Kunst der Sterndeuter.* In: *Gehirn und Geist.* 3/2008. Seite 16–23.

Goffman, Erwing: *Wir alle spielen Theater. Die Selbstdarstellung im Alltag.* 7. Aufl. 1991. Piper Verlag, München.

Storch, Maja; Catieni, Benita; Hüther, Gerald & Tschacher, Wolfgang: *Embodiment. Die Wechselwirkung von Körper und Psyche verstehen und nutzen.* Bern 2006

Alfreds, Mike: *Different Every Night. Freeing the Actor.* London 2015, 8. Aufl.

Tschacher Wolfgang, Storch, Maja: *Vom Embodiment zur körperzentrierten Psychotherapie. Forschungsberichte der Abteilung für Psychotherapie. Universitäre Psychiatrische Dienste Bern.* Nr. 09-1 https://www.majastorch.de/wp-content/uploads/2020/04/1106_Embodiment-Forschungsbericht.pdf

Wruzus, Cornelia: *»Es wäre schlimm, wenn wir alle gleich wären«.* Interview mit der Psychologin. In: *Spektrum der Wissenschaft* 1/20

IMPRESSUM

Bibliografische Information der Deutschen Nationalbibliothek: Die Deutsche Nationalbibliothek verzeichnet diese Publikation in der Deutschen Nationalbibliografie; detaillierte bibliografische Daten sind im Internet über dnb.dnb.de abrufbar.

Die automatisierte Analyse des Werkes, um daraus Informationen insbesondere über Muster, Trends und Korrelationen gemäß §44b UrhG („Text und Data Mining") zu gewinnen, ist untersagt.

Layout, Satz, Comic- und Covergestaltung: Rainer Hübsch

Bildnachweis: Umschlag Hintergrund: Rainer Hübsch

Aufführungsfotos S. 28–35: Christopher Fellinger; Himmel S. 33 u. r. und Meer 34 o.l.: Ursula Wulfekamp

Verlag: BoD · Books on Demand GmbH
          In de Tarpen 42
          22848 Norderstedt
Druck: Libri Plureos GmbH
          Friedensallee 273
          22763 Hamburg

© 2024 Urike Auras

ISBN: 978-3-7597-5203-1

FSC
www.fsc.org

MIX

Papier aus ver-
antwortungsvollen
Quellen
Paper from
responsible sources

FSC® C105338